장사는 전략이다

365일 24시간 홀로 싸워온 당신,
이제 전략이 함께합니다.

戰

장사는 전략이다

RED

略

김유진 지음

도서담

전략을 실천하는 가게는 다릅니다.

이음만두

보는 순간 스마트폰을 들게 만드는
국가대표급 양념장(다데기)입니다.

무슨 메뉴를 파는 집일까요?
구성 요소 하나하나를 신경쓰는 디테일,
그 작은 차이가 명품을 만듭니다.

대구 풍천관

뻔한 소주 서빙도 이렇게
고급스럽게 만들 수 있습니다.

광주 족발집배원

웨이팅 룸까지 있는 족발집, 본 적 있으세요?
지루한 기다림의 시간,
편안하게 만들어 줄 수 있습니다.

일단 한번 세워보시라니까요.
홍미도 가격도 올릴 수 있습니다.

몽중식

갑또리닭강정

얼마나 공을 들인 닭강정인지 한눈에 보이시죠?
리본을 푸는 순간의 설렘, 이루 말할 수 없습니다.

컵 하나도 허투루 내지 않겠습니다.
이런 디테일이 고객을 감동시킵니다.

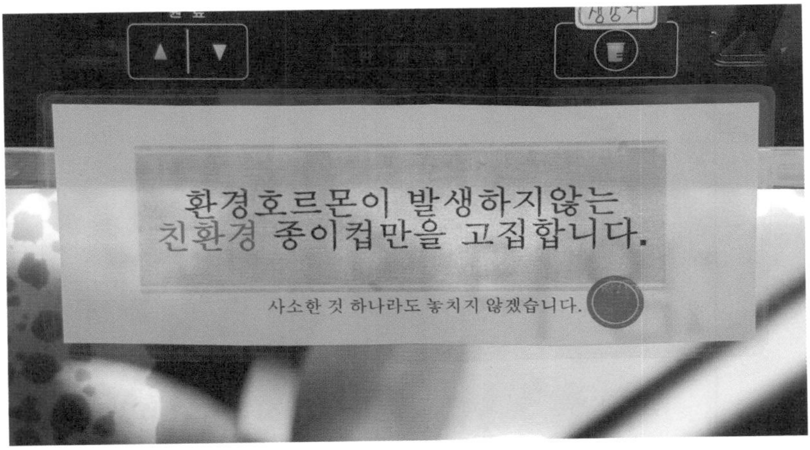

고객의 고통과 불편을 없애주는 것이 친절입니다.
고객의 입장에서 생각하고
문제를 해결해 주세요.

신재우 명인 설렁탕

투박한 보울에 툭 던져 내오던 계란이
아기자기한 메뉴로 변하는 순간입니다.
특별한 플레이팅으로 고객의 마음을 움직이세요.

남쪽마을 돌짜장

이 정도 정성이 들어가야
1등 자격이 생깁니다.

순천 나눌터

꽃을 보면 무조건 사진을 찍게 됩니다.
간직하고 싶어서, 공유하고 싶어서.

백만원식당

원산지 표기는 이렇게 친절하게, 자상하게 해주는 겁니다.
고객은 보이는 것만 믿습니다.

상상도 못해보셨죠?
품질보증서까지 주는 튀김 브랜드라니요!

불꽃튀김

카레나이스

굿즈를 만들어 팔아보세요.
브랜드의 격이 달라집니다.

고객을 생각하는 이 마음을,
고객을 위한 이 정성을
누가 이기겠습니까!

《장사는 전략이다》 RED를 내며

2016년 출간 이후 벌어진 일들은 36부작 대하드라마로 만들어도 부족하지 않을 겁니다. 100여 개의 기업과 단체에서 특강을 했고, 서울, 대전, 대구, 부산, 광주, 청주, 목포, 정읍 등 전국 10여 개 지자체에 장전(장사는 전략이다) 아카데미를 개설했습니다. 《장사는 전략이다》 내용을 기본으로 8강의 커리큘럼을 짰고 총 90개 기수가 졸업을 했습니다. 정규 과정을 이수한 약 1,800명의 연간 총매출이 1조 원을 넘습니다. 매주 2,500km를 달리며 전국의 자영업 오너들과 만났습니다. 그리고 전략을 설파했습니다. 극단적 선택을 하기 직전에 보낸 이메일이 인연이 되어 지금은 의형제가 된 사장님도 있고, 구멍가게만 한 업장에서 이제는 프랜차이즈 오너가 되어 100개가 넘는 가맹점을 운영하는 회장님도 계십니다. 수백 개의 매장을 거느린 본사를 매각해 수백억대 재산가가 된 제자도 있고, 일 매출 1억 원의 기염을 토하고 있는 수강생은 셀 수 없을 정도입니다. 공부하라고 불렀는데 서로 눈이 맞아 결혼한 커플도 세 쌍이나 있습니다. 지금도 만나면 짓궂은 농담을 던질 정도로 가까워진 이 친구들과는 정기적으로 부부동반 데이트를 할 정도입니다.

네. 맞습니다. 이런 세상을 꿈꾸며 《장사는 전략이다》를 썼습니다. 사장님들이 더 이상 외롭지 않고, 더 이상 지치지 않고, 더 이상 아프지 않을 그런 세상을 그리며 원고지를 채워나갔습니다. 이제서야 고백합니다만 사실 저는 제가 쓰고 싶은 글을 쓰지 않았습니다. 아마도 제가 쓰고 싶은 내용으로만 채웠다면 2쇄를 넘기기도 힘들었을 겁니다. 전 '여러분이 어떤 이야기를 듣고 싶어 할까?' 그걸 먼저 고민하고 목차를 적었습니다. 100개의 예상 질문을 바탕으로 목차를 뽑고 초안을 쓴 뒤 각 단계를 거치며 40개 정도의 원고를 걷어냈습니다. 덜 듣고 싶어 할 내용을 가려내고 제거해 나갔습니다.

저와 비슷한 길을 걷는 생계형 작가들이 많이 물어옵니다. 어떻게 해야 20쇄 가까운 판매고를 올릴 수 있냐고. 저의 대답은 항상 똑같습니다.

듣고 싶고, 가지고 싶고, 사고 싶은 이야기를 적으세요.

이 말을 제일 앞에 세워놓으면 답이 보입니다. 아주 선명하고 또렷하게 보입니다. '충남 태안 바닷가 7남매 중 셋째로 태어나…….' 이렇게 시작하는 글은 절대로 상대의 마음을 빼앗을 수 없습니다. 반면에 "그동안 지긋지긋한 외로움에 밤잠을 설치셨죠?" 이렇게 물으면 고개를 끄덕이는 게 독자나 고객의 공통점입니다. 왜? 듣고 싶은 이야기, 사고 싶은 이야기, 간직하고 싶은 이야기를 해주었으니까요. 공감은 '나' 중심의 사고에서는 나오지 않습니다. '그'가 중심이어야 합니다.

자, 이렇게 사고 싶고, 가지고 싶은 상품과 서비스를 만들고 싶다면 제일 먼저 상대를 그려야 합니다. 머릿속으로, 아주 디테일하게, 마치 정밀화를 그리듯 스케치를 합니다. 그렇게 관찰이 시작되어야 설득이 가능해집니다. 의식주, 생노병사, 희노애락. 어느 업종, 어떤 업태에서든 이 원리는 통합니다. 상대가 가지고 싶게, 사고 싶게 만들어 주세요. 제발. 여러분이 만족하는, 여러분이 즐거워지는, 여러분이 행복해지는 그런 외면당할 상품 말고요.

실패하지 않을 상품을 만들려면 반드시 있어야 하는 게 뭘까요?

기능? 성능? 업그레이드? 아닙니다. 사람입니다. 사줄 사람이 있어야 죽어도 실패하지 않습니다. 그러니 사람 먼저 찾으세요. 어떤 사람이 이 책을, 그리고 여러분의 상품을 사야 할까요? 그 타깃을 먼저 정하고 소수 정예인 그분들을 만족시키기 위해 초디테일을 살려 보세요. 팔리는 상품에는 이유가 있습니다.

명확한 타깃을 위한 궁극의 디테일

이렇게 만들어 놓으면 너나 할 것 없이 달려옵니다. 자신을 위해 준비한 맞춤형 상품이라고 생각하니까요. 반대로 평균적인 상품을 만들고는 “남녀노소 누구든 좋으니 제발 우리 걸 좀 사주세요!”라고 구걸하면 고객들은 자신은 해당 사항이 없다고 느낍니다. 그래서 비껴갑니다. 그러니 콕 집어 ‘너를 위해 준비했어’ 하고 자상하게 가르쳐 주세요. 그럼 그 사람들은 여러분을 찾게 됩니다.

《장사는 전략이다》 RED. 너무 설레는 작업이다 보니 수다가 좀 길었습니다. 아무튼 지난 6년간 세계적으로 현장 테스트를 거친 내용들로 더욱 강력하게 보강했으니 여러분도 그 혜택의 수혜자가 되셨으면 좋겠습니다. 미국, 일본, 중국, 베트남, 영국, 인도네시아, 체코에서 《장사는 전략이다》 인증샷과 독후감을 보내주신 독자 여러분 감사합니다. 그리고 《장사는 전략이다》 RED 출간을 허락해 주신 도서담 출판사의 김도형 대표와 이기린 에디터, 사랑하는 아내 송혜진과 세 아들, 그리고 민정균 매니저에게 감사의 인사를 전합니다.

매일 아침 마음속으로 10번만 외치면 상상이 현실이 되는 주문이 있습니다.

난 할 수 있어.

《장사는 전략이다》 RED 출간 기념으로 준비한 선물입니다.

2016년 《장사는 전략이다》 초판 머리말

당신의 노력은 반드시 보상받을 겁니다

제 직업은 매니저입니다.

그렇습니다. 음식 관련 매니저입니다. 제가 직접 나서기보다는 훌륭한 선수를 뽑아 다듬는 게 저의 직업입니다. 국내 최초 외식업 매니저라고 하면 다들 의아해하십니다. 컨설턴트면 컨설턴트지 매니저가 뭐냐고.

전 사실 컨설턴트라는 단어를 썩 좋아하지 않습니다. 왠지 근사한 분석 자료와 그래프가 먼저 떠오르거든요. 그래서 코치나 매니저를 자처합니다. 이제 막 세상이라는 무대에 첫발을 내딛는 외식업자들의 든든한 조력자가 되고 싶기 때문입니다. 전 관찰력이 좋은 편입니다. 20년 넘게 외식업 현장을 지켜본 덕분이죠. 대신 비판하는 건 별로 좋아하지 않습니다. 평론가라는 타이틀은 가지고 있지만 꼬집기보다는 칭찬하기를 더 좋아합니다. 그들이 얼마나 고통스러운 나날을 보내고 있는지 누구보다 잘 알기 때문입니다. 건방진 이야기로 들릴지 모르겠습니다.

외식업체들이 제 눈에는 다 연습생으로 보입니다. 빅뱅이나 소녀시대를 꿈꾸며 오늘도 연습실에서 피눈물을 흘리고 있는 바로 그 연습생 말입니다.

가능한 한 많은 분들을 만나 이야기를 듣고 있습니다. 장사를 시작한 계기며 힘들었던 고비, 눈물겨울 정도로 행복했던 순간까지 듣고 또 들으려 애를 씁니다. 그러면 자연스레 진단이 됩니다. 어떤 분인지, 어떤 인생을 살아왔는지 그리고 장사에 임하는 자세나 철학까지 말입니다. 저는 '단점'이라는 단어를 쓰지 않습니다. 대신 '잠재력'이라는 표현을 선호하지요. 모자란 게 많다는 소리는 그만큼 성장할 가능성도 크다는 뜻입니다. 그리 믿고 싶습니다.

이렇게 만난 분들 중에 인연이 만들어집니다. 호형호제하는 관계로 발전하기도 하고 금방 애정이 식어 전화번호부에서 이름을 지우기도 합니다. 전자는 제 이야기를 귀담아 주는 분들에 해당합니다. 반대로 후자의 경우는 아무리 피와 살이 되는 충언을 드려도 색안경을 끼고 받아들이지 않습니다. 안타깝지만 제겐 시간이 많지 않습니다. 그래서 과감히 인명부에서 삭제합니다.

고객과 식재료에 대한 생각을 조금만 교정하면 정말 사랑받을 수 있을 텐데….

운영 방식을 조금만 수정해도 고객이 아니라 팬을 만들 수 있을 텐데….

첫 단계를 넘고 나면 글쓰기를 가르칩니다. 많이들 고통스러워합니다. 밥장사가 뭔 글쟁이도 아니고… 이렇게 체념하는 분들도 많습니다. 하지만 꼭 필요한 과정입니다. 가수가 본인의 노래 가사를 외우는 것만큼이나 당연한 숙제입니다. 내 생각을 정리할 줄 알아야 남을 설득할 수 있습니다. 그딴 쓸데없는 짓 안 하고도 잘 먹고 잘 살아왔다고요? 이제부터 힘들어지실 겁니다. 계획을 세우는 것도 글을 통해서입니다. 고객을 꼬드기기 위한 메뉴판 설명 하나까지 다 글이 필요합니다. 조정래 선생이나 황석영 선생 같은 훌륭한 문장가가 되란 소리가 아닙니다. 고객이 동감할 수 있는 글쓰기, 글로 사람을 설득하는 그 방법을 배우자는 소리입니다. 한 달 정도 훈련을 하고 나면 점점 문장이 매끄러워집니다. 그루브를 타지 못하던 유재석이 박진영을 만난 것 이상으로 멋지고 아름다워집니다. 본인의 뇌 저 깊은 곳에 자리 잡고 있던 욕심을 하나둘 꺼내기 시작합니다. 이 단계에서 콘셉트를 잡는 법과 스토리텔링을 짜는 노하우를 전수합니다. 그토록 꺼리던 글쓰기에 재미를 붙이는 순간이죠.

정교한 문장 구조는 아니지만 전 칭찬을 합니다. 글에서 8가지 장점을 먼저 찾으려고 애를 씁니다. 흥분한 연습생의 얼굴이 발개집니다. 좋다는 표정을 감추지 못합니다. 타이밍을 봐가며 아주 조심스럽게 딱 2가지 부족한 점을 던집니다. 거부 반응은 없습니다. 오히려 스펀지처럼 쪽쪽 빨아들입니다.

제 소견입니다만, 비판하는 것보다 칭찬을 하는 것이 훨씬 더 어렵습니다. 전문가랍시고 툭툭 내뱉는 비판의 말로 상처를 입히는 경우가 많은데 그건 아니라고 봅니다. 장점을 찾고 칭찬을 할 줄 알아야 진정한 전문가라고 생각합니다. 이런저런 과정을 거치며 연습생은 성장합니다. 맛도 잡고, 콘셉트도 잡고, 고객도 잡게 됩니다.

이즈음에 이르면 저는 무대 스케줄을 잡기 위해 발에 땀이 나도록 뛰어다닙니다. 신문이 좋을까, 잡지가 좋을까, 아니면 방송이 좋을까? 참, 요새는 SNS도 신경써야 합니다. 그 기분 아십니까? 제 소속 가수나 연기자가 첫 무대에 서는 쾌감. 짜릿합니다. 그간의 노력에 대해 보상받는 날입니다. 안내를 잘 따라와 주면 무대에 서는 날이 잦아집니다. 간혹 사회적 물의를 빚어 고객들의 뇌리에서 잊히는 경우도 있습니다. 시쳇말로 싸가지가 없어지는 케이스입니다. 방송 한두 번 타고 나면 눈에 뵈는 게 없어지는 친구들도 있습니다. 마치 세상을 다 가진 양 거드름을 피웁니다. 강자에게 약하고 약자에게 강해지는 비굴함도 보이죠. 이런 부류의 장사치들은 차라리 빨리 다치는 편이 정신 건강에 도움이 됩니다.

솔직히 방송의 효과는 2주에서 한 달 정도 지속됩니다. 손님들이 몰려오면 더 겸손해지고 퍼줘야 하는데 본전 생각이 나는 모양입니다. 소금처럼 짜집니다. 고객은 물론 직원들에게도요. 반면 스캔들 하나 없이 바른 정신 상태를 보이는 친구들도 많습니다. 이 양반들에게는 특혜가 베풀어지죠. 더 큰 무대로 나갈 수 있는 탄탄한 네트워크를 구축해 줍니다. 여기까지 왔는데도 "그 사장은 처음이나 지금이나 변함이 없어."라는 평판이 이어지면 백화점이나 대형 쇼핑몰이라는 무대에 세우기 위해 눈썹이 휘날리도록 뜁니다. 해외 진출과 홈쇼핑 론칭 등은 덤입니다.

대한민국 외식업계의 SM엔터테인먼트가 되는 게 꿈입니다. 제가 발굴하고 코칭한 연습생들을 세계적인 스타로 만들고 싶습니다. 우물 안 개구리 소리는 듣고 싶지 않습니다. 힌두교도와 이슬람교도가 살고 있는 이억만 리 땅에도 진출시키고 싶습니다.

《장사는 전략이다》를 이런 마음으로 썼습니다. 창업을 망설이는 분들에게는 이 책이 시작할 수 있는 용기를 불어넣어 주고, 이대로 망하느냐 계속 살아남느냐의 기로에 선 사장님들에게는 불안한 마음을 다스리도록 도움을 주고 싶었습니다. 지금은 잘나가지만 요즘 같은 불경기에 앞으로 몇 년을 더 내다볼 수 있을지 매일 밤잠 설치는 분들에게도 유용한 책이 되면 좋겠습니다. 정말 중요한데도 사소하게 여기는 것들부터 도저히 해볼 엄두조차 나지 않았던 것까지, 장사하는 데 필요한 모든 것을 담았습니다.

어떠세요? 지금부터 저를 믿고 한번 따라와 보시겠습니까?

차 례

전략 3 가치 설계 | 고객이 원하는 가치가 살아남는다 |

전략 4 가치 강화 | 감동을 주는 디테일이 살아남는다 |

부록

戰

전략 1
콘셉트 설계

略

부정하는 콘셉트가 살아남는다

제 아들들의 식당 컨설팅을 맡는다면

잘나가는 가게를 만들어 주기 위한 아버지의 메모

전 아들이 셋입니다. 공부를 잘하는 친구도 있고, 얼굴이 잘생긴 녀석도 있고, 아이디어가 끝내주는 막내도 있습니다. 10대, 20대라 꿈이 많습니다. 아들들은 늘 제게 묻습니다. 어떻게 살면 좋을지, 뭐 하고 살아야 후회가 없을지. "하고 싶은 거 하고 살아라." 말은 이렇게 하지만 저도 크게 다를 것 없는 아버지다 보니 사실 안정적인 직업을 가졌으면 합니다. 그러면서도 든든한 보호자 역할을 하고 싶어 이야기 말미에 꼭 한 줄 덧붙입니다.

"하고 싶은 거 다 해보고 멋지게 한번 살아보고 싶으면 아버지 찾아와."

그런데 어느 날 갑자기 이게 현실이 될 수도 있겠구나 하고 깨닫게 되었습니다. 정신이 번쩍 들더군요. 잊으면 안 되겠다 싶어 메모 어플에 또박또박 적은 내용입니다.

1단계 어떤 아이템을 팔 것인가?

일단 아이템이 필요합니다. 비즈니스를 하겠다고 나선 사람들 중 상권 먼저 보러 다니는 분들도 계신데, 우린 거래를 해야 하는 숙명을 타고난 사람들입니다. 물건이 시원치 않으면 장소가 아무리 좋아도 팔리지 않습니다. 그래서 전 최강의 무기, 즉 상품을 선택하는 데 아주 긴 시간을 보냅니다. 이왕이면 꾸준한 인기를 얻을 수 있는 아이템이면 좋겠죠. 경기가 좋든 나쁘든 늘 단골들로 붐비는 식당이면 아들 녀석들에게 제대로 아버지 구실을 하지 않을까…. 몇 가지 메뉴가 파노라마처럼 스쳐 지나갑니다. 등심, 수제비, 칼국수, 덮밥, 라면……. 객단가가 너무 낮으면 힘이 많이 듭니다. 어쩔 수 없습니다. 똑같이 열 테이블 받았는데 객단가가 높은 메뉴는 테이블당 10~20만 원 나오는 반면, 저가형은 같은 테이블에서 3~4만 원 나오는 수도 있으니까요. 물론 변수는 아주 많습니다. 그래도 아들 녀석의 식당이라니 기왕이면 좀 덜 고생시키고 싶습니다.

미국산 등심.

일단 적어봅니다. 그리고 과거와 현재, 미래를 체크합니다. 아무래도 한우보다는 땅덩어리가 큰 미국 고기가 좀 더 안정적이지 않을까? 3차 세계 대전이 일어나지 않는 한 미국에서 소는 계속 키울 테니 공급에 큰 문제는 없을 것 같군. 그리고 훌륭한 수입업체들이 많으니 충분히 경쟁력이 있을 테지.

썸트렌드, 일반적인 소비자들의 생각이 궁금할 때 제일 먼저 찾는 곳입니다. '등심'을 검색해 보니 대부분의 반응이 긍정적이고 지속적으로 관심이 높아지는 아이템입니다. 재작년보다 작년이, 그리고 작년보다 올해 언급량이 늘고 있으니 일단 안심입니다. 아이템을 고를 때 올해의 상승폭만 확인하시는 경우가 많은데 최근 5년 정도 지속적으로 관심과 검색량이 늘고 있는지 확인하셔야 합니다. 올해 최고

인기 아이템이라는 소리에 귀신 씌인 듯 덜커덕 결정했다가 올해가 피크인 경우에는 아주 큰일납니다.

위 표를 보시면 눈치챌 수 있으실 겁니다. 다 좋은데… 가격에 대한 부담이 있네요. 자, 집중적으로 파고들 틈새를 발견했습니다. **상대적으로 가격이 착한 등심집.** 그리고 팁을 하나 더 드리자면 10년 전 최고로 인기였던 아이템을 다시 소환해 나만의 스타일로 재해석하는 것도 효과적입니다.

2단계 타깃은 누구인가?

아이템보다 더 중요한 포인트입니다. 죽어도 실패하고 싶지 않다면(대부분은 성공을 꿈꾸지만 전 정반대입니다), 그런 작품을 만들고 싶다면 그 아이템을 살 사람이 필요합니다. 자, 그림을 그려볼까요? 30대? 40대? 50대? 성별은? 직업은? 소득 수준은? 가족관계는? 취미는? MBTI는? 가장 선호하는 메뉴는? 이렇게 질문을 던져가며 가상의 고객을 한 명 만듭니다. 그리고 이 사람을 위해 총력을 기울일 겁니다.

허영준. 38세 남성.
3인 가족 가장. 서울 거주. 연봉 5,000만원.
아파트 전세 거주. 수입 소형차 보유. 최근 골프 시작.

왜 사람 먼저 정하는지 아세요? 그래야 구체적인 서비스를 구성할 수 있으니까요. 다양한 고객을 전부 잡기 위해 평균적인 상품과 서비스를 냈다가는 그 어느 누구의 만족도 이끌어 낼 수 없습니다.

가상의 고객이 38세인 이유는 이렇습니다. MZ세대는 아니지만 SNS에 능하고, 아직은 호기심이 많고, 한편으로는 가족을 부양해야 한다는 부담감도 있고…. 그리고 하나 더. 고객으로서 매력적이라 생각해 38세로 설정했습니다.

혹시 여러분은 누구를 각별히 사랑하시나요? 고객으로 꼭 모시고 싶은 분들이 계신지요? 진심을 다해 응원해 주고 싶은 사람들이 있으세요? 전 대리들입니다. 네. 과장, 차장으로 승진하기 전 직급인 대리 말입니다. 워낙 많은 회사와 지자체 전략 고문을 하다 보니 대리분들을 많이 만납니다. 완벽한 프로라기엔 2% 부족하지만 열정은 넘치는, 또 그만큼 유혹도 많은 대리. 만약 매장에 대리 명함을 가지고 오면 새싹삼 한 뿌리씩 먹여 보낼 겁니다.

3단계 어떤 새로운 경험을 줄 것인가?

핵심 중의 핵심입니다. 38세 허영준 씨가 이제껏 해보지 못한 경험들이 무엇일지 상상해 보는 겁니다. 시작해 볼까요?

우선 매장 앞을 지나다니는 예비 고객들에게 고기가 지글지글 익어가는 모습을 동영상으로 보여줄 겁니다. 대기 의자 한 켠에 아주 커다란 곰인형을 하나 데려와 사진을 찍을 수 있게 분위기를 조성할 겁니다. 기다리는 동안 지루하지 말라고 멀리뛰기 금도 분필로 그어 놓을 겁니다. 제기도 아주 효과가 좋습니다. 어린 시절 놀이터에서 차던 그 제기 말입니다. 아버지에게는 추억을, 아이들에게는 배움을 동시에 선물할 수 있어 좋을 것 같습니다. 자리에 앉으면 주문을 받고 폴라로이드로 일행들 단체 사진을 찍어줄 겁니다.

4단계 어떤 최초를 만들 것인가?

최초를 만드는 것 또한 중요합니다. 새로운 경험을 만드는 것과 최초를 만드는 건 다릅니다. 고깃집 앞에서 멀리뛰기를 하거나 폴라로이드 사진 촬영을 해주는 건 이 업종에서는 새로운 경험이 맞습니다만 대한민국 전체 차원에서 보자면 최초는 아닙니다. 그러니 이렇게 기준을 잡으시면 좋습니다. **경험은 특정 카테고리에서의 새로운 경험, 최초는 말 그대로 진짜 최초.**

최초를 만드는 노하우가 있습니다. 종류가 다른 두 녀석을 조합하는 겁니다.

순대국 + 낙지	**추어탕 + 슬라이스 치즈**
피트니스 + 샐러드 바	**모텔 + 당구대**

자, 그럼 등심에 뭘 한번 섞어볼까요? 원칙은 이렇습니다. 조합할 두 녀석은 각각 고객들에게 아주 익숙한 녀석들이어야 합니다. 완전한 최초를 만들겠다고 경험도 해보지 못한, 생판 모르는 존재를 붙였

다가는 그걸로 게임 끝. 이 단계에서는 용기와 끈기가 필요합니다. 대범해야 최초를 만들 수 있거든요.

등심 + 한식 일식 중식 분식 양식

(밥 찌개 국 탕 회 스시 덴뿌라 나베 짜장 짬뽕 탕수육 냉채 비빔밥 라면 김밥 볶음밥 냉면 파스타 피자 샐러드……)

하나씩 조합해 보는 겁니다. 아니, 무조건 하셔야 합니다.

로제떡볶이, 문어치킨, 감자탕볶음밥, 치즈돈가스, 새우장, 연어장……

중박 이상 히트를 친 상품 대부분은 이런 과정을 통해 완성된 것들입니다. 이렇게 메뉴를 1차로 만들어 봅시다.

국가대표 등심, 마사지 등심, 추억의 등심 도시락, 소고기 등심국, 등심가츠, 등심 비빔밥, 등심 라면, 등심 김밥, 등심 냉면……

압니다. 많습니다. 이제 선택과 집중을 통해 줄여야지요. 단, 이 선수들이 후보군에 있어야 1차 론칭, 2차 론칭, 3차 론칭 탄탄하게 갈 수 있습니다.

여기서 잠깐! 모든 원·부자재 가격이 인상하고 있어 고민이 많으실 겁니다. 이제 더 이상 물러날 데도 없는 상황입니다. 하지만 식자재 마트를 문턱이 닳도록 드나들다 보면 '왜 이 재료들은 크게 가격 변동이 없지?' 하는 궁금증을 갖게 만드는 녀석들이 몇 개 있습니다. 냉동만두, 판두부, 묵, 국수… 고기나 해산물처럼 가격이 널뛰는 재료들에 비하면 안정적입니다. 우리는 변동이 작은 이 친구들과 친해질 겁니다. 가치를 극대화하는 메뉴들을 개발해 주의를 끌 겁니다.

묵밥, 묵무침, 묵전, 두부김치, 두부 쉐이크, 두부 스테이크…

객단가와 이익을 극대화하기 위해서는 가격추측단서를 가진 메뉴들을 도입해야 합니다. 아무리 맛있어도 흔하고 가치가 떨어지는 단어들로 이름 붙여진 상품들은 기분 좋은 가격을 받기 어렵거든요.

5단계 어떻게 모든 요소를 1%씩 강화할 것인가?

이제 1% 초디테일 들어갑니다.

등심집을 구성하는 요소들 전체를 1%씩 강화할 겁니다. 묻지도 따지지도 말고 전설의 브랜드보다도 강해지도록 1%, 또 1%.

간판 + 배너 + 사진 + 손잡이 + 인사말 + 발판 + 향 + 테이블 + 충전기 + 물병 + 컵 + 수저 + 냅킨 + 소금·후추통 + 그릇 + 대접 + 불판 + 숯 + 소주 + 잔 + 화장실 + 비누 + 디퓨저 + 휴지 + 휴지통 + 스피커 + 냉장고 + 카운터 + 영수증……

10개면 10%, 20개면 20% 더 강해지는 겁니다. 1등 하고 있는 집 벤치마킹한다는 미명하에 아이디어 훔치러 다니지 마시고 그보다 더 강력하게 딱 1%씩만 강화해 보세요. 스테인리스 숟가락 젓가락 쓰면서 우리 실력 좋다고, 우린 진심을 담았다고, 최선을 다하고 있다고, 가족을 모시는 심정이라고 말만 하지 마시고, 억지 쓰지 마시고, 행동으로 보여주세요. 그래야 고객이 여러분 앞에 고개를 숙입니다.

차별화 전략 중 최고는 모두 하는 것을 하지 않는 겁니다.

오지의 매점에서도 차별화를 이야기합니다. 산 정상의 박카스 아저씨도 전략적 차별화를 언급합니다. 그래야 팔린다는 사실을 대부분 알고 있습니다. 그런데 진정한 차별화는 '다르다'에 있지 않고 '아니다' 안에 있습니다. 무슨 소린고 하니…

우리 등심은 다릅니다 vs 우리 등심은 숙성을 하지 않습니다

앞의 주장은 차별화를 위해 내세운 것인데도 경쟁자들과 별반 다르지 않습니다. 인간의 생각이 다 거기서 거기이기 때문입니다. 반면 보통, 상식적으로, 누구나 다 하는 걸 하지 않으면 초강력 브랜드가 됩니다.

신촌 서서갈비에는 의자가 없습니다. (요새는 어르신들을 위해 준비를 했습니다만) 밥도 없고 김치도 없습니다. 정 먹고 싶으면 사오라고 이야기합니다. 얼마나 충격적인 차별화 전략인지 전 세계 20여 개의 매스컴에 실렸습니다. 외국인들도 아주 많이 특별하다고 생각한 모양입니다.

그런 의미에서 다들 하는 숙성을 하지 않을 작정입니다. 대신 그만큼 좋은 고기를 준비하는 건 필수. 또 숯을 쓰지 않을 겁니다. 석쇠 대신 판을 쓸 겁니다. 그중에서도 곱돌로 만든 돌판에 구워 먹는 등심. '넌 먹을 때가 제일 예뻐' 같은 문구 대신 '소고기는 판에 구워야 더 맛있습니다.'라고 큼직하게 걸어놓을 겁니다. '우린 ○○하지 않는다', '우린 어떠어떠하지 않다'. 이 개수가 많아지면 많아질수록 경쟁자들과는 멀어지고 고객들과는 가까워집니다.

인간은 테크를 좋아합니다.

서랍 속 수저보다는 살균기 속 수저를 더 좋아합니다. 일반적인 소주보다는 소주 전용 냉장고에서 보관한 소주를 더 좋아합니다. 보통의 공깃밥보다는 두 가지 쌀로 블렌딩해 지은 밥을 더 좋아합니다. 단 1%라도 진화한 테크가 등장하면 이전 버전은 맥을 못 춥니다. 그래서 아주 사소한 것들까지도 진화를 부탁드린 겁니다. 고객이 여러분 브랜드에 흠뻑 빠져 헤어나오지 못하게 말이죠.

요새 서빙 로봇이 인기가 많습니다. 도입기라 그런지 더욱 주목을 받습니다. 조금 무리를 해서라도 이 친구를 영입해 물, 소주, 음료, 물수건, 찬 추가 같은 건 좀 있어 보이게 가져다 드릴 작정입니다. 키오스크는 정이 없지만 테이블 위에 큐알 코드 주문 시스템을 만들어 눈치 빠른 고객들은 주문 새치기를 할 수 있게 도와드릴 겁니다. 카운터 옆에는 정육 자판기를 놓아 테이크아웃을 유도할 거고요. 고기를 드신 테이블은 스팀 청소기로 보란 듯이 정리해 드릴 겁니다.

인간이 테크만큼이나 좋아하는 게 꽃입니다.

무조건 한쪽 벽면은 '플라워 월'로 세팅할 겁니다. 만약 이런저런 문제로 세팅이 어렵다면 프로젝터를 틀어서라도 꽃들을 보여줄 겁니다. 꽃은 괄약근까지도 이완시켜주는 매력덩어리입니다. 신선하다는 암시도 줄 수 있고요. 비빔밥과 냉면 위에 식용 꽃 한 송이씩 올려 섹시함을 연출할 생각입니다. 벌써부터 양 볼에 침이 고입니다. 세상에, 등심집에 꽃이라니.

제품, 상품 말고 작품을 만드시죠.

내가 좋아해서, 내 기준으로, 내가 만족하는 **제품**을 만들면 원가밖에 받지 못합니다. 반면 고객의 입장에서 살 만한 가치가 있는 **상품**을 만들면 소비자 가격을 받을 수 있지요. 좀 더 욕심을 내 위에서 언급한 초디테일을 매장과 브랜드에 입힌다면 그 누구도 감히 덤비지 못할 **작품**이 완성되어 원하는 가격을 받을 수 있습니다.

물려줄 재산이 많지 않다 보니 좀 독하게 설계도를 짰습니다. 38살 세 가족의 가장을 머릿속에 두고 접대하는 기분으로 기획을 했는데 28살이라고, 혹은 48살이라고 이 디테일을 싫어할까요? 처음 38

살 고객을 페르소나로 설정했던 건 좀 더 치밀해지기 위함이었습니다. 머릿속에 그저 고객이라고만 적어놓고 덤비면 배가 산으로 가는 경우가 많습니다. 그래서 명확한 대상을 앞에 모셔다 놓고 디테일을 짰습니다. 감동은 그냥 만들 수 있는 게 아닙니다. 그를 이해하고, 공감하고, 사랑해야 만들 수 있습니다.

어떠세요? 이만한 등심집 본 적 있으세요?

KICK!

아들들을 위한 메모

1. 아이템 정하기 (등심)
2. 누가 살 것인가? (회식 + 가족모임)
3. 어떤 새로운 경험을 만들까? (운세 넓이뛰기 돌판등심)
4. 최초를 만들자 (돌등 돌밥 돌찌 소금 바)
5. 내가 각별히 사랑하는 사람들은?
6. 구성 요소 전부를 1%씩 강화하자
7. 우린 어떠어떠하지 않다. (유해가스 숯이 없습니다.)
8. 푸드 테크 도입 (테이블주문 딜리 정육자판기)
9. 꽃을 사용하자 (육회 꽃밥)
10. 사진 찍을 거리를 만들자
11. 1년 내내 가격 변동폭이 적은 재료를 찾자
12. 죽어도 지지 않을 작품을 만들자

보통명사를 내 것으로

"글자와 글자 사이를 띄우세요."
"틈을 벌리면 새로운 시장이 열립니다."
"주인 없는 단어들을 내 소유로 만들 수 있습니다."

틈새시장이라는 말 많이 들어보셨죠? 전 이 단어를 정말이지 끔찍하게 좋아합니다. 사전적 의미까지 파악하고 나면 소름 돋는 일들이 벌어집니다.

틈새시장 [명사]

[경영] 유사한 기존 상품이 많지만 수요자가 요구하는 바로 그 상품이 없어서 공급이 틈새처럼 비어 있는 시장.

1. 유사한 기존 상품이 많지만

2. 수요자가 요구하는 바로 그 상품이 없어서

3. 공급이 틈새처럼 비어 있는 시장

비즈니스 전략과 마케팅, 브랜딩, 가격, 고객론까지 전국 11개 시도에서 수업을 진행하고 있는 저로서는 이 단어가 그렇게 섹시하게 느껴질 수 없습니다. 틈새, 말은 얼마든지 할 수 있습니다만 그 개념을 정확하게 이해하지 못하면 절대로 틈새를 내 것으로 만들 수 없습니다.

이제 미친 듯이 단어, 상품, 서비스, 시장에 주목해야 할 시점입니다. 코로나는 우리 사회 전반에 걸쳐 모든 것을 바꾸어 놓았습니다. 마스크를 매일 쓰고, 이전보다 수십 배 손을 더 씻고, 점검하고, 검사소와 병원을 드나드는 횟수가 늘어났고, 음식 먹는 문화도 바뀌었습니다. 빈익빈 부익부 현상이 극단으로 치닫고 있고, 무한 경쟁의 혈전은 밤낮을 가리지 않습니다. 이러한 상황에서 살아남기 위해서는 반드시 틈을 찾아야 합니다.

자외선처럼 쏟아져 내리는 경쟁 브랜드,

방사선처럼 배출되는 거대 기업들의 마케팅 기법.

핵무기만큼 무서운 이 무기들로부터 숨을 곳을 찾아야 합니다. 내

목소리를 낼 수 있는, 작지만 안전한 공간이 필요합니다. 여러분이 만들어 낸 안식처에 몸을 누일 여러분 브랜드의 팬들을 위해서라도 말입니다.

자, 말 그대로 틈을 벌릴 겁니다. 가만히 있으면 우린 매일 벽만 만나게 됩니다. 사방이 바리케이드같은 장벽이면 당신과 당신 브랜드는 더 나아갈 수 없습니다. 그래서 금이 간 곳을 찾고, 틈을 벌릴 겁니다. 일단 단어부터 시작해야겠습니다. 이제껏 단 한 번도 자영업계에서는 제안한 적 없는 주장이라 어리둥절하실지 모르겠지만 차근차근 행을 읽어내리면 무시무시한 내공을 얻을 수 있으실 겁니다.

일상생활에서 거의 매일 만나는 단어가 '생맥'이지 싶습니다. 이 단어부터 틈을 벌려보겠습니다. 생맥주가 맞는 표현인데 열에 아홉은 생맥으로 부릅니다. 여기엔 두 가지 이유가 있습니다.

첫째, 줄임말을 사용하는 건 일종의 특권입니다. 동시대를 살고 있는 비슷한 세대들만의 공감대이자 소통법. 다른 세대와는 구별되는 우리들만의 커뮤니케이션 기법. 그래서 매 시대마다 암호 같은 줄임말이 등장합니다.

두 번째, 바로 에너지입니다. 인간은 에너지 소모를 증오합니다. 본능적으로 피합니다. 마트 주차장에서 출입문 가장 가까운 곳에 차를 대기 위해 서너 바퀴씩 도는 행동, 건강에 좋은 걸 뻔히 아는데도 계단 대신 바로 옆 에스컬레이터를 타는 행동을 떠올려 보면 이해가 되실 겁니다. 지난 100여 년을 돌아보면 새로운 세대는 기성세대와는 다른 효율적인 삶을 위해 인사말조차 짧게 줄였습니다.

“기체후 일향 만강하옵신지요? 별래무양하신지요? 옥체 만안하시온지요?”

(氣體候 一向 萬康–, 別來無恙–, 玉體 萬安–)

“안녕하세요?”

“하이~”

“요~~~”

인사말만 봐도 이러한데 평상시 사용하는 단어들이야 말해 무엇하겠습니까?

당모치, 군싹, 스불재, 완내스……

이렇게 에너지 효율을 위해 줄어든 단어들의 글자와 글자 사이를 벌려 틈새시장을 만들어 보겠습니다. 먼저 언급했던 생맥으로 돌아갑니다. 누가 뭐래도 생맥은 생맥주입니다. 이 사이에 제 생각을 넣어보겠습니다. 익숙하게, 친숙하게, 편하게, 부담 없게, 왠지 가까이 하고 싶게….

생맥

생___ 맥___

'생'과 '맥' 사이에 넣을 수 있는 글자나 단어를 생각해 보세요. 처음이라 막막하시다고요? 네이버와 구글의 힘을 한번 빌려볼까요? '생'으로 시작하는 단어를 검색합니다. 그럼 수천 개의 단어가 쭈르륵 올라옵니다. 이 중 마음에 드는 단어를 하나 찾아 '생'과 '맥' 사이에 집어넣는 겁니다. 네? 왜 이렇게 별난 짓을 하느냐고요? 잊으시면 안 됩니다. 우리는 지금 단어 놀이가 아니라 틈새시장을 찾고 있다는 것을요. 그런 의미에서 다시 한 번 강조!

1. 유사한 기존 상품이 많지만 (생맥주는 정말이지 하늘의 별만큼 많습니다.)

2. 수요자가 요구하는 바로 그 상품이 없어서 (소비자는 이런 흔하고 지루한 상품을 싫어합니다.)

3. 공급이 틈새처럼 비어 있는 시장 (다들 공기처럼 물처럼 쓰는 것이 오히려 틈새를 만들기 쉽습니다.)

생각 생강 생기 생끗 생동 생딸기 생명 생심 생존 생활……

약간의 수고로움으로 근사한 단어들을 찾아냈습니다. 그중 돋보이는 녀석이 있죠. 생활. '생'과 '맥' 사이를 벌리고 '활'을 집어넣어 마무리했습니다. 원래 생맥의 뜻은 아니지만 틈을 벌리면 이런 근사한 생활맥주 같은 브랜드명이 탄생합니다. 친근합니다.

왜 친근함을 강조하는지 아세요? 구매 때문에 그렇습니다. 소비자로서의 인간은 낯선 단어나 이미지보다 친근한 메뉴나 상품 그리고 브랜드에 끌립니다.

생활맥주 vs 뉴 캐슬 브라운

깔끔하죠? 업계에서 이 생활맥주라는 단어를 탐내는 분들이 아주 많으세요. 물론 창업주는 다른 방식과 다른 의미로 네이밍을 했을지 모르겠지만 이렇게 약간의 수고로움을 거쳐 기존의 줄임말을 내 것으로 만들 수 있다는 점은 아주 매력적입니다.

'가맥'이라는 단어도 많이 들어보셨을 겁니다. 전주에 가면 만날 수 있는 가게맥주, 가맥. 이건 누구나 다 아는, 유사한 기존 상품이 아주 많은 시장입니다. 그러니 생활맥주처럼 '가'와 '맥'을 벌리세요.

가맥

가___ 맥___

'가'로 시작하는 단어를 검색하는 도중 제가 꽂힌 건 바로 가정맥주. 천재적인 여러분들의 머리를 좀 빌리도록 하겠습니다. 가정맥주의 콘셉트로는 어떤 게 좋을까요? 70~80년대 가정집? 시골 가정집? 외국 가정집? 가장의 이름이 새겨진 문패를 지나, 현관문을 열고 들어가면 거실이 나오고, 책장, 거실장, 커튼, 소파, 텔레비전 등이 그야말로 가정집처럼 세팅되어 있는 그런 가정맥주. 맥주도 가정용 냉장고에서 꺼내주는 가정맥주. 테이블 위에는 먼지나 파리를 막아주는 식탁보가 깔려 있고, 앉자마자 팝콘 대신 삶은 땅콩과 옥수수를 건네주는 가정맥주. 흔하디흔한 가게 맥주와는 결을 달리하는 가정맥주. 안주도 가게에서 파는 인스턴트가 아니라 느닷없이 찾아온 손님 대접할 때 내는 초간단 설탕 토마토, 스팸 앤 프라이, 케첩 뿌린 비엔나소시지, 어머니 스타일 오뎅탕……. 그저 '가'와 '맥' 두 글자를 띄우고 '정'자 하나 넣었을 뿐인데 갑자기 **수요자가 요구하는 바로 그 상품**이 만들어졌습니다.

마지막으로 '혼밥' 한번 가볼까요? 이제는 다들 노하우를 터득하셨으니 빠르게 해봅시다.

혼밥

혼___ 밥___

↓

'혼으로 시작하는 단어'

혼기, 혼돈, 혼례, 혼색, 혼성, 혼신, 혼인, 혼합……

↓

혼례밥상, 혼성밥집, 혼합식당……

단어만 조합했는데도 미장센(인물 배치 + 배경 + 소품)이 막 떠오르실 겁니다. 한번 경험하기가 어렵지 틈새 만들기는 정말 중독성이 강합니다. 시간과 여유만 생기면 단어를 가르고 틈을 만들어 나만의 철학을 넣고 싶어집니다.

치맥　생파　냉삼　통삼

집 나가 떠돌고 있는 줄임말들을 다 불러다가 보듬고 가다듬어 여러분의 메뉴, 상품, 상호로 챙기세요. 여러분이 매력적인 제안을 하면 유사한 기존 상품들에 신물이 난 수요자들이

"그래, 내가 간절히 찾던 딱 그 상품이네. 그 브랜드야."

라며 호응해 줄 겁니다. 두 팔 활짝 벌려서 말입니다.

갓김치 짜장은 어떠세요?

대한민국에서 어느 누구도 제공하지 않았던 상품을 만든다면 삽시간에 소문이 퍼질 겁니다. 어느 동네를 가든 만날 수 있는 흔한 메뉴로는 승부를 내기 어렵습니다. 이건 누구나 다 아는 사실입니다. 평양냉면 메뉴로 우래옥 앞을 치고 들어간다? 지나가는 비둘기가 웃을 이야기입니다. 냉동삼겹살을 들고 잠수교집 옆에 입점한다? 멘보샤를 개발해 진진 길 건너에 매장을 낸다? 자신감은 좋죠. 당당해 보이긴 합니다. 하지만 이런 깜찍한 발상은 고객들에게 걷어차이기 십상입니다. 결국 눈길조차 보내지 않는 행인들을 바라보며 머리를 쥐어뜯게 됩니다.

"오픈 전 테스트 할 때는 다들 맛있다고 했는데…. 도대체 뭐가 문제지?"

대한민국 전설들을 피하지 않고 정면으로 도전하는 패기만큼은 인정합니다. 그런데 접근 방식이 틀렸습니다. 마치 마이크 타이슨과 초등학생의 권투 시합 같습니다. 중원의 절대 고수가 아니라면 고객은 후발 주자에게

응원은 보내지만 거래는 하지 않습니다.

손해 보는 게 끔찍이도 싫거든요. 생각해 보세요. 여러분이라면 버젓이 그 아이템에 대한 절대 강자가 있는데 굳이 2등이나 3등을 택할 이유가 있으신지요? 고객은 무모한 도전을 증오합니다. 이 사실을 다 알고 있으니 너도나도 죄다 플레이스고, 배민이고, 스마트스토어고 1등이 하고 싶은 겁니다. 당신이 오늘 삼겹살 메뉴를 매장에서 처음으로 선보인다면 전국 순위 17,000등쯤 될 것이고, 삼겹살이라는 메뉴로 브랜드를 만들어 새롭게 론칭한다면 전국 외식업 순위 570,000등 정도 될 겁니다. 당신의 실력이 아무리 뛰어난 것 같아도 그건 당신 생각일 뿐입니다.

판단은 고객이 합니다.

죽도록 땀 흘려 번 돈을 가지고, 569,999개 브랜드를 포기한 채, 그 먼 길을 달려가 굳이 당신의 상품을 사줘야 할 이유가 없습니다. 이게 현실입니다.

Don't do, do don't

제가 목에 핏대를 세우며 매일 강조하는 내용입니다.

"남들이 하지 않는 것만 골라서 하고,
남들이 다 하는 건 목숨 걸고 하지 말아라."

시장에서 경쟁하고 있는 모든 선수들이 노란색 단무지를 낸다면 제발 노랗지 않은 단무지를 내주세요. 아무도 삶은 달걀을 애피타이저로 주지 않는다면 망설이지 말고 과감하게 짜장면 먹기 전에 한 알 내주세요. 그러면 고객은 당황합니다.

"이게 뭐지? 왜 주는 거지?"

그리고 추론을 시작합니다. 시키지도 않았는데 말입니다.

'아… 음식 기다리는 동안 심심하지 말라고, 요기라도 하라고 주는 모양이구나.'

이런 사랑스러운 판단을 해줍니다. 이런 게 바로 예측할 수 없는 즐거움, 즉 재미입니다. 고객으로서의 인간은 재미있는 것을 좋아합니다.

재미있는 삼겹살 vs 재미없는 삼겹살

'있고'와 '없고'의 차이는 예측 가능하냐 그렇지 않냐입니다. 계산을 하려고 카운터로 다가가 카드를 꺼내려는데 느닷없이 사장님이 무언가를 건네줍니다.

"저희 집 찾아주셔서 감사합니다. 이거 선물입니다."

신용카드와 교환한 건 다름 아닌 로또. 더 이상 무슨 말이 필요하겠습니까? 졌다. 이 사장님 보통이 아니네.

사실 맛은 다 거기서 거기입니다. 하도 상향 평준화되어서 요즘은 맛없는 집 찾기가 어려울 정도니까요. 고객이 예측할 수 없는 것을 누가 더, 먼저, 많이 건드리느냐에 따라 차이가 생깁니다. 이러한 차이에 따라 고객은 구매 중독에 빠질 수도 있고 반대로 구매를 중단할 수도 있습니다. 메뉴나 상품도 마찬가지입니다. 같은 '과'인데 '속'과 '종'이 달라지면 더 주목받을 수 있습니다. 이때 필요한 게 뭐? 스피드, 그리고 결합. 우래옥 앞 신장개업 냉면집이 되고 싶지 않다면 다음 등식을 꼭 기억해 주세요.

1. 고유 메뉴 = 일반 메뉴 + 지방색

2. 고유 메뉴 = 일반 메뉴 + 일반 메뉴

3. 고유 메뉴 = 일반 메뉴 + 타 업종의 메뉴 (육해공)

4. 고유 메뉴 = 일반 메뉴 + 타 업종의 형식 (일식, 중식, 양식……)

남들이 다 하는 걸 하지 않음으로써 '예측할 수 없는 즐거움'을 만드는 진짜 비법입니다. 보통명사가 아닌 고유명사를 만드는 노하우이기도 하고요.

1. 순천 김치 냉면 = 냉면 + 순천 (진주, 제주, 대천, 대구……)

2. 우짜 = 우동 + 짜장 (기스면, 짬뽕, 울면……)

3. 쌍낙탕 = 순대국 + 낙지 (문어, 조개, 거북손, 멍게, 소라……)

4. 봉골레 떡볶이 = 떡볶이 + 봉골레 (로제, 크림, 바질, 마라……)

한 번도 본 적 없는 메뉴도 있을 겁니다. 하지만 여러분의 뇌는 천재적입니다. 등식을 구성하는 단어들만 보고도 머릿속으로 상상이 가능합니다. 이미 양 볼에 침이 고이는 분들도 계실 겁니다. 바로 이 포인트를 노리는 겁니다. 모르는 재료는 아무리 가져다 붙이려 해도 머릿속에 그려지지 않습니다. 그러니 충분히 떠올릴 만한 재료들과 형식들을 조합하는 겁니다. 그래야 우래옥 앞 순천 냉면집이 살아남을 수 있습니다.

"순천 김치 냉면이라고? 동치미 말고 빨간 김치? 우래옥은 1시간 웨이팅해야 한다는데 나 오늘은 순천 냉면 맛이나 보고 갈라네."

메뉴건 상품이건 갖추어야 할 기본이 있습니다. 그건 호기심입니다. 궁금증을 유발해야 발걸음이 옮겨집니다. 애써 상품을 만들었는데 아무도 관심을 갖지 않고 궁금해하지 않는다면 그건 무기징역감입니다. 시간도 노력도 반응도 날렸으니까요.

서울 삼성동에서 샤브 국수 전골로 대박을 친 브랜드가 있습니다. 9,000원짜리 샤브샤브로 1일 6백만 원 정도 매출을 올리는 장사의 신인데, 어느 날 고향 근처 순천에 가게를 열고 싶다고 연락을 해왔습니다. 등심, 해물, 복 샤브샤브로 전남 순천을 공략하겠다는 제자에게 당부를 하나 했습니다.

순천만을 찾는 수백만 명의 관광객들은 그냥 샤브샤브라고 하면 거들떠보지도 않을 테니, 뭔가 순천 냄새가 나는 '순천스러운' 메뉴가 하나만 있으면 좋겠다. 전국 어디서든 먹을 수 있는 샤브샤브를 굳이 이곳 순천까지 와서 먹을 필요가 없지 않겠냐. 그러니 순천 느낌이 묘하게 풍기는 메뉴를 하나 도입하면 분명 주의를 끌 수 있을 것이다.

이런저런 이야기 끝에 이제껏 없었던 메뉴를 하나 만들었습니다.

순천 칠게 샤브샤브

순천 하면 떠오르는 대표 식재료인 칠게를 이용해 육수를 내보자. 열을 받으면 빨개지는 칠게 덕분에 비주얼도 끝내줄 것 같다.

나만의 '고유 메뉴'를 만들려는 노력이 작품을 하나 만들었습니다. 외지인들은 물론이고 순천 분들도 많이 궁금하셨던 모양입니다. 지지리 복도 없어 살도 채우지 못하고 태어난 칠게란 녀석은 이제껏 튀기고, 갈고, 젓갈로 담는 게 고작이었는데… 샤브샤브로 먹는다니! 한방에 지역 스타 메뉴가 되었습니다.

지금 적고 계신 노트에 볼펜으로 꾹꾹 눌러 적어놓으세요.

"제발 고유명사가 되세요. 보통명사 말고요."

KICK!

브랜드 매니지먼트 의뢰를 받으면 제일 먼저 하는 일이 온리 원only one 상품을 만드는 겁니다. 아무도 시도한 적이 없는 메뉴를 만들려면 강제로라도 아이디어를 짜내야 합니다. 메뉴와 지역을 연결한 다음 대표 메뉴들을 의도적으로 엮어봅니다.

짜장면 그리고 여수
여수 하면 게장, 새조개, 장어, 한정식, 굴구이, 서대회, 전어, 갓김치

뇌가 습관적으로 단어들을 연결하기 시작합니다.

짜장 + 게장 짜장 + 새조개

짜장 + 장어 짜장 + 굴……

뭔가 월척이 하나 걸리려나 봅니다. 단어가 입에 쩍쩍 들러붙습니다. 단, 두 녀석이 끝내주는 결합을 하려면 서로의 단점을 보완해 주어야 합니다. 그래야 환상의 조합이라는 평가를 받을 수 있습니다.

게장을 짜서 비빈 비빔면스러운 짜장면, 새조개를 살짝 데쳐서 토핑으로 올린 짜장면, 장어 한 마리가 가로로 떡하니 누워 있는 짜장면, 갓김치와 함께 내주는 짜장면……. 저는 이 중에서 갓김치에 확 꽂혔습니다. 짜장면은 다 좋은데 딱 한 가지, 느끼해서 싫다는 분들이 계세요. 구매하고 나면 찜찜하고 불편한 사람들, 그래서 거의 구매하지 않는 사람들을 내 상품의 구매자로 만들기 위해서는 그들의 거부감을 없애줘야 합니다. 여기서 또 한 번 가르마를 탑니다.

1. 갓김치를 잘게 잘라 토핑으로 올린 짜장면
2. 갓김치에 싸 먹는 짜장면
3. 갓김치를 짜장 소스와 같이 볶아서 내주는 짜장면

저의 몇 가지 제안에 독자 여러분들의 공복이 고통스러워지기 시작했습니다. 아직 한 번도 접해보지 못한 음식인데… 저절로 머릿속에서 맛을 그리기 시작하셨습니다. 이런 게 콤비네이션, 즉 조합의 힘입니다. 서로 다른 종을 결합하면 교차점에서 상상도 할 수 없는 아이디어들이 폭발적으로 튀어나옵니다. 짜장의 느끼함을 새초롬한 갓김치가 은근슬쩍 내리눌러 주겠죠? 비록 짜장면으로는 전국 4만 등쯤 할지 모르지만 '갓김치 짜장'만큼은 여러분이 1등입니다. 새롭게 영역을 만들어냈으니까요. 스스로 영토를 개척하셨으니까요. 그 영광스러운 자리를 얼마든지 만끽하셔도 좋습니다. 행복은 도전하는 자의 몫이니까요.

저희는 그렇지 않다니까요!

인간은 따라쟁이. 좋아 보이면 가만있지를 못하고 은근슬쩍 내 것으로 가져옵니다. 특히 사업을 하는 분들 중 일부는 벤치마킹이라는 미명하에 아예 대놓고 카피하러 다니는 투어를 자랑삼아 떠들기도 합니다. 참 거시기한 일이 아닐 수 없습니다. 만약 이런 여행을 통해 가져온 아이디어라면 반드시 밝히세요. 능구렁이처럼 스리슬쩍 넘어가지 마시고요.

"삼각지 몽탄에서 영감을 얻었습니다."

"청와옥 목기가 너무 사랑스러워서 ~~응용~~을 좀 해봤습니다."

"제가 새벽집 광팬입니다. 육회비빔밥과 선지해장국의 조합은 새벽집을 따라했음을 밝힙니다."

이런 고백이나 자수 없이 서로 미친 듯이 따라하다 보니 시간이 지날수록 비슷해집니다. 점점 더 변별력이 없어집니다. 누가 개발자이고 누가 원조인지 구분하기 힘들 정도입니다. 애써서 시간 들이고 돈 들여 뭔가 만들어 보겠다는데 이걸 누가 말리겠습니까! 하지만 이런 동조화로 인한 상향 평준화는 결국 피 튀기는 경쟁을 유발합니다. 덕분에 '거기서 거기'인 브랜드의 상품과 서비스 중 도대체 무엇을 선택해야 할지 고민만 생깁니다. 이런 상황에서는 고객이 선택을 하는 것 자체가 여간 힘든 일이 아닐 수 없습니다.

이것저것 가져다 비슷해지면서까지 스스로 제 무덤을 팔 이유가 없습니다. 여러분이 100억 원대의 자산가라면 상관없습니다. 여러분 회사의 스텝들이 다 외국 유수의 대학에서 MBA를 마치고 온 인재들이라면 문제없습니다. 부모님께 물려받은 땅이 한 20만 평쯤 있다면 고민할 것도 없습니다. 카피해도 어지간히 버틸 수는 있습니다. 하지만 이런 대단한 배경이 없는 대한민국의 평범한 자영업 오너라면 지금 당장 마음을 고쳐먹어야 합니다. 그래야 버틸 수 있습니다. 살아남을 수 있는 방법은 이것밖에 없습니다.

철저하게 달라지세요.

단순히 차별화를 이야기하는 것이 아닙니다. 《장사는 전략이다》 RED에서는 '부정'을 강조합니다.

기존의 것들을 부정하세요. 평범한 것들을 부정하세요.
늘 상식이라 여겨왔던 것들을 통째로 부정하세요.

이러면 다 망해도 나는 살아남을 수 있습니다. 하루에도 두어 번씩 언급하는 내용이 있습니다.

"맛이 없어서가 아니라 유명하지 않아서 안 팔리는 겁니다."

"실력이 부족해서가 아니라 유명하지 않아서 수강생이 없는 겁니다."

"예쁘지 않아서가 아니라 몰라서 안 팔리는 겁니다."

세상의 이치입니다. 인간의 본능입니다. 유명한 것이 그렇지 않은 것에 비해 훨씬 더 잘 팔립니다. 악착같이 홍보 마케팅을 하려는 이유도 좀 더 유명해지고 싶어서입니다. '삼겹살' 하면 내 브랜드가 떠오르고, '만두' 하면 다른 어떤 것보다 내 브랜드를 먼저 말하게 하고, '냉면' 하면 경쟁 브랜드들은 생각나지 않고 내 브랜드의 상품과 서비스만 생각나게 만드는 것. 이것을 브랜딩이라고 합니다.

유명해지기 위해서는 몇 가지 조건이 있습니다.

1. 다르거나

2. 월등하거나

3. 훨씬 더 아름다워야 합니다.

그리고 **강력하게 부정해야 합니다.** 이게 바로 나와 경쟁자를 가장 멀리 떼어놓을 수 있는 방법입니다.

내 브랜드를 돋보이게 하려고 치열한 고민을 하면 할수록 같은 업종의 상품이나 서비스들은 심할 정도로 닮아갑니다. 훔치려 해서 그런 것이 아닙니다. 그놈의 고객 때문에, 여러분이 간절히 붙들고 싶은 고객을 내 편으로 만들려다 보니 이런 실수를 저지르게 됩니다.

"이야, 고객들이 그렇게 다이슨을 좋아할지 몰랐어. 결정적 포인트가 선을 없애는 거다 이거지. 자, 임원진 여러분. 우리도 말입니다. 선을 없애서 고객을 청소의 불편으로부터 해방시킵시다."

삽시간에 시장의 청소기들은 무선이 됩니다. 그렇게 서 있는 충전기가 대세가 되고, 통을 한 방에 비울 수 있는 무필터 쓰레기통이 마련됩니다.

그렇게 세상의 모든 브랜드는 "우리는 어떠어떠하다."라고 이야기합니다.

우리 제품은 독특하다.
우리 상품은 다르다.
우리 회사는 정직하다.
우리 브랜드는 착하다.
우리 가게는 진심이다.
우리 기업은 열정적이다.

여러분도 아마 비슷한 주장을 하고 계실 겁니다. 인정받고 싶다는 심리적 배경이 깔려 있는 탓이지요. 제가 왜 '덕분'이 아니라 '탓'이라는 원망스러운 표현을 구사했는지 이제 곧 눈치채실 겁니다.

변별력 없는 주장들은 절대 눈에 띄지 않습니다. 마치 논산훈련소에 정렬해 있는 훈련병들처럼 차이점을 찾아내기 어렵습니다. 그래서 '어떠어떠하다'라는 평균적이고 상식적인 표현으로 상품과 서비스, 브랜드를 묘사했다가는 고객이 등을 돌리게 됩니다.

이제는 나 아니면 고객이 못 산다는 소리가 나올 정도로
과감하게 부정합시다.
"우리는 어떠어떠하지 않다."라고 말입니다.

'어떠어떠하다' 라고 하지 말고 '어떠어떠하지 않다'라고 묵직하고 강력하게 또박또박 말해주세요.

- ✔ 우리 회사는 열정적이지 않습니다.
- ✔ 동물 실험을 하지 않습니다.
- ✔ 코팅하지 않습니다.
- ✔ 평범하지 않습니다.
- ✔ 날개가 없습니다.
- ✔ 한돈은 쓰지 않습니다.
- ✔ 제 브랜드는 착하지 않습니다.
- ✔ GMO 농산물을 사용하지 않습니다.
- ✔ 상식적이지 않습니다.
- ✔ 칼집조차 내지 않습니다.
- ✔ 네모나지 않습니다.

'이렇습니다'라고 하는 것보다 '이렇지 않습니다'라고 하면 주목의 강도가 달라집니다. 아니 왜? 무슨 배짱으로? 그게 말이 돼? 에이 설마? 상대로부터 이런 반응을 이끌어 낼 수 있어야 빠른 시간 안에 최대한 광범위하게 유명해질 수 있습니다.

유명하지 않아서 안 팔립니다 → 유명해지려면 달라야 합니다 → 달라지는 제일 쉬운 방법은 업계 상식을 부정하는 겁니다 → 그러면 고객은 주목합니다 → 여기서 충분히 납득할 만한 증거를 제시하면 상대의 관심을 끌어올 수 있습니다.

《장사는 전략이다》는 물론이고 《장사, 이제는 콘텐츠다》 그리고 《당신의 가격은 틀렸습니다》까지, 고객에게 굽신굽신하지 말고

1. 고객은 바보다.

2. 고객은 아이다.

3. 그래서 고객은 아주 자상하게 가르쳐야 한다.

4. 다른 브랜드를 찾으면 얼마나 후회가 되고 고통스러운지 느끼게 해주어야 한다.

위 네 가지를 주장한 이유가 바로 '상식의 부정'을 통한 '초강력 포지셔닝' 때문입니다. 자, 지금 앉은 자리에서 딱 1분만 책을 덮으세요. 그리고 주위를 돌아보면서 부정할 상식이 무엇인지 결정하세요. 그 소중한 부정이 당신과 당신 브랜드를 대한민국 최강으로 만들어 줄 겁니다.

우린 간판이 없습니다.

카운터가 없습니다.

서버가 없습니다.

저희는 식당이 아닙니다.

저녁 영업을 하지 않습니다.

문이 없습니다.

테이블이 없습니다.

주방에 불이 없습니다.

손님이 돈을 내지 않습니다.

고깃집입니다만 밥과 김치를 드리지 않습니다.

그래도 그렇지 봉평이 뭡니까?

한국인만큼 국수 좋아하는 민족이 또 있을까요? 멸치육수에 말아 내는 잔치국수, 열무김치 듬뿍 올려주는 열무국수, 오른손으로 비비고 왼손으로 비비는 비빔국수, 닭고기 푹 삶아 끓여 내는 닭칼국수, 메밀 갈아 만든 막국수, 콩국에 마는 콩국수……. 다 적어볼 요량이면 지면이 비좁게 느껴집니다. 그중에서 들깨칼국수는 아내가 제일 좋아하는 메뉴. 덕분에 전국 안 가본 곳이 없습니다. 방귀 좀 뀐다는 소문이 들리면 백 리를 마다않고 내달렸습니다. 확실히 들깨는 묘약입니다. 고소한 중독을 만들어 내는 치명적 매력이 있습니다. 누구나 만들 수 있지만 아무나 맛을 낼 수 없는 게 들깨칼국수입니다.

KBS 〈성공예감 김원장입니다〉에 출연하던 당시, 이런 고민이 들어온 적이 있습니다. 손으로 직접 빚은 손만두와 들깨칼국수를 주 메뉴로 영업하는데 주변에서 다들 들깨칼국수를 메뉴로 도입하는 바람에 미치겠다는 내용이었습니다. 정신을 차릴 수 없을 정도로 경쟁이

치열해졌답니다. 씩씩대는 울화가 단어와 문장에 가득 묻어 있었습니다. 확실히 칼국수는 강력한 메뉴임에 틀림없습니다. 그러니 무한 경쟁에 뛰어드는 거겠죠. 뭐라 그럴 필요도 없습니다. 제 입만 아픕니다. 앞으로 30년은 '해먹을 수 있는' 훌륭한 외식 아이템이 바로 칼국수입니다.

단, 미투me-too 브랜드나 메뉴들의 추격을 따돌리려면 공이 좀 필요합니다. 들깨 농사를 직접 지으면 좋으련만 안 되면 들깨 농부라도 찾아 가게 앞에 사진을 붙입시다. "나는 말이요, 당신들과는 다른 들깨를 사용하고 있다오."라고 만방에 알릴 필요가 있습니다. 조금 더 뛰어난 고수는 이런 방식을 택합니다. 심리학 서적 한두 권은 독파한 이들의 이야기입니다.

'다음 사진은 한국산 들깨와 중국산 들깨의 구분법입니다.'

커다랗게 사진 두 장을 붙여 차이점을 보여줍니다.
이런 방법도 있습니다.

'아이들 부끄러워서 저가형 공장 만두는 못 쓰겠습니다.'

이러면 고객은 넘어옵니다. 우리 집에서 국내산 들깨를 사용한다고 이야기한 적이 없는데도 다들 그리 믿어줍니다. 경쟁자보다 단 하나라도 경쟁력이 있어야 합니다. 그런 의미에서 원재료를 부각시키는 건 아주 기특한 전략입니다.

그런데 잠깐, 이 집 상호가 참 당황스럽습니다. 벌써 10년 넘게 이 상호를 사용하고 있답니다.

봉평 칼국수

어딘지 모르게 좀 어색합니다. 봉평과 칼국수라… 음….

소비자는 늘 날카롭게 분석하고, 예리하게 지적하고, 똑부러지게 비판하는 습성이 있습니다. 이런 고객들에게 '봉평 칼국수'는 좀 뜬금없습니다. 봉평 하면 제일 먼저 떠오르는 게 메밀입니다. 메밀 하면 막국수고요. 그러니 봉평이라는 지명은 칼국수보다는 막국수와 더 잘 맞아떨어집니다. 봉평 칼국수라는 타이틀이 '함흥 육개장', '개성 돈가스', '평양 갓김치'처럼 어색하게 들리는 게 당연합니다. 차라리 주인장의 이름을 따 '황유진 들깨칼국수'라 붙이면 어떨까요? 상호에 이름 붙이는 유행은 한물갔다고요? 뭘 몰라도 한참을 모르는 소리입니다. 아래의 두 상호를 비교해 보세요.

봉평 칼국수 vs 황유진 들깨칼국수

어느 쪽에서 더 전문성이 느껴지세요? 상호는 내 마음에 들라고 짓는 게 아닙니다. 고객을 설득하기 위한 무기가 되어야 합니다. 메뉴도 마찬가지입니다. 두 가지 중 어느 쪽이 더 먹힐까요?

들깨칼국수 vs 닭 육수로 맛을 낸 들깨칼국수

고객은 의외로 단순한 구석이 있습니다. 그래서 조금만 친절하게 이미지를 연상시킬 수 있는 단어들을 상호나 메뉴에 늘어놓으면 스스로 조각 모음을 합니다. 이렇게 단어 몇 개 추가하는 것만으로 라이벌의 추격을 어느 정도 따돌릴 수 있습니다.

KICK!

자, 여러분. 부사, 형용사, 감탄사, 의태어, 의성어 중 여러분 메뉴와 가장 잘 어울리는 녀석을 하나 찾아보세요.

싱싱, 철철, 점점, 쭉쭉, 졸졸, 깔깔, 꿀꺽, 다닥다닥, 데굴데굴, 나폴나폴…

딱이다 싶은 단어를 정하셨으면 간판에서부터 현관, 손잡이, 발판, 소리, 인사, 테이블, 수저, 주전자, 냅킨, 그릇, 대접, 물, 주방, 메뉴판, 화장실까지 쭉 그 단어로 연결해 보세요. 이 작업을 디자인 통일성, 좀 더 거창하게는 연출 의도, 미장센이라고 합니다. 디테일에 목숨을 걸어보세요. 봉준호 감독처럼요. 세계적인 작품은 디테일에서 나온다는 사실. 오늘 이 연사, 강력하게 외치는 바입니다.

음식은 먹기도 전에 맛있어야 한다

KBS에서 섭외 전화가 왔습니다. 〈자본주의학교〉라는 프로그램이었습니다. 김준현, 강재준, 강두 씨 등이 출연할 예정인데 창업의 전 과정을 코칭해 줄 수 있느냐는 제안이었습니다. 첫 회의가 아주 재미있었습니다. 제일 먼저 뭘 해야 하냐고 묻더군요. 그래서 자본금이 얼마나 있는지, 예산을 물어봤습니다. 3년 안에 90% 가량 무너지는 이유가 사실 돈에 있거든요. 발품, 손품 파는 사이 눈높이가 올라갑니다. 좀 더 좋은 장소, 인테리어, 설비, 집기, 기물……. 하나하나 따지다 보면 무리하기 쉽습니다. 여행 예산이야 무리다 싶으면 덜 쓰면 되는데 자영업은 덜 쓰면 바로 티가 납니다. 고객이 바로 눈치를 챕니다. 그래서 예산 수립이 중요합니다. 어느 정도 사이즈인지, 어떤 아이템인지, 얼마에 팔지, 메인 타깃 고객은 누구인지, 그렇게 목표 매출과 이익을 산정해야 합니다.

3회쯤 회의를 이어가다 보니 제작진들이 점점 프로가 되어가더군요. 그중 유난히 장사에 관심을 보이는 출연자와 작가가 있었습니다.

시간만 나면 제게 다가와 조곤조곤 이것저것 물었습니다. 그렇게 차별화, 가치, 혜택, 효능, 시그니처, 가격 전략 등을 개인 교습해 주었습니다. 그러던 어느 날 "선생님의 매니지먼트를 딱 한 문장으로 규정하면 무엇입니까?"라고 묻더군요. 그래서 이렇게 대답했습니다.

"먹기도 전에 맛있어야 한다.
이름을 듣는 것만으로도, 상상하는 것만으로도,
브랜드를 떠올리는 것만으로도 그리고 사진 한 장만으로도
먹기 전에 맛있어야 합니다."

주방장이 정성껏 만든 음식이 혀에 닿기도 전에 모든 것이 맛있어야 합니다. 그럼 절대로 질 수 없습니다.

• 상호도	• 홈페이지도	• 블로그도	• 전화번호도
• 컬러링도	• SNS도	• 현수막도	• 전단지도
• 쿠폰도	• 간판도	• 폰트도	• 입간판도
• 현관도	• 수족관도	• 고기 케이스도	• 발판도
• 우산 케이스도	• 신발장도	• 조명도	• 카운터도
• 스피커도	• 음악도	• 벽지도	• 행거도
• 옷걸이도	• 메뉴판도	• 테이블도	• 의자도
• 환풍기도	• 덕트도	• 수저통도	• 숟가락, 젓가락도
• 포크, 나이프도	• 휴지통도	• 후추통, 소금통도	• 김치 항아리도

- 앞접시도
- 물병도
- 컵도
- 소주잔, 맥주잔도
- 테이블 깔개도
- 유니폼도
- 앞치마도
- 설명 멘트도
- 시선도
- 부르스타도
- 숯불도
- 냄비도
- 석쇠도
- 집게도
- 반찬 그릇도
- 주방도
- 음료 냉장고도
- 셀프 반찬 냉장고도

먹기도 전에 맛있으면 100점, 먹는 동안 맛있으면 50점, 다 먹고 나서 맛있으면 30점. 음식은 설렘과 흥분이 중요합니다. 그래서 먹기도 전에 설레고 흥분할 만한 장치들을 곳곳에 배치해야 고객과의 한판 승부에서 승리할 수 있습니다. 위에 적어드린 각각의 구성 요소들을 가지고 이런 등식을 만들어 보세요.

상호, 플레이스, 간판, 손잡이, 조명, 음악, 테이블 + 흥분 = 당신 브랜드

아무거나 생각 없이 그냥 도입하지 말고, 누구나 구할 수 있는 흔해 빠진 것들 다 빼고, 단조롭고 지루한 녀석들 제거하고 그 자리에 설레고 흥분할 가치들을 덧붙여 주세요.

이쑤시개 + 호두까기 인형 = 나만의 이쑤시개

테이블 + 색동 상보 = 우리 가게만의 테이블 세팅

화장실 + 고객이 선곡 가능한 블루투스 스피커 = 스페셜한 화장실

카운터 + 로또 선물 = 계산하는 순간 흥분되는 매장

고객을 설레게 만들 장치를 더한다고 법에 걸리지 않습니다. 디테일해진다고 고객들에게 손가락질받지 않습니다. 옆집과 다르다고 고객이 외면하지 않습니다.

설레게 만드세요.

흥분하게 만드세요.

그래야 또 사고 싶어집니다.

메뉴판을 건네는 방식 하나만으로도
고객의 마음을 사로잡을 수 있습니다.

戰

전략 2

콘텐츠 설계

略

타깃이 명확한 메뉴가 살아남는다

타깃 오디언스가 명확하지 않으면 필패한다

메뉴가 많은 식당의 생명력이 짧은 건 집중력 때문입니다. 무슨 재주로 40여 가지나 되는 메뉴를 전부 다 수준급으로 만들겠습니까! 어느 집의 김치찌개가 장호왕곱창의 그것을 이길 수 있을까요? 그 밑에 적힌 된장찌개가 양평동 또순이네와 어깨를 견줄 수 있다고 믿으세요? 반찬으로 곁들이면 딱 맞을 나물로 비빔밥을 만들면서 전주중앙회관을 제칠 수는 없습니다. 모두가 아는 사실입니다. 전문점들은 오늘도 연구에 집중하고 시스템을 단련합니다. 단출한 메뉴이니 얼마나 몰입하기 좋은지 모릅니다.

왜 이리 메뉴가 늘었냐고 물으면 백이면 백 이런 대답이 날아옵니다.

"손님들이 원해서요. 한 명이라도 더 잡으려다 보니…."

한 달에 한두 번 방문하는 손님을 위해 내장탕을, 두 달에 한 번 정도 찾아오는 고객을 위해 콩비지찌개를 살려둡니다. 안타깝기 그지 없는 일입니다. 보통 메뉴를 리뉴얼할 때 이렇게 조언합니다.

"월 150건의 주문이 발생하지 않는 메뉴는 무조건 죽이세요."

굳이 끌어안고 있을 이유가 없습니다. 다음 고객이 같은 메뉴를 선택해 주기 전까지 냉장고에 보관해 둔 재료의 맛이 온전할 리 없습니다. 하지만 이런 우를 범하는 자영업자들이 많습니다. 개업 준비 과정에서 타깃 오디언스(목표 고객)를 제대로 설정하지 않았기 때문입니다.

방송 프로그램의 예를 들어보겠습니다. 〈6시 내 고향〉, 〈동물의 왕국〉, 〈황금알〉, 〈알토란〉……. 이들 프로그램의 공통점은 무엇일까요? 남자들이 좋아하는 프로그램? 휴일에 방송되는 프로그램? 땡! 틀렸습니다. 10~20대가 징그럽게 싫어하는 프로그램입니다. 젊은 친구들은 왜 이들 프로그램 시청을 거부하는 걸까요? 그들에겐 재미가 없습니다. 코드도 맞지 않고 흥미도 일지 않습니다. 프로그램 제작진의 고려 대상에 그들은 전혀 포함되어 있지 않기 때문입니다. 이 프로그램들은 40대 이상을 타깃으로 설정하고 만든 작품입니다. 중장년층의 시청자들이 관심을 가질 만한 아이템으로 도배하니 젊은 친구들이 좋다 할까요?

외식업도 다르지 않습니다. 노량진 수산시장과 탑골공원에 파스타집이 없는 것과 같은 맥락이라면 이해가 될까요? 아무리 입지나 상황이 안 좋아도 돈을 주고 바이럴 마케팅하면 된다고 억지 쓰는 홍보 대행업체들이 간혹 보이는데, 블로그를 포함한 바이럴 마케팅과 매스컴 플레이는 응급처치에 지나지 않습니다. 납부하지 않으면 당장 끊기고 마는 전기료처럼 말입니다.

타깃 오디언스를 고려할 때는 연령대만 보는 게 아닙니다. 기호도 살펴야 합니다. 냉메밀국수를 좋아하는 고객이 꼭 온메밀까지 좋아하라는 법은 없습니다. 그런데 겨울철 비수기 대책이랍시고 무작정 온면을 냅니다. 고객이 좋아하든 말든 차가움의 반대는 오직 따뜻함뿐이라고 확신하는 오너들이 있습니다. 메밀국수로 유명한 집은 이미 고객들의 무의식에 시원하고 맛있는 집이라는 이미지가 박혀 있습니다. 이를 수정하기란 쉽지 않습니다.

자, 그렇다면 어떻게 타깃의 마음을 사로잡아야 할까요? 일단 겨울 하면 떠오르는 메뉴 중 메밀국수와 동떨어지지 않은 아이템을 찾습니다. 그리고 우리 고객들의 기호와 맞아떨어질지 체크합니다. 따뜻한 음식 하면 떠오르는 메뉴들을 나열해 봅시다.

김치찌개, 순두부, 곱창전골, 찐빵, 만두, 칼국수, 아귀찜, 해물탕……

이 녀석들 중 메밀국수와 어울릴 만한 선수를 찾습니다. 만두, 칼국수 정도면 어떨까요? 그럼 이 두 메뉴를 어떻게 포장해야 손님들의 마음을 사로잡을 수 있을까요? 이때 타깃이 명확하다면 답을 내기 쉽습니다. 만약 30~50대 남성이 타깃 오디언스라면 이들이 호감을 가질 만한 재료를 활용해 만두나 칼국수를 만들면 됩니다.

우선 만두부터. 저는 만두의 가치를 극대화시키기 위해 한우와 초당두부를 활용할 작정입니다. 그럼 이런 결과가 나올 겁니다. **한우만두, 초당두부만두.** 이 둘을 섞읍시다!

한우와 초당두부로 만든 수제 만두와 만둣국

다음으로 칼국수도 손을 봅시다. 그냥 칼국수로는 맛있는 메밀국숫집의 타이틀을 지키기 어렵습니다. 또 찾아봅시다. '들깨', '보양', '한우', '전복'……. 어느 것을 골라도 좋습니다. 왜? 이미 머릿속에 타깃 오디언스를 설정해 놓았기 때문에 이들과 어울리지 않는 표현들은 자동으로 삭제되어 있으니까요. 다시 조합하는 데 집중합시다. **들깨칼국수, 보양칼국수, 한우사골칼국수, 전복칼국수.** 어떻게 끼워 맞춰도 좋습니다.

한우들깨칼국수, 전복보양칼국수.

이 둘 중 하나를 선택합시다. 좋은 것을 더 좋아 보이게 만드느라 놓친 점이 있지는 않은지 생각해 봅시다. 음… 전복, 타깃 오디언스가 좋아할 테지만 한우와 초당두부로 만든 만두와는 결이 달라. 전문성이 떨어져 보일 거야. 그래, 올 겨울은 한우들깨칼국수로 가는 거야!

"24시간 한우 사골로 끓여낸 들깨칼국수,
중년 남성에게 힘이 됩니다."

고객을 설득하고 싶다면 그들이 평균적으로 좋아하는 식재료나 구성을 제안해 고정 관념을 희석시킬 수 있어야 합니다. 메밀국수로는 어느 정도 제패했는지 몰라도 신메뉴로는 초보니까요. 타깃 오디언스를 만족시키기 위해 그들이 좋아하는 사이드 메뉴를 개발합시다. 아니, 서비스로 제공하세요. 손바닥 반만 한 육전 두 장도 좋고, 사태살 수육도 좋고, 색깔이 고운 산적을 두 꼬치 곁들여 내도 좋습니다. 그 옛날 무교탕반이 했던 것처럼 말입니다.

나머지 연령대와 여성 고객들을 포기하자는 소리가 아닙니다. 광범위한 고객들 중 일부를 선택하고 그들을 위한 음식과 서비스에 집중해야 오래 버틸 수 있다는 이야기입니다. 등산로 입구에 있는 두부집이나 전집들이 파스타나 햄버거를 팔지 않는 이유도 매한가지입니다. 당연히 젊은 층도 산을 찾습니다. 이들이 좋아하는 음식은 피자나 햄버거일 수 있습니다. 그런데도 왜 많은 업장에서 40~60대를 위한 음식을 내고 있을까요? 타깃이 된 대상들의 기호를 읽고 이루어낸 결과가 아닐까요?

타깃을 선택하고 집중하세요.

만병통치약 USP

글로벌 기업 총수부터 시골 장터의 국숫집 사장님까지, 비즈니스를 하는 대부분의 사람들은 차별화를 이야기합니다. 종류도 많습니다.

전략적 차별화, 기능적 차별화, 외향의 차별화, 서비스 차별화, 가격 차별화……

경쟁자와 달라야 한다는 부담이 '차별화'라는 단어를 입에 달고 살게 합니다. 차별화, 물론 중요합니다. 인간은 지루한 걸 정말 싫어합니다. 뭔가 새롭고 어딘가 색다른 것들에 쉽게 마음을 빼앗깁니다. 이 때문에 판매자 입장에서는 하나라도 덧붙이고, 진화시켜 다르게 만들고, 다르게 보이고 싶어 합니다. 주의를 끌어야 주목을 받고, 주목을 받아야 관심을 얻을 수 있으니까요. 주의를 끄는 것만으로는 절대로 팔 수 없습니다. 고객의 마음을 움직이지 못하면 구매로 이어지지 않습니다. 가슴이 설레고 흥분되어 쿵쾅대야 팔립니다.

하지만 열에 아홉은 차별화에 실패합니다. 달라야 한다는 숙제를 잘못 이해하기 때문입니다. 차별화는 나의 실력을 과시하려고 하는 게 아닙니다. 여러분이 그토록 간절히 바라는 차별화는 고객이 이제껏 가지고 있었던 불편과 고통을 해결해 줄 때 빛이 납니다. 그리고 의미가 생깁니다. 이 기준을 통과하지 못하는 차별화는 사장되고 결국 멸종합니다.

이때 필요한 것이 뭐? 바로 **Unique Selling Proposition(Point), USP**입니다. 많은 사람들이 USP를 '핵심경쟁력'이라 설명하지만 전 조금 생각이 다릅니다. 핵심경쟁력이라는 표현은 너무 광범위하고 추상적입니다. 비즈니스에서 성공하려면 좁혀야 합니다. 시장도 좁히고, 타깃도 좁히고, 시간도 좁히고, 용도도 좁혀야 합니다. 그래야 다 죽어도 나는 살 수 있습니다. 그런 의미에서 저는 이 USP를 '유일무이'라고 규정하고 싶습니다. 어느 누구도 대체할 수 없는 유일한 것.

고객이 간절히 원하는데 경쟁자는 할 수 없고,
나만이 해줄 수 있는 해결책.
이걸 USP라 칭하고 싶습니다.

영식이도 재준이도 병수도 유신이도 영복이도 할 수 있는 건 나의 무기가 아닙니다. 이들은 죽어도 할 수 없는데 나는 할 수 있는 그 무엇이 USP입니다.

그렇다고 독특해야 한다는 부담 때문에 무작정 반대 방향으로만 가서는 절대 소기의 목적을 달성할 수 없습니다. 경쟁자와는 멀어지되 고객과는 가까워져야 합니다. 문제를 해결하는 방식이 경쟁자들의 그것과는 많이 다르되 고객을 1%라도 더 편하고 행복하게 만들어줘야 차별화된 방식이고 USP입니다.

차별화 전략을 세울 때 딱 한 가지만 잊지 마세요.
정말 아껴주고 싶은 사람이 누군가요?
그 어떤 고객들보다도 더 챙겨주고
사랑해 주고 싶은 대상이 누구인가요?

초등학생, 10대, 대학생, 취준생, 임산부, 군인, 디자이너, 카메라맨, 엔지니어……. 여러분이 정말 애정을 가지고 있는 대상 하나를 꼽아 이들을 위한 상품과 서비스를 준비하면 진짜 USP를 만들 수 있습니다. USP는 내 것이지만 평가는 고객이 합니다. 나는 핵심이라고 주장하는데 그들에게는 전혀 필요하지 않은 경우가 있습니다. 타깃 오디언스가 필요한 이유입니다. 이렇게 목표 고객이 명확해야 솔루션이 살아납니다. 경쟁자들은 간과하고 지나친 포인트가 살아나서 그 어떤 비즈니스맨의 제안보다 돋보이게 됩니다.

복사지를 개발 중이세요? 그동안 복사지 때문에 제일 아팠던 사람들이 누군지 아세요? 종이 날에 손을 베인 학생들? 매일매일 복사기에 종이를 채우느라 정신없었던 부서의 막내들? 하루가 멀다 하고 걸린 종이를 빼야 했던 주임님들? 누가 제일 마음에 걸리세요? 아이들요? 자, 그럼 아이들 손이 베이지 않게 복사지 끝을 다 갈아줍시다. 이래야 학생용 복사지가 탄생합니다. 엇비슷한 복사지 같습니다만 주장이 다릅니다. 배려가 다릅니다. 그래서 해결책이 다릅니다.

모서리를 특수처리해서 절대 손이 베지 않는 학생용 복사용지

누가 이 복사지를 살지 보이시죠? 차별화는 이런 겁니다. 일단 한번 만들고 보면 누군가 사주지 않겠어? 노노노. 사지 않습니다. 여러분이 아무리 노력해서 최고의 상품을 만들었다고 해도 남들과는 상관이 없으니까요. 그래서 타깃이 명확해야 한다는 겁니다.

족발집을 합니다. 한약을 넣고, 온도를 달리하고, 양념을 바꾸어 차별화를 꿈꿉니다. 그런데 별 반응이 없습니다. 고객의 필요가 아니라 여러분의 필요에 의해서 만들어진 상품이니까요. 왜 필요한지, 꼭 사야 하는 건지 고객 입장에서는 알기 어렵습니다.

그런데 어느 날 이 책을 읽은 독자가 이런 생각을 합니다. '임신한 아내에게 족발을 만들어 주고 싶다.' 그럼 일반인이 먹는 족발과 달라야 합니다. 조혈 작용을 할 엽산도 넣고, 털 손질도 세 번 더 꼼꼼히 하고, 족발물도 기왕이면 최상의 상태를 만들기 위해 거품을 싹 다 걷어내고…. 같이 곁들여 먹을 음식과 소스도 신경써야 합니다. 임산부 건강에 맞춰 비타민과 칼슘이 많이 함유된 쌈채소를 준비하고, 만에 하나 기생충이나 농약이 남아 있을지 모르니 초음파 세척기로 씻어내고, 새우젓도 혹시 모르니 살균한 녀석으로 모셔오고, 양념이나 소스도 보존제가 거의 들어가지 않은 친구들로 세팅을 할 겁니다. 왜? 내가 정말 아껴야 할 대상이니까요. 이런 상품이 나오면 삽시간에 바이러스 퍼지듯 소문이 퍼집니다. 왜? 임산부들이 원했던 상품이니까요. 우리 집에 임산부가 없어도 널리 알리고 싶은 상품이니까요. 이런 게 그 누구도 대체할 수 없는 것, 즉 USP입니다. 바이럴요? 실력만 있다고 알아서 퍼지지 않습니다. 누군가의 고민을 해결해 줘야 쭉쭉 퍼집니다.

대학생 전용 취업 준비 대출

제대를 앞둔 병장용 볼륨 빗

디자이너용 안경

땀 많은 엔지니어들을 위한 방석

…

사람에 대한 애정이 배려를 만들고, 배려가 진정한 차별화를 만듭니다. 그러니 제품의 차별화를 먼저 생각하지 말고, 타깃을 정한 뒤 이들에 대한 무한한 애정으로 문제를 해결해 주세요. 차별화로 구매를 이끌고 싶다면요. 그러면 자연스럽게 대체 불가한 유일무이 브랜드가 됩니다.

죽어도 망하지 않을 메뉴를 만드는 법

사업을 하는 모든 이들은 성공을 꿈꿉니다. 머릿속에 성공이라는 단어를 입력하면 제일 먼저 '나'와 내 '상품'을 떠올립니다. 아주 자연스러운 프로세스입니다. 그런데 문제는 팔기 위해서 너무 신경을 쓰다 보니 상품에 지나칠 정도로 몰입한다는 겁니다. 압니다. 당연히 집중해야죠. 마땅히 최고의 상품을 만들기 위해 총력을 다해야죠. 하지만 안타깝게도 이 과정에서 문제가 발생합니다.

상품 ◀------------------------------ **고객**

좋은 상품이 있어야 고객이 찾아준다는 정석 문구 때문에 자꾸만 늪으로 빠져들어 갑니다. 최고의 상품을 만들기 위해 구성 요소들 하나하나에 포커스를 맞춥니다. 예를 하나 들어볼까요? 김치 사업을 하는 분입니다. 최강 김치를 개발하기 위해 배추, 고춧가루, 젓갈, 소금, 마늘, 무, 생강……. 쭉 나열하고 고민을 시작합니다. '무엇을 더 넣을까? 어떻게 더 고급스럽게 만들까? 어떤 노하우를 집어넣어 나라는 제조자를 돋보이게 만들까?' 삼겹살, 라면, 파스타, 피트니스, 헤어샵, 사우나, 독서실, 당구장 다 마찬가지입니다. 이 과정에서 집중하면 집중할수록 고객의 생각과는 멀어집니다. 우리는 구성 요소를 팝니다. 하지만 고객은 혜택을 삽니다. 그래서 구성 요소는 기본이고

1. 자신이 얼마나 편해질지

2. 자신에게 이익이 생길지

3. 자신이 게을러질 수 있는지

4. 다른 상품보다 혜택을 더 받을 수 있을지

5. 은근히 과시할 수 있는지

6. 1%라도 더 전문가가 만든 브랜드와 거래할 수 있는지

까지 고민합니다. 철저하게 소비자 입장에서요. 다시 말해 판매자는 '좋은 상품을 만들면 자연스레 소문이 나서 하나둘 고객들이 몰려들겠지. 언젠가는 초강력 브랜드가 될 거야.' 같은 자기 최면에 들어가지만 정작 고객들은 그 브랜드에 아무런 관심이 없다는 겁니다.

고객은 맛있고 깨끗하고 질 좋은 김치를 원한다고 말은 하지만 정작 지불은 엉뚱한 곳에 합니다.

유명 요리연구가가 만든 전문가스러운 김치

손자를 먹이기 위해 만든 파, 마늘, 젓갈이 적게 들어간 유아용 김치

매운 것을 먹지 못하는 가족을 위한 백김치

미슐랭 가이드에 실린 한식당의 김치

좋은 퀄리티는 기본이고 그 외의 구매 포인트에 관심을 둡니다.

자, 이제 과일의 예를 들어보겠습니다. 여러분은 혹시 '이바지 과일'이라는 표현을 들어본 일이 있으신지요? 전 이 단어를 보자마자 쓰러지는 줄 알았습니다. 실물이 아닌 사진만 봤는데도 한 알 한 알 송이송이 그 정성과 마음이 보입니다. 설마 사돈댁에 보낼 과일을 대강 적당한 것으로 보낼 수 있을까요? 만든 사람도 산 사람도 아마 이 생각만 할 겁니다. 머릿속에 과일을 받을 고객의 얼굴을 떠올리며 작업에 임할 겁니다. 누군 안 그렇겠냐 하실 분도 계실 겁니다. 그런데 중요한 건 내 생각이 아니라 받을 사람, 그리고 살 사람의 심정입니다. 이바지용이라는 표현만으로도 그 격과 정성이 느껴질 겁니다.

그래서 강조합니다. 살 사람을 먼저 생각하세요. 상품을 쓸 사람을 대놓고 말하세요. 감히 제안 드립니다. 성공할 상품 말고 죽어도 실패하지 않을 상품을 만들겠다고 각오를 해야 상품을 살 사람에 초집중하게 됩니다.

STEP 1 아이템		STEP 2 아이템을 구매할 고객		STEP 3 그를 위한 디테일
과일	→	사돈댁에 보낼 선물을 고르는 사람	→	보자기 매듭 노리개 과일세척용 세제 안전 과도 손편지 품질보증서

누구나 최상의 상품과 서비스를 판다고 주장하고 있습니다. 그래서 묻히는 겁니다. 주장이 같아서요. 같은 상품이라도 이제는 살 사람이 누구인지 먼저 가르쳐 주세요. 그러면 자연스럽게 그 이야기에 해당되는 사람들이 관심을 보이고, 집중하고, 구매하게 됩니다.

성공할 상품	실패하지 않을 상품
1. 재료	1. 사줄 사람
2. 기술	2. 그에 대한 각별한 애정
3. 성능	3. 개인 맞춤화
4. 차별화	4. 단 하나라도 실패하지 않을 구성
↓	↓
맛있고 좋은 보쌈	다이어트족을 위한 보쌈

성공할 상품을 만들겠다고 덤비면 90%가 실패하지만, 실패하지 않을 상품을 만들겠다고 각오하면 반드시 성공합니다. 왜? 실패하지 않으려면 반드시 살 사람을 먼저 찾아야 하니까요.

그를 먼저 결정하고 → 그의 욕구가 무엇인지 체크하고 → 불편과 고통 그리고 고민을 없애주고 → 단 하나도 허투루 만들지 않았다는 증거를 제시하고 → 친근감 있게 다가서야 절대로 실패하지 않습니다.

상품이 고객을 만드는 것이 아니라
용도가 고객을 만듭니다.

사면 아픈 사람이 있습니다

사업을 하는 사람 대부분은 팔기 위해 애를 씁니다. 팔려야 삽니다. 나도 살고, 가족도 살고, 직원도 삽니다. 팔리지 않으면 위험해집니다. 팔리지 않으면 더 이상 사업을 유지할 수 없습니다. 창업자 중 90% 가까이 되는 사람들이 3년 이내에 폐업하는 이유도 팔리지 않기 때문입니다. 그럼 답은 간단해집니다. 팔리는 상품을 만들면 되는 겁니다.

팔려야 산다.
팔리기 위해서는 살 이유가 있어야 한다.

인간은 이유가 있어야 삽니다. 지금 읽고 계신 《장사는 전략이다》 RED 왜 사셨어요? 사업을 잘하기 위해서? 매출을 올리기 위해서? 지금 신고 계신 그 신발은 왜 사셨어요? 주방을 지키기 위해서? 산을 오르기 위해서? 결혼식에 참석하기 위해서? 옷도, 아파트도, 사무실도,

차도, 스마트폰도 다 무엇인가 이유가 있어서 산 겁니다. 이 대목에 집중할 필요가 있습니다.

판매자 → 상품

구매자 → 사야 할 이유/필요 → 상품

대부분의 사장님들은 상품을 파는 것이 목적이기에 상품 자체에 초점을 둡니다. 상품의 기능과 성능을 개선하고는 "이 상품 좋습니다!"라고 외칩니다. 하지만 상품을 팔기 위해서는 그걸 사줄 사람, 즉 구매자를 고려해야 합니다. 구매자는 필요에 의해 상품을 구매합니다. 즉 상품을 사야 할 이유를 고려한다는 겁니다. 그러니 무언가를 팔기 위해서는 그것을 살 이유를 명확히 보여줘야 합니다.

다음 문장은 제가 매일 매일 새기는 글입니다. 여러 번 읽다 보면 답이 절로 나오는 아주 신묘한 글입니다.

"사는 데에도 이유가 있고, 사지 않는 데에도 이유가 있습니다."

재미있는 사실은 사야 할 이유보다 사지 않아야 할 이유가 훨씬 더 많다는 겁니다. 분명 사지 않는 것보다 사는 게 더 기쁜데, 왜 사지 않아야 할 이유가 더 많은 걸까요? 사는 행위에는 비용의 지불이라는 무시무시한 고통이 따르기 때문입니다. 그래서 무엇인가 구매를 하기 전에 망설이는 겁니다. '내가 지불한 금액보다 더 큰 혜택을 받아

낼 수 있을까?' 고민하게 됩니다. 성공한 자들은 이 비밀을 알고 있습니다. 그래서 사지 않아야 할 이유보다 사야 할 이유를 더 크게 만들어 줍니다. 그렇게 느끼도록 섹시하게 제안합니다.

일단 사지 않을 이유에 대해 디테일하게 파보겠습니다.

1. 돈이 아까우면 사지 않습니다.

2. 필요하지 않아도 사지 않습니다.

3. 샀는데 고통스러우면 두 번 다시 사지 않습니다.

4. 양이 적어도 사지 않고, 더러워도 사지 않습니다.

5. 누군가에게 과시할 수 없어도, 예쁘지 않아도 사지 않습니다.

사지 않아야 할 여러 이유 중 가장 공포스러운 고통에 집중해 보겠습니다. 알러지, 지방, 혈압 등 고통의 원인은 많습니다. 다들 아시겠지만 오이 김밥은 알러지가 있는 사람에게 치명적입니다. 단어를 보는 것만으로 두피가 가려워집니다. 그 수가 얼마나 많은지 동호회 회원 수가 10만 명 가까이 된다고 합니다. 이분들이 김밥을 꺼리는 이유는 오이 때문입니다. 사지 않는 이유입니다. 만약 이분들의 고통을 보듬어 주고 싶으시다면 이렇게 적으세요.

"단 0.1g의 오이도 사용하지 않는 스페셜 김밥 전문점."

이 김밥집은 사지 않아야 할 이유를 확실히 없앴습니다. 아마도

10만 동호회 회원들의 사랑을 한몸에 받지 않을까 싶습니다. '오이를 절대로 쓰지 않는 김밥집'을 만들면 비구매 고객을 구매 고객으로 만들 수 있습니다. 나의 고통을 이해해 주는 브랜드는 오래 기억에 남습니다. 물론 오이를 너무나도 사랑하는 고객, 오이를 넣지 않으면 김밥이라고 인정하지 않는 고객들에게는 철저히 외면당할 수도 있겠습니다만 여러분 중 얼마나 많은 분이 김밥집에 들어서면서 "사장님 이 집 김밥에 오이 꼭 들어가죠? 안 들어가면 저 다른 집 갈 거예요." 라고 할까요?

일반적인 상품을 살 때 생기게 될 고통을 이 책의 독자들이 해결해 주셨으면 좋겠습니다. 그래야 팔립니다.

대박의 공식을 살짝 보여드릴까요?

○○○ 때문에 고통스러운 고객들을 위해 ○○○를 없앤 전문점

○○○에 포커스를 맞춰보세요. 기름, 알코올, 설탕, 나트륨, 매운맛, 딱딱함……. 사지 말아야 할 이유를 만드는 원인은 아주 다양합니다.

저는 삼겹살을 매일 먹고 싶습니다. 그런데 지방 때문에 걱정입니다. 고지혈증, 혈압, 당뇨……. 종합병원 수준인 고객은 어지간하면 삼겹살을 피하게 됩니다. 그런데 이분들의 고통을 십분 이해한 사장님이 한 분 등장합니다.

“삶아서 기름을 쪽 뺀 삼겹살로 구웠습니다.”

풍미는 덜하겠지만 나를 위해 이런 노력을 해준다 싶으면 고마운 마음이 생깁니다. 나의 고통을 덜어주었으니까요.

알코올이 한 방울만 들어가도 온몸이 빨개지고 두드러기가 생기는 분들이 있습니다. 또 종교적 이유 때문에 술자리가 아주 고통스러운 분들도 많습니다. 이 사실을 뻔히 알면서도 사장님들은 논알콜 맥주나 와인을 구비해 놓지 않습니다. ‘얼마나 팔리겠어?’ 하는 게으른 생각 때문입니다. 맥주를 정말 좋아하던 임산부는 목을 따끔따끔하게 훑어내리는 맥주의 시원함을 잊지 못합니다. 조만간 세상에 태어날 귀한 생명 때문에 참고 있을 뿐이지요. 이분들을 아낀다면 지금 당장 논알콜 맥주를 준비해 주세요. 그 순간 여러분은 비구매자의 고통을 각별히 신경쓰는 자상한 사장님이 됩니다.

“대한민국의 미래를 품고 계신 임산부님들을 위해 논알콜 맥주를 아주 시원하게 준비했습니다.”

당 때문에 고생하시는 분들을 위해서는
“10배 비싸지만 칼로리를 10배 줄인 알룰로스만 고집합니다.”

매운맛 때문에 사고 싶지 않은 분들을 위해
“고추를 뺀 육개장이 얼마나 맛있는지 보여드리겠습니다.”

고통을 없애주면

사지 않아야 할 이유가

사야 할 이유로 바뀝니다.

KICK!

사야만 할 이유를 만드는 공식

1. 돈이 아깝지 않게 경쟁업체보다 정확히 어떤 혜택을 얼마나 더 받을 수 있는지 꼭 가르쳐 주세요. (당연히 들어가고 있는 구성 요소들을 적으면 적을수록 당신의 상품은 강해질 수밖에 없습니다.)
2. 고객에게 당신의 상품이 왜 필요한지, 없으면 어떻게 되는지, 얼마나 불편하고 불행해지는지 콕 집어 말해주세요. (행복해진 고객의 리뷰를 찾아 캡처하세요.)
3. 구매 후 관리를 해주세요. '아 이 상품 잘 샀구나' 하고 판단할 수 있게 귀찮더라도 통보해 주세요. (10대 브랜드 선정, 인플루언서 극찬, 100만 유튜버 촬영)
4. 그램 수를 꼭 비교해 주시고, 우리 브랜드가 위생적이라는 증거 7가지를 꼭 붙여주세요. 테이블, 카운터, 현관, 화장실에요.
5. 가장 화려하고 매력적인 상품의 외관을 만들어 주세요. 리본, 꽃, 패키지 포장을 적극 활용해서 말입니다.

신메뉴 도입에도 원칙이 필요하다

전라남도 광주의 조선대 근처에서 냉면 전문점을 운영하는 이옥순 여사가 이런 고민을 털어놓았습니다. 냉면은 꽤 인기가 있습니다. 칡냉면을 9,000원 받는데도 장사가 제법 잘됩니다. 늘 그렇지만 문제는 단골들의 요구입니다.

"이모, 손맛 좋으시니까 만두 한번 해보세요."

귀가 얇은 이모는 충실히 따릅니다. 손만두를 빚기 시작합니다. 기약 없이 그 손님을 기다립니다. 어느 날 그 손님이 왔습니다. 다행히 냉동고에 얼려 놓은 만두가 있어 대접할 수 있었습니다. 반응이 궁금해 테이블 주위를 기웃거립니다. 만두 한 개를 먹고 국물을 호로록거린 '가짜 조카'가 한마디 던집니다.

"역시 이모 손맛이 기가 막힌다니까. 이참에 만두 전문점도 하시죠. 하하하."

칭찬은 고래도 춤추게 합니다. 신이 납니다. 그러나 만두 손님은 한 명 늘었지만 냉면 손님은 한 명 놓친 겁니다. 무슨 말인가 하면 이 총각의 평가는 좋았지만 그의 평균 방문 횟수가 느는 것은 아니란 뜻입니다. 단지 선택의 폭이 넓어졌을 뿐입니다. 점심시간이 다가오면 이 집을 떠올리고 냉면이나 만두를 선택할 겁니다. 그이는 반드시 둘 중 하나를 선택해야 합니다. 아무리 맛이 뛰어나도 점심과 저녁 연달아 방문하는 손님은 극히 드뭅니다. 이 사실을 업주들은 모릅니다. 단골이 요구하면 그 양반들을 놓칠세라 계속 신메뉴를 도입합니다. 1년, 2년 시간이 흐르다 보니 냉면 전문점이라는 간판이 무색해졌습니다. 해장국, 비빔밥, 만둣국, 바지락칼국수, 제육볶음, 왕족발, 김치전골…. 한식 종합 백화점이나 대형 할인마트의 푸드 코트 수준입니다. 고객의 요구에 따라 메뉴를 늘렸는데 버거울 정도랍니다.

"단골들 요구를 다 들어주셨으니 매출이 많이 올랐겠네요?"
이맛살을 찌푸립니다.

"그랬으면 선생님께 연락을 드렸겠어요?"
짜증이 섞인 목소리입니다.

TV에서 대박집 메뉴를 보면 따라 하고 싶고, 마진율이 좋다고 하면 그것도 도입하고 싶어집니다. 인지상정입니다. 대신 죽어도 명심해야 할 한 가지가 있습니다. 도입하고 싶은 메뉴로 1등을 할 수 있어야 한다는 겁니다. 물론 맛과 비주얼로 말입니다. 전문점의 그것과 견주어도 손색이 없어야 비로소 자격이 생깁니다. 남들이 짧게는 3~4년, 길게는 20여 년 가까이 연구하며 만들어 낸 그 '작품'을 뛰어넘어야 손님을 끌어모을 수 있습니다. 구색만 맞추는 메뉴는 절대로 효자가 될 수 없습니다.

냉면 전문점인데 겨울철을 대비해 새로운 메뉴를 도입하고 싶다면 찬바람이 불기 전에 설계에 들어가야 합니다. 일단 일교차가 커지고 몸이 오싹대면 포기하는 편이 정신 건강에 낫습니다. 어정쩡한 상태로 어리바리 메뉴를 도입하면 고객은 그걸 감쪽같이 알아채고 외면합니다. 어라! 겨울철을 맞아 따끈한 만둣국을 시작했다 이거지. 좋아! 내 한번 기꺼이 먹어드리리다. 기대감이 높아졌습니다. 얼마나 정성을 기울여 신메뉴를 개발했을까? 헌데 맛을 본 '가짜 조카'는 속으로 이런 생각을 합니다.

'후문에 있는 칼국숫집 만두가 두 배는 더 맛있는데….'

이 고객은 다시 이모네서 만두를 주문할 확률이 낮습니다. 아니, 정확히 이야기하자면 없습니다. 만약 몸이 으슬으슬해 뜨끈한 뭔가를 목구멍으로 넘기고 싶어지면 후문으로 발걸음이 향합니다. 이건 의지로 해결할 수 있는 문제가 아닙니다.

이 문제가 신메뉴에 국한된다면 별 문제가 아닙니다. 실망은 호감을 비호감으로 만드는 묘한 재주가 있습니다. 원래 주인공이었던 냉면의 평가마저 절하됩니다. 슬픈 일입니다.

부연 설명을 하자면, 메뉴를 늘리기는 쉽습니다. 반면 메뉴를 줄이는 데에는 큰 고통이 따릅니다. 체육학과 교수님이 땀 흘리며 드시는 황태해장국을, 조소과 혜미 학생이 그렇게 맛있게 먹는 제육볶음을, 수학과 윤민이 현정이 커플이 찾는 김치전골을 없애기는 정말 어렵습니다. 비록 한 달에 한 번, 많으면 두 번 찾는 메뉴지만 그이들이 눈에 밟혀 없애기가 힘듭니다. 하지만 냉정하게 생각해 봅시다. 남들은 1년 365일 황태해장국만 생각하는데, 선수들은 하루 세 끼 제육만 볶는데 각기 다른 메뉴를 10여 개나 운영하면서 실력 향상을 기대할 수 있을까요? 그러니 가능하면 메인 메뉴에 집중하는 것이 좋습니다. 만약 메인 메뉴가 냉면처럼 계절을 탄다면 그 메뉴를 대체하고 보완할 한 가지 메뉴면 충분합니다.

여기서 잠깐! 보조를 맞출 한 가지 메뉴도 선택하는 데 신중을 기해야 합니다. 아무거나 갖다 대면 큰일납니다. 음식적, 미학적, 어감적, 효율적 조화를 생각해야 합니다. 냉면에 어울릴 만한 메뉴들을 꼽아보자면 보쌈, 빈대떡, 만두, 만둣국, 온면 등이 있습니다. 이미 고객의 무의식에 자리 잡고 있는 냉면 파트너들입니다. 이해를 위해 몇 가지 엉뚱한 예를 들어보겠습니다. 선지해장국, 돌솥비빔밥, 해물칼국수……. 어떤가요? 냉면과 쉽게 매칭이 되나요? 이는 무의식의 빅 데이터 때문입니다.

우리 뇌는 익숙한 것에 쉽게 반응합니다. 유명 전문점들의 메뉴판을 기억하는 데 비상한 재주가 있습니다. '그렇지. 필동면옥에도 만두, 빈대떡, 수육, 제육이 있었지.' 인간은 본인을 설득하는 데 권위라는 설득 기자재를 활용합니다. 그래서 유명인이나 전문가 그리고 역사와 전통을 자랑하는 이들이 추천하면 고개를 끄덕입니다. 당대 최고의 셰프들이 맛있다고 하면 난 좀 아닌데도 맛있게 느끼려 애를 씁니다. 인간이기에 일어나는 일입니다.

만약 도입하고 싶은 메뉴가 있다면 내 메인 음식과 조화로운지 먼저 따져보세요. 그런 다음 전문점의 메뉴를 시식하고 연구, 개발하는 데 6개월은 투자해야 합니다. 도저히 혼자 못하겠다면 한솔 아카데미 창업 과정이나 《외식경영》, 《월간식당》 등에서 여는 전수 창업회라도 참가하세요. 이게 가장 빠른 지름길입니다. 혼자 북 치고 장구 치고 할 시대가 아닙니다.

잊지 마세요. 고객은 지금 이 시간에도 당신의 음식을 전문점의 그것과 비교하고 있다는 사실을!

KICK!

실력도 좋고 운도 따라줘서 메인 메뉴가 히트를 칩니다. 그럼 사장님은 바로 후속 메뉴 개발에 착수합니다. 이때 무의식과 의식이 갈등을 빚습니다. 다들 내 손맛이 좋다고 하니 어떤 메뉴를 개발해도 문제없을 거야. 무슨 소리! 중원에 얼마나 많은 고수들이 있는데…. 뇌는 피곤해지기 싫어서 적당히 타협합니다. '특별한 재료 하나 더 넣어서 이 세상에 없던 메뉴를 만들면 되겠네.' 그건 '니 생각'입니다. 고객은 새로 추가한 재료와 기존 메뉴를 각각 별도로 놓고 생각합니다. 왜? 어차피 돈은 내 지갑에서 나가니까요. 아주 어렵게 번 돈이니까요. 새로 추가하고 싶은 차별화 재료도 기존 아이템도 1등 할 자신 없으면 절대로 내보내지 마세요. 대표 선수까지 위협당하게 됩니다.

김치찌개 전문점을 하시는 분이 여름철 한정 메뉴로 콩국수를 넣고 싶어 합니다. 일단 인터넷을 검색해 봅니다. 이렇게 쉽게 노출이 될 녀석이라면 어떻게 여러분을 대한민국 최고로 만들어 주겠습니까? 여기저기 묻고 수소문을 해 기가 막힌 콩국수 육수를 찾아냅니다. 그리고 도톰한 면도 발굴합니다. 테스트를 10여 차례하고 주위 사람들에게 시식시켜 본 뒤 바로 본 게임에 투입시킵니다. 처음 반응은 나쁘지 않습니다.

그런데 왜 초반에 긍정적인 반응이 나오는지 모르시죠? 그간 지루했으니까요. 늘 먹던 메뉴에 식상했으니까요. 그러던 어느 날 혜성처럼 신인이 등장하면 일단 관심이 갑니다. 시식을 하고 나니 나쁘지 않습니다. 맛있다고 표현은 했지만 계산을 하면서 고민에 빠집니다. 이 상품이 이 정도 돈을 지불할 가치가 있을까? 의심이 드는 순간 뇌 속 메모리 저장소를 싹 다 뒤집니다. 최근 먹었던 콩국수부터 어머니가 해주시던 콩국수, 뇌 속에 인두질을 했던 최강의 콩국수까지 다 스캔합니다. 그리고 순식간에 비교합니다. 어느 쪽이 더 우세한지를요. 만약 기존 챔피언에 버금가지 못한다면 뇌에 기록합니다. 다시 구매하지 않아도 되는 아이템으로요.

그러니 1등 할 자신 없으면 절대로 내지 마세요. 이제껏 없었던 조합을 만들어 보는 건 어떻냐고요? 그나마 실패할 가능성이 확실히 줄어들지요. 비교의 대상이 없어지니까요. 단, 콩국수에 잣을 넣든, 브라질너트를 넣든, 흑임자를 넣든 깊게 고민할 필요가 있습니다.

새로 투입된 구원투수와의 마리아주를 고객들이 어떻게 평가할까요? 이때 필요한 게 뭐? 스피드! 그리고 자비스! 카카오톡 검색창에 자비스라고 검색해 보세요. 그리고 여러분이 새로이 도입하려고 하는 메뉴명과 새로 넣고 싶은 재료들, 즉 메인 아이템과 부재료들을 가운데 쉼표를 넣어가며 검색하는 겁니다. 그럼 순식간에 다음과 같은 결과물이 뜹니다.

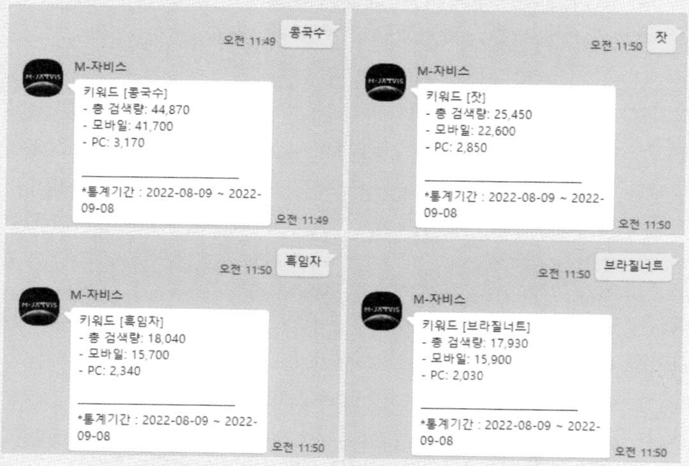

콩국수 검색량 44,870

잣 검색량 25,450

흑임자 검색량 18,040

브라질너트 검색량 17,930

2022년 8월 9일부터 2022년 9월 8일까지 검색된 총량입니다. 엇비슷합니다. 혹시 비주얼이 살지 않을까 하는 마음에 토마토를 검색했더니

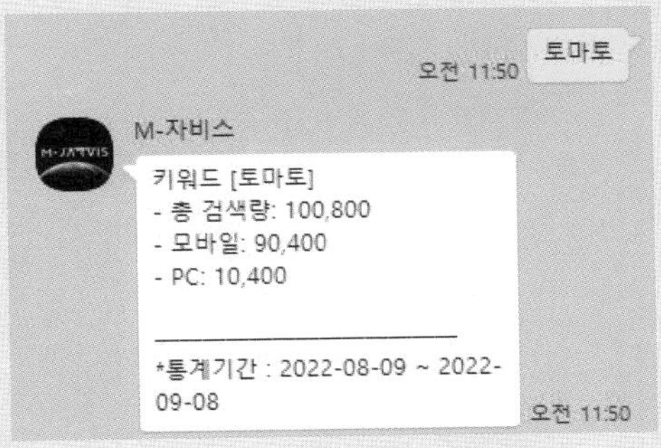

헉! 100,800건. 와우, 대박입니다. 아직 먹어본 적은 없지만 이토록 많이 찾는 재료라면 콩국수 위에 토마토를 토핑하거나 대학가인 점을 고려하여 로제떡볶이처럼 콩과 토마토를 같이 갈아 오렌지핑크색의 영롱한 토마토콩국수를 만들 수도 있을 겁니다.

데이터는 거짓말을 하지 않습니다. 데이터는 손품을 많이 판 사람 편입니다. 끊임없이 아이디어 만들고, 검색량 확인하고, 시식해 보고, 그렇게 내가 팔고 싶은 콩국수 말고 사고 싶은 콩국수를 만들어 보세요. 1등의 영광을 누릴 수 있을 겁니다.

KICK!

늘 이렇게 코칭합니다. 신메뉴를 도입하고 싶으면 핑곗거리를 찾으라고요. 단골들이 볼 때는 이상합니다. '잘되는 집에서 왜 새로운 메뉴를 내지?' 그리고 상황을 이해하기 위해 불필요한 에너지를 소비하게 됩니다. 그러니 고객들이 고민 없이 따라올 수 있도록 명확하고 합리적인 근거를 제시해 주세요.

- 개업 2주년 기념 감사 이벤트
- 10만인분 판매 돌파 신메뉴 출시
- 누적 매출 3억 원 돌파 기념 메뉴 등장
- 사장님 결혼 기념 스페셜 신메뉴 출시
- 찬바람이 부는 10월 1일부터 100일 한정 판매

戰

전략 3

가치 설계

略

고객이 원하는 가치가 살아남는다

재미가 없으면 고객도 없다

꽤 오래전 일입니다. 이영자, 강성범이 진행하던 SBS 〈해결 돈이 보인다〉라는 프로그램으로 기억하는데요, 그날의 주인공은 신림동의 한 대박집이었습니다. 군복을 입은 직원들이 조개구이집에서 춤을 추고 있었습니다. '고고장'에나 있을 법한 싸이키 조명 아래서 미친 듯이 몸을 흔드는 이들이 괴성을 지르며 손님을 호명하고, 하나둘 일어나 다 같이 뒤엉켜 리듬에 몸을 맡깁니다. 흡사 나이트클럽을 방불케 하는 광경이었습니다. 무대는 분명 8평짜리 조개구이집인데…. 저는 물론이었고, 시청자들 대다수가 충격에 휩싸였을 겁니다.

2003년 초의 일이니 이제는 거의 20년이나 된 이야기입니다. 한국에는 아직 펀 마케팅Fun Marketing이라는 단어조차 소개되기 전이었으니 그저 놀라울 따름입니다. 이곳은 오픈 날부터 줄 서는 가게가 되었습니다. 주인장의 전 직장 동료나 동창, 지인들이 아니라 그냥 지나가던 행인들로 말입니다.

상의를 탈의한 채 수영복을 입고 가게 앞에 서 있는 사장. 어느 날은 깨끗이 청소한 수족관 안에 조개 대신 들어가 있기도 했고, 또 어떤 날은 스노클링 장비를 착용하고 간판 위에 올라가 로댕의 '생각하는 사람'마냥 앉아 있기도 했습니다. 소문은 날개를 달고 빛보다 빠른 속도로 퍼져나갔습니다.

연일 고객이 미어져 8평 남짓한 매장엔 직원이 15명이나 있었습니다. 작디작은 2인용 테이블에 목욕탕 의자를 놓고 4명씩 끼워 앉혀도 불평이 없었습니다. 매일매일 조그만 식당에서 연출하는, 살아있는 뮤지컬을 보기 위해 모여든 팬들이니까요!

12개의 소꿉놀이 같은 테이블이 꽉 차면 셔터가 내려가고 조명이 꺼집니다. 모두가 숨을 죽이고 불판에만 집중합니다. 능숙한 조교들이 테이블로 달려들어 1대1 전담 서비스를 시작합니다. 무릎을 꿇고 앉아 조개껍데기와 속살을 분리하면 지켜보던 사람들은 전투적으로 조개를 깨물며 목구멍으로 술잔을 털어넣습니다. 갑자기 음악 소리가 커지고, 군복을 입고 있던 젊은 청년들이 상의를 벗기 시작하면 여기저기서 비명이 터집니다. 싸이키 조명이 돌고 직원과 고객 모두가 뛰기 시작합니다. 이때다 싶을 때 조명이 켜지고 셔터가 올라갑니다. 궁금함을 품고 대기하던 손님들의 환호가 더해집니다. 이렇게 하루 일곱 번 손님을 갈아치웠습니다(외식업 용어로는 7회전입니다).

"돈벌이하려고 잔머리 쓴 게 아니에요. 요리도 못하고 할 줄 아는 게 없으니 이벤트를 택한 거죠. 제가 제일 잘할 수 있는 놀이. 일단 제가 재미있어야 한다고 생각했어요. 그걸 고객들이 같이 즐겨주신 거죠."

8평 조개구이집의 전설은 이렇게 시작되었습니다.

재미는 호기심을 자극합니다. 호기심好奇心은 기이한 것에 대한 호감好感입니다. 새로운 것에 대한 도전이 이에 해당합니다. 즉, 재미라는 덫을 치면 좋아하는好 감정이 생기기 마련입니다. 좋아하는 감정은 요리나 브랜드에 대해 긍정적인 반응을 만듭니다. 텔레비전에 나오는 백종원 대표나 이연복 셰프의 이야기가 재미있으니 사람들이 관심을 갖게 되는 겁니다. 자연스레 그들과 그들의 음식에 대한 호기심이 생깁니다. 한번 따라 해보고 만족스러우면 스스로 팬임을 자처합니다.

이게 펀 마케팅의 핵심입니다. 재미를 통해 좋아하는 감정 만들기. 하지만 외줄 타기처럼 어려운 게 현실입니다. 시쳇말로 고객과의 코드가 맞아야 빛이 납니다. 아닐 경우(나 혼자만 재미라고 생각하는 경우) 역겨움을 수반합니다. 이에 따른 반동은 걷잡을 수 없을 정도가 됩니다. 그래서 기왕이면 고객들 중 최대 다수가 호감을 가질 재미 요소를 도입하는 게 바람직합니다.

Fun의 어원은 확실치 않지만, 옛 영어인 fonne(바보)와 fonnen(남을 바보로 만드는 사람)에서 나왔다는 설이 있습니다(강준만, 《교양 영어 사전 2》, 2013). 재미의 어원이 바보와 연관이 있다니, 놀랍지 않나요? 내가 바보가 되면 남들이 재미있고 유쾌해진다는 소리로 받아들이고 싶습니다. 외식업에 적용하면 이렇지 않을까요? 주인이 고생을 하면 손님이 편하고, 주인이 편하면 손님이 생고생을 한다. 건조하고 메마른 사회, 그 속에서 바보가 되어 웃음과 재미를 던져주는 건 어떨까요?

더운 여름 간판에서 쏟아져 내리는 미스트

"잠깐만요, 잠깐만요" 소리를 내는 배너

주인장의 손 모양으로 만들어진 손잡이

"안녕하세요?" 하고 손님을 맞이하는 앵무새

가방을 걸 수 있도록 S자 고리가 세팅되어 있는 테이블

15cm 더 높은 의자 등받이

'띵똥~' 대신 "이리 오너라~" 소리가 나는 직원 호출벨

웰컴 드링크로 나온 토마토 주스

예측할 수 없는 즐거움을 재미라고 합니다. 재미는 중독을 일으키고요. 자, 오늘부터 여러분 매장을 상상조차 할 수 없는 재미덩어리로 만들어 봅시다. 고객이 여러분이라면 사족을 못 쓰게 말이죠.

다이소에서 아주 착한 가격에 구입 가능한 가방걸이. 이제 테이블도 친절해질 수 있습니다.

뻔한 손잡이로는 고객의 뇌에 파고들기 어렵습니다. 평생 잊지 못할 사장님의 손 모양 손잡이 어떠세요?

(출처: KBS 〈자본주의학교〉)

예측할 수 없는 즐거움을 재미라고 합니다. 웰컴 드링크로 기습 공격을 해보세요. 고객은 여러분 브랜드에 중독될 겁니다.

"일요일은 쉽니다"라는 안내의 오류

"일요일은 쉽니다." 어디서나 볼 수 있는 안내 문구입니다. 특히 식당에서 자주 만날 수 있습니다. 월요일부터 토요일까지 목숨 걸고 일했으니 쉬어야 마땅합니다. 그럼에도 불구하고 이런 문구를 만나고 나면 고객 입장에서는 맥이 풀리고 진이 빠집니다. 일부러 여기까지 찾아왔는데 주인장은 쉰다니. 목표 지점까지 이동해 온 거리가 멀수록 실망감도 커집니다. 그래, 사람이니까 쉬어야지…. 그래야 다음 주에 일을 할 수 있을 테니까요. 이해합니다.

그런데 시비를 좀 걸자면 말이죠…. 문구를 바꾸면 어떨까요? 기왕이면 고객도 나도 만족할 수 있는 내용으로 말입니다. 말 한마디에 천 냥 빚을 갚는다지 않습니까. 곱게, 선하게, 친절하게 바꾸어 봅시다. 이를테면,

일요일은 식자재 탐구 여행을 떠납니다.

거기에 고객은 바로 반응합니다. 이 내용을 보면 안심이 됩니다.

'아~ 쉬는 날까지도 연구하는 사장님이구나.' 식사는 못 했지만 가산점은 줍니다. 틀림없습니다. 못 믿겠다면 손님의 입장이 되어 두 문장을 다시 한 번 순서대로 소리 내어 읽어보세요.

일요일은 쉽니다.
일요일에는 식재료 탐구 여행을 떠납니다.

어느 쪽에 더 믿음이 가시나요? 일요일마다 좀 더 좋은 식재료를 찾아 떠나는 사장님. 멋지지 않나요? 그것도 낭만적으로 '여행'이라는 단어를 휴일 안내 문구에 사용했습니다. 고객은 호감으로 똘똘 뭉친 음식이나 식당을 선호합니다. 호감은 동감을 이끌고 동감은 감동을 불러들입니다. 뭐 그까짓 휴일 안내 문구에까지 쓸데없이 에너지를 소비하느냐고 반문하는 사장님들을 위해 하나 더 예를 들어볼까요?

일요일 하루 동안의 연구가 더 맛있는 작품을 만듭니다.

연구는 쉬면서도 할 수 있습니다. 벤치마킹 투어를 떠나는 것도 연구고, 유명 유튜버들의 동영상을 보는 것도 연구고, 스타 셰프들이 등장하는 프로그램 속 레시피를 되뇌는 것도 연구입니다. 외식업자는 한시도 음식에서 자유로울 수 없습니다. 그러니 이 고단한 직업을 은근히 격상시켜 보는 겁니다.

당신은 연구원입니다. 맛난 갈비를 연구하는 연구원. 비빔밥을 분석하는 연구원. 김치찌개를 업그레이드하는 연구원. 누가 들어도 쉰다는 표현보다는 연구한다는 쪽이 호감을 불러일으키지 않을까요? 게다가 일요일의 연구를 통해 작품을 만든다지 않습니까. 이 문구 하나가 두 가지 효과를 불러옵니다.

첫 번째는 노력하는 자세를 대놓고 자랑할 수 있다는 겁니다. 이렇게 적어두면 그냥 쉰다고 적어놓는 업소들과 완벽하게 차별화됩니다.

세상에는 두 가지 부류의 외식업자가 있습니다.
한 쪽은 '연구하는' 오너,
나머지는 그냥 '쉬는' 오너.

두 번째 효과는 고객에게 평범한 음식이 아니라 작품을 먹을 수 있다는 기대감을 주는 겁니다. 분명 위의 문구를 읽은 고객은 이렇게 반응할 게 분명합니다.

'아~ 맛이 달라졌어. 뭔가 깊이감이 있어. 국물이 농후해. 북엇국으로 작품을 만든다더니 매주 요리가 진화하는 것 같아.'

굳이 잘난 척하고 싶지 않다면 이건 어떨까요?

월요일부터 토요일까지 고객님만 생각했습니다.
딱 오늘 하루만 아이들과 놀아주고 돌아오겠습니다.

헛걸음한 고객의 마음을 달래는 방법. 잘되는 집의 비밀은 의외로 단순합니다. (서초동 남부)

낯간지럽다고요? 원래 고객은 유치하고 낯간지러운 걸 좋아합니다. 송중기, 송혜교 주연의 〈태양의 후예〉가 답을 해주지 않았습니까! 사과할까요? 고백할까요? 한국인은 표현하는 데 인색합니다. 사랑도 서비스도 말입니다. 일주일에 단 하루만 가족들 생각을 하고 싶다는데 얼굴 찌푸릴 사람이 있을까요? 일주일에 단 하루, 일요일을 빼고는 고객만 바라보고 생각했다는데요?

긍정은 호감을 부릅니다. '쉰다'는 표현도 고객에게는 부정적인 이미지로 작용합니다.

"나는 먹고 싶은데 당신이 쉰다니, 배신이야!"

반면 현명한 오너들은 부정적인 이미지를 쏙 빼버리고 긍정적인 단어와 표현만 구사합니다. 의외로 정답은 가까이 있는데 이를 활용하는 이가 별로 없습니다. 아무도 가르쳐 주지 않는 까닭입니다.

당장 이 챕터부터 당신의 가게에 적용해 보는 것은 어떨까요?

KICK!

초판 발행 이후 정말 많은 분들이 《장사는 전략이다》를 읽어주셨습니다. 덕분에 지금은 전국 어디를 가나 '쉽니다' 대신 '탐구 여행'이라는 표현을 종종 만나게 됩니다. 그나저나 고객이 왜 두 표현 중 후자를 좋아하는지 아세요? 가장 보편적으로 쓰는 '휴일', '휴식', '쉽니다' 등은 사장을 위한 결정이고, '탐구 여행'은 바로 고객을 위한 노력이라 판단하기에 이렇게 반응이 달라지는 겁니다. 직접 확인해 보세요. 나와 너, 그중 누가 주인공이 되면 고객이 더 좋아하는지. 그래서일까요? 주어가 고객이면 베스트셀러가 되고 판매자인 내가 주어가 되면 별 재미를 보지 못합니다.

(당신이) 멈추면 비로소 보이는 것들
(너의) 부자되기 습관
(너에게) 어떻게 말해줘야 할까
(네가) 한 번도 경험해 보지 못한 나라
(너의) 지적 대화를 위한 넓고 얕은 지식
(너) 재무재표 모르면 주식투자 절대로 하지 마라
(여러분의) 장사는 전략이다
(네가) 애쓰지 않고 편안하게
당신이 옳다
(너) 스스로 행복하라

고객의 머리에 자리 잡는 법: 일구양득

인간은 욕심쟁이 우후훗. 인간의 욕망은 한도 끝도 없습니다. 가지면 가질수록 더 가지고 싶어 합니다. 그 덕에 한 가지 상품인데도 여러 가지 용도로 사용할 수 있으면 아주 좋아합니다. 자동차를 숙박시설로도 사용할 수 있다고 섹시하게 '차박'을 제안하면 머릿속으로 계산을 합니다.

'펜션의 비용이 1박에 20여만 원 정도 하니 일 년에 한 스무 번 정도 차박을 한다 치면…. 그래, 이 차는 정말 가성비가 끝내주는 녀석이야.'

이런 결론을 내리고 영업사원이 내민 계약서에 사인을 합니다.

1년 내내 살 집도 아닌데 부모님 고향 근처에 집이 한 채 나오면

'별장으로 쓰면 좋겠네. 지인들한테도 좀 빌려주고. 바빠서 자주

못 내려가면 까짓거 에어비앤비에 내놓으면 되지 뭐.'

이렇게 생길지 안 생길지 모르는 미래의 이익까지 가져다 씁니다. 고객을 설득할 때도 바로 이 욕망을 건드려야 승부가 납니다.

인간은 욕망덩어리입니다. 가지고 싶고, 하고 싶고, 사고 싶고, 더 높이 올라가고 싶고, 더 위생적인 것을 누리고 싶고…. 매일매일 '싶다'고 노래를 합니다. 현재 내가 가지고 있지 못한 대상들에 대해 한없는 욕심을 드러내는 '욕망' 그 자체입니다. 매일 수천 개씩 쏟아지는 광고들은 이런 인간의 욕망을 건드리기 위해

"지금 이 상품 없지? 그래서 불편한 거야. 만약 지금 당장 구매하게 되면 이렇게 행복해지고 즐거워지고 편해진다."

끊임없이 비구매의 고통, 무소유의 불편, 무경험의 무식을 자극해 댑니다.

금액을 지불하고 거래해야 하는 구매자의 입장이 되면 이 욕망은 극대화됩니다. '○○하고 싶은' 대상 중 가장 크게, 가장 빨리 욕망을 해결해 줄 브랜드를 머릿속에 각인합니다. 그래서 '효과 빠른' 같은 수식어가 단골로 등장합니다.

한 가지 재미있는 사실은 거래 게임에서 구매자가 판매자 입장으로 위치가 바뀌면 그토록 소중하게 간직하던 이 욕망들을 시나브로

잊게 된다는 겁니다. 나의 상품과 서비스에 지나치게 자부심을 느낀 나머지 인간의 가장 기본적인 욕망조차 외면하는 일이 많습니다. 우린 이 심각한 문제를 반드시 해결해야만 합니다.

구매자	판매자
짬짜면 = 짜장 + 짬뽕	최고의 기술로 무장한 짜장면

한눈에 보이시죠? 구매자와 판매자의 차이. 고객과 입장을 바꾸어 생각해 보자고 말만 하지 마시고 이 책을 노트 삼아 옆에 적어보세요. 어떻게 하면 더 많은 혜택을 누리게 해줄 수 있을까? 보통의 판매자들처럼 한 가지 욕망만 해결해 주지 마시고 어떻게 하면 두 가지, 세 가지 욕망을 해결해 줄 수 있을지 스스로를 채찍질해 보세요. 그런 의미에서 사자성어 하나 선물합니다.

一購兩得

일거양득一擧兩得은 다들 아시죠? '한 번 들어서 두 가지를 얻다'라는 뜻입니다. 보통은 '한 가지 일로서 두 가지 이익을 얻는다'라는 말로 많이 쓰입니다. 저는 여기서 '거'를 '구'로 바꿔봤습니다.

"한 번 구매해서 두 가지를 얻다."

생각보다 간단합니다. 보통은 한 가지를 구매해 한 가지 혜택만 봅니다. 옷, 구두, 음식, 숙박……. 조금만 머리를 짜내면 한 번의 구매로 두 가지 혜택을 누리게 만들어 줄 수 있습니다. 아주 간단한 국밥의 예부터 시작해 볼까요?

"보통은 국밥을 그냥 먹습니다. 저희 집에서는 일단 고기를 건져 대접에 넣어 비벼 드시고, 그 다음 밥을 말아 드세요."

이렇게 제안하면 고객은 지불한 금액에 비해 한 가지가 아니라 두 가지 혜택을 누린다고 느끼게 됩니다. 즉 혜택의 양이 배가 되는 겁니다.

서울 송파구에 전국을 평정한 매운 냉면집이 있습니다. 그곳은 음식을 내온 다음 이렇게 설명합니다.

"면을 비벼 드시다가 반 정도 남은 상태에서 육수를 부어 드셔보세요."

이렇게 새로운 경험을 만들어 주는 겁니다. 고객은 누리게 될 경험의 수가 많으면 많을수록 돌려받는 혜택이 크다고 생각합니다. 이로 인해 브랜드의 가치는 커집니다. "상품을 팔지 말고 경험하게 하라."는 거창한 마케팅 격언이 바로 이 소리입니다. 그러니 이 시간부터 하나의 덩어리로 제공해 왔던 상품과 서비스를 나누세요.

"반은 이렇게, 나머지 반은 요렇게 즐기세요. 3분의 1은 이 방식으로, 다음 3분의 1은 이 스타일로, 마지막 3분의 1은 저희가 개발한 이 노하우로 마무리하시면 완벽합니다."

다른 경쟁업소에서는 절대로 경험해 볼 수 없는 '일구양득', '일구삼득'을 하게 도와주세요. 이래야 여러분의 브랜드가 고객의 뇌를 파고들어가 똬리를 트는 포지셔닝에 성공할 수 있습니다. 머릿속에 여러분만 떠오르게 말이죠.

사우나에 극장을 만들고

카페에서 바나나를 주고

한 달에 한 번씩 코디법을 카톡으로 보내주고

모텔 방에 당구대를 넣고

바로 떠오를 수 있어야 유명해집니다. 그래야 팔립니다.

의심을 안심으로 바꿔줍시다

제가 늘 마음속에 되뇌는 문장이 하나 있습니다.

"의심을 안심으로 바꿔주자."

99.999%의 고객은 판매자를 의심합니다. 타고난 심성이 삐뚤어서 그런 게 아닙니다. 인간이 가진 본능 중 기본이 바로 생존 욕구입니다. 살아남기 위한 본능이 워낙 커서 0.1%라도 손해라면 피합니다. 이걸 행동경제학자들은 '손실 회피 본능'이라 부릅니다.

손해 [명사]

1. 물질적으로나 정신적으로 밑짐.

2. 해를 입음.

인간의 본능을 이해한다면 손해라는 개념이 쉽게 이해됩니다. 특히 거래를 하는 과정에서 일어나는 손해는 뜨거운 물에 데는 것만큼이나 고통스럽게 느껴집니다. 그 고통이 무서워서 판매자를 의심하는 겁니다. 의심을 위한 의심이 아니라 안심을 위한 의심입니다. 더 안전하고 도움이 되고 편리해지고 이득이 되는 거래를 하기 위해, 가장 커다란 안심을 얻어내고 싶어서 그만큼의 의심을 하는 겁니다.

고객의 입장에서 여러분에게 제일 궁금한 게 뭘까요? 우린 이런 고민을 거의 하지 않았습니다. 그저 내 상품과 서비스를 좀 더 근사하게 만들려는 노력만 해왔습니다. 하나라도 더 팔기 위해, 그러면 되는 줄 알고 PR만 해댔습니다. 이 정도가 조금만 지나쳐도 고객들에게

"자영업 사장 주제에 누굴 가르치려고 들어?"

이런 소리를 들어왔습니다. 하나만 여쭤볼까요? 여러분은 여러분이 더 소중하세요? 여러분에게 물건을 팔려고 애쓰는 사장님이 더 소중하세요? 답은 간단하지요? 당연히 남이 아닌 내가 훨씬 소중합니다. 그런데 수많은 사장님들은 이러한 심리를 생각하지 않고 늘 자신을 중심으로 생각하고 판단하고 결정을 내린 뒤 후회합니다.

여러분의 고객들은 단 1%도 당신에게 관심이 없어요.

이것 하나만 잊지 않으시면 됩니다. 고객이 매일매일 여러분의 브랜드와 상품에 관심을 보이지도 않고, 구매하지도 않았던 이유가 바로 여기 있습니다. 고객들과는 아무 관계도 없는 주장만 해왔으니까요. 그들이 정말 여러분에게 원하는 게 뭔지 아세요?

1. 다른 거래 주체에 비해 더 많은 혜택을 받을 수 있는가?

2. 더 편한가?

3. 한 번도 경험해 보지 않은 재미를 얻을 수 있는가?

4. 당신과의 거래를 다른 사람들에게 자랑할 수 있는가?

지금 이 순간부터

상호, 간판, 파사드, 배너, 현관문, 문고리, 발판, 초인종 소리, 인사말, 테이블, 의자, 수저, 타월, 냅킨, 물, 그릇, 용기, 시설, 집기, 화장실, 조명, 카운터, 주방…….

가게를 이루고 있는 모든 것들을 두고 스스로에게 물으세요.

"이게 최선이야? 더 잘할 수는 없어? 나 말고 고객이 더 좋아하는 거야? 나보다 더 실력 있는 경쟁자는 누구야? 이게 대한민국 최고의 재료야? 나만 확보하고 제공할 수 있는 거야? 확실히 안전해?"

이런 **고객 입장에서의 질문**을 스스로 해보면 내가 보이기 시작합니다. 면접에 들어가기 전 예상 질문을 뽑고 대답을 준비하는 것과 같습니다. 고객들에게 간택되고 싶다면 반드시 스스로에게 물어보세요. 그래야 고객의 의심을 안심으로 바꿔줄 수 있습니다.

강력한 가격 책정 무기 ICBM

"북한이 4년 4개월 만에 대륙간탄도미사일ICBM을 쏘아 올리며 끝내 한미가 임계점으로 규정해 온 이른바 '레드라인'red line(금지선)을 넘었다. 합참은 24일 오후 2시 34분께 평양 순안비행장 일대에서 동해상으로 발사한 ICBM 1발을 포착했다고 밝혔다."

이런 뉴스를 읽을 때마다 소름이 돋습니다. ICBM은 정말이지 가공할 만한 파괴력을 가진 미사일입니다. 소리 소문도 없이 발사되고, 기습적으로 타깃을 정하고, 높이 오르고, 멀리 날고, 크게 터지고…. 핵을 제외하고는 가장 무서운 무기지 싶습니다. 이런 까다로운 조건들을 갖추기 위해 설계도, 제조도 치밀할 수밖에 없습니다. 모름지기 가격이 이래야 한다고 저는 생각합니다. 내 브랜드가 가지고 있는 최고의 무기인데 다들 미리 눈치채고, 나와 마주치지 않기 위해 대피소로 피하고 그러면 강력한 무기가 아니잖아요.

1. 예고 없이 올렸는데도

2. 높이, 많이 올렸는데도

3. 멀리까지 알려지고

4. 가격 인상을 위해 노력한 만큼 대박이 터지고….

이렇게 누구도 반발할 수 없고, 자연스럽게 흡수되는 가격 책정을 위해 ICBM을 데려왔습니다. 첫 글자 I부터 갑니다.

첫 번째는 I, INFORMATION입니다.

정보가 많으면 많을수록 가격을 올릴 수 있습니다. 메뉴명이나 상품명만 제시하면 혜택이 하나인 줄 알지만 구성 요소들을 상세히 적어놓으면 헤아릴 수 있는 숫자만큼 돌려받을 수 있는 혜택이라 생각하게 됩니다. 전작 《당신의 가격은 틀렸습니다》에 아주 소상히 적은 내용입니다.

간단히 설명하자면 이렇습니다. 달랑 삼겹살 15,000원이라고만 적지 말고, 삼겹살 16,000원(한돈, 스마트농법으로 키운 쌈채소 3종, 100% 해남 배추로 만든 김치, 탄소 제로 백탄, 태평 염전 천일염……)과 같이 정보를 꽉꽉 채워주세요. 자세히 가르쳐 주지 않으니 의심하는 겁니다. 이렇게 소상히 적으면 고객은 이 내용들을 약속으로 받아들입니다. 이게 포인트입니다. 고객과의 약속. 신뢰가 있어야 더 지불할 의사가 생깁니다. 여러분도 마찬가지시죠? 의심 가고 불안한 집에서는 100원이라도 더 지불하기 께름칙하시잖아요. 내가 채워주는 정보는 고객과의 신뢰를 만들어주는 오작교다, 이렇게 생각하시면 훨씬 도움이 될 겁니다.

2번 타자는 C, CHANGE입니다.

가격 인상 후에는 상품과 서비스의 형태가 반드시 바뀌어야 합니다. 어제 10,000원을 내고 제공받은 상품과 오늘 11,000원을 지불하고 받은 상품의 상태가 같으니까 우리 매장을 더 이상 찾으려 하지 않는 겁니다. 무슨 소리냐고요? 가격을 올렸는데도, 서비스가 그대로인데도 고객이 줄어들지 않는다고요? 하느님과 부처님께 감사할 일입니다. 완벽하게 독보적인 아이템을 가지고 계시거나, 그 업종에서 가장 탁월한 권위를 가지고 계신 모양입니다. 그렇지 않다면 고객은 어제까지의 거래 조건과 하나도 바뀐 것이 없는데 가격이 인상된 것에 대해 상당히 불쾌해할 겁니다.

아이템의 특성상 구성 요소를 바꿀 여지가 없다면 순서라도 바꿔야 합니다. 무엇인가 노력하고 있다는 증거가 보여야 돌아서지 않습니다. 그러기에 마지막으로 제공하던 디저트를 맨 앞자리로 바꿀 용기와 재능이 필요합니다. 커트 후 해오던 샴푸를 첫 순서로 배치할 수 있어야 합니다. 카운터에서 내주던 영수증을 식사 도중 챙겨줘 영수증 리뷰를 중간에 쓰고 로또라도 한 장 받을 수 있게 **무엇인가 변화해야 합니다.** 그릇, 커튼, 색깔, 모양, 형식, 순서……. 바꾸면 가격 인상에 대한 저항감이 아주 작아집니다.

세 번째는 B, BIRTH입니다.

여러분의 재능과 기술로 새로운 아이디어를 반드시 탄생시켜야 합니다. 그리하여 최초가 되면 비교당할 이유가 없기 때문에 자유롭게 가격을 올릴 수 있습니다. 고객은 새로운 것, 신상을 좋아합니다. 구태의연하고 뻔한 상품과 서비스 말고 뭔가 새롭고 특별한 걸 몹시 사랑합니다. 매일 수천 개의 신제품이 쏟아지는 이유입니다.

국내 최초로 비벼 먹는 장어, 쌈 싸 먹는 김치찌개, 당구대 있는 모텔, 샐러드 주는 피트니스……. 최초를 탄생시키면 가장 좋은 점은 가격에 있어 그 누구와도 비교당하지 않는다는 겁니다.

자, 마지막 M은 RENAME에서 가져왔습니다.

여러분의 상품과 서비스가 항상 경쟁자들의 그것과 비교당하는 이유는 이름이 같기 때문입니다. 동일한 상품명을 가지고 시장에서 맞붙으면 결국 가격과 구성 요소들로 비교당할 수 밖에 없습니다. 그래서 이름을 바꿔버리는 겁니다. 이제껏 들어본 적 없는 새로운 이름으로요.

설렁탕 10.000원 < 차돌탕 15.000원

기존 설렁탕에 차돌을 넣은 뒤 '차돌탕'이라 명명하면 고만고만한 설렁탕의 가격 족쇄에서 벗어날 수 있습니다. 가장 쉬운 노하우인데 이게 생각만큼 쉽지 않습니다. 연습이 필요합니다. 기존에 있던 상품명보다 더 근사하고 있어 보이게 만드는 게 그리 만만치 않습니다. 여러분의 상품이 가지고 있는 속성(어떠어떠하다)을 쭉 적어놓고 근사한 단어들을 추려보세요. 삼겹살을 '겹겹살', '세겹살' 등으로 이름 붙이면 평범하기 그지없는 삼겹살 가격과 멀어질 수 있습니다.

ICBM으로 가공할 만한 가격을 만들어 보세요. 고객이 더 좋아하는 모습을 직접 확인할 수 있으실 겁니다.

단어만으로 장사 천재가 될 수 있다

겉으로는 안 그런 척하지만 대부분의 사업가들은 천재가 되고 싶어 합니다. 홍보 천재, 마케팅 천재, 브랜딩 천재. 매니지먼트 천재……. 다들 멸종하지 않기 위해 목숨을 겁니다. 살아남기 위해서는 더 강해야 합니다. 더 스마트해야 합니다. 더 신선하고 새로워야 합니다. 아무도 해보지 않은 짜릿한 경험을 제공하기 위해서는 쌈빡한 아이디어가 반드시 필요합니다. 그런데 현실은 생각처럼 쉽지 않습니다. 누군가 성공한 아이디어를 설명해 주면 이런 말이 나오곤 합니다.

"아… 그거 2년 전에 내가 생각했던 거랑 똑같네…."

동시대를 살아가는 사람들의 생각은 거기서 거기입니다. 누가 더 빨리 먼저 테스트를 해서 시행착오를 겪고 수정, 보완해 내 것으로 만드느냐가 훨씬 더 중요합니다.

그런데 말입니다. 이게 그렇게 간단하고 쉬운 일이라면 아무도 고민할 필요가 없겠죠. 새로운 아이디어는 좀처럼 떠오르지 않습니다. 훈수 두는 건 쉬운데 내 게임에서 이기라고 하면 아주 고통스럽습니다. 당연합니다. 나를 벗어나 나 스스로를 보기 어렵기 때문입니다. 인간은 관습적인 사고 패턴을 지니고 있습니다. 나고 자란 환경의 지배를 받습니다. 아주 강력하게 말입니다. 그리고 언제나 어디서나 '나'를 중심으로 세상을 봅니다. 입장을 바꿔 생각한다든지 객관적으로 사고하는 것이 상당히 어렵습니다. 그래서 내가 생각하기엔 아주 훌륭한 아이디어인데 막상 상대에게는 잘 안 먹히는 겁니다. '나' 중심의 사고에서 비롯된 아이디어니까요. 지구상에 등장한 아이디어의 약 10% 정도만 살아남는 건 내가 아닌 남을 주어로 생각할 수 있는 인간의 수가 그 정도이기 때문입니다. 이 아이디어맨들이 수많은 사원들 중에 과장, 부장이 되고, 임원이 되고, 최종결정권자가 됩니다. 탁월한 10%의 비밀은 바로 나를 버리고 남을 택하는 겁니다.

"판매 촉진을 위해 회사 내부의 조직을 개편하겠습니다."
"판매 촉진을 위해 고객이 선호하는 메뉴 베스트 3를 엄선하겠습니다."

차이가 좀 느껴지시나요? 그렇다고 고객에게 목숨을 걸라는 이야기는 아닙니다. 자칫 줏대 없이 끌려가다가는 죽도 밥도 안 되는 경우가 있으니까요. 단 한 명이라도 더 좋아할 만한 아이디어를 만들어내기 위해 잠시 스스로를 내려놓을 필요가 있습니다. 내가 맨정신으로는 도저히 생각할 수 없는… 덕분에 더 많은 사람이 '와, 이건 참 재미있는 아이디어다!' 하고 받아들이게 되는… 그런 기상천외한 사고법이 꼭 필요합니다.

피가 모자라면 수혈을 하듯 아이디어에도 수혈이 필요합니다. 해결하고 싶은 문제에 대해 전문적으로 자료조사를 할 수 있는 조직과 자금을 보유하고 있다면 상상 그 이상의 아이디어가 속출하겠지만 우린 그럴 처지가 못 됩니다. 이럴 때 필요한 게 '안 되면 되게 하라' 정신, 강제적인 아이디어 수혈입니다. 여기 아주 좋은 방법이 하나 있습니다.

내가 나다운, 나스러운 생각을 할 시간을 주지 않는 겁니다.

무의식 속에 저장되어 있는 녀석들을 강제로 소환해 보겠습니다. 여러분의 아이템이나 상품 그리고 메뉴를 먼저 생각하지 마세요. 그저 주위를 둘러보고, 사전이나 신문을 뒤적이고, 아침에 일어나 지금까지 만난 것들을 강제로 떠올리는 겁니다.

잊지 마세요. 내 아이템을 더 근사하게 만들어 보겠다고 각오한 뒤 아이디어를 짜내면 그 아이템에서 벗어날 수 없습니다. 수많은 기업에서 시간 낭비를 하고 있는 이유가 바로 이겁니다. 정해놓고 생각 만들기. 이래서는 예측할 수 없는 즐거움, 즉 재미있는 아이디어는 절대로 나오지 않습니다.

지금부터 제가 초시계를 세팅하겠습니다. 여러분은 10초 이내에 그 어떤 것이라도 좋으니 20가지 단어를 적으셔야 합니다. 주위를 둘러보세요. 시작!!!

사진 크림 책 커피 스마트폰 마스크 안경 형광펜 에어컨 도시락 의자 휴지 티셔츠 보자기 스크린 냉장고 화장실 프린터 텔레비전 노리개

저는 아무래도 사무실에서 글을 쓰다 보니 사무용품이 많이 등장했습니다. 이제 떠올린 단어들을 여러분의 상품과 연결해 보세요. 이런 사고법은 처음이실 겁니다. 이게 바로 강제적 생각 소환법의 매력입니다.

삼겹살 + 사진	**삼겹살 + 크림**	**삼겹살 + 책**
삼겹살 + 커피	**삼겹살 + 스마트폰**	**삼겹살 + 마스크**
삼겹살 + 안경	**삼겹살 + 형광펜**	**삼겹살 + 에어컨**
삼겹살 + 도시락	**삼겹살 + 의자**	**삼겹살 + 휴지**
삼겹살 + 티셔츠	**삼겹살 + 보자기**	**삼겹살 + 스크린**
삼겹살 + 냉장고	**삼겹살 + 화장실**	**삼겹살 + 프린터**
삼겹살 + 텔레비전	**삼겹살 + 노리개**	

강제적으로 떠올린 단어와 개선시키고 싶은 아이템을 하나하나 적어가는 동안 제 머릿속에선 이해할 수 없는 일이 벌어집니다. 그러고 싶지 않은데 두 단어를 계속 연관 짓는 겁니다. 아주 독특한 인간

의 사고 본능입니다. "자, 지금부터 말씀드리는 두 단어를 절대로 연상하거나 연관 짓지 마세요."라고 강력하게 부탁을 한 뒤 "빨간색… 그리고 코끼리!" 이렇게 단어를 제시하면 마치 두 장의 투명 필름지를 겹치듯 빨간색과 코끼리라는 이미지를 겹쳐 보게 됩니다.

노랑색 + 하마, 검정색 + 벌, 파란색 + 케익,

똠양꿍 + 쌀국수, 치즈 + 비빔국수……

시작이 반이라고들 하죠? 여러분은 단어를 떠올렸다는 사실만으로도 이미 50%는 천재가 되신 겁니다. 아이템과 강제로 떠올린 단어들을 1대1로 매칭하는 과정에서 얼마나 정교하고 부지런하게 그림을 그리느냐에 따라 경이로운 상품을 만들어 낼 수 있습니다. 단순하게 단어와 단어를 결합한다 생각지 마시고 적극적으로 관계를 맺어주세요. 정말이지 관계라고는 1도 없을 것 같은, 은하계의 별처럼 뚝 떨어진 두 단어를 잇는 과정에서 뇌에 스파크가 튑니다. 자, 결과물을 보여드릴까요?

삼겹살 + 사진 = 폴라로이드 즉석 사진 서비스

삼겹살 + 크림 = 삼겹살 크림 파스타

삼겹살 + 책 = 삼겹살이 등장하는 책들을 카운터에 전시

삼겹살 + 스마트폰 = 돼지 모양 스마트폰 굿즈 판매 (케이스, 스트링 등)

삼겹살 + 마스크 = 앙증맞은 돼지 모양이 프린팅된 마스크 판매

삼겹살 + 안경 = 안경 쓴 고객들을 위한 보관 비닐, 클리닝 티슈 제공

삼겹살 + 형광펜 = 주력으로 팔고 싶은 메뉴에 형광펜 표시

삼겹살 + 에어컨 = 대한민국에서 가장 추운 삼겹살집 자랑

삼겹살 + 도시락 = 삼겹살 덮밥 도시락, 12첩 삼겹 정식

삼겹살 + 의자 = 돼지 꼬리가 달린 의자

삼겹살 + 휴지 = 휴지에 프린팅된 돼지 발자국 혹은 코

삼겹살 + 티셔츠 = 여러분이 상상하시는 바로 그 티셔츠 경품 이벤트

삼겹살 + 보자기 = 테이크아웃용 패키지에 보자기 활용

삼겹살 + 스크린 = 프로젝터로 스크린에 사바키(발골 정형) 영상 틀기

삼겹살 + 냉장고 = 삼겹살 전용 숙성 냉장고

삼겹살 + 화장실 = 머리카락에 밸 고기 냄새 제거를 위해 드라이 샴푸 비치

삼겹살 + 프린터 = 삼겹살용 특제 소스를 3D 프린터로 출력 후 서빙

삼겹살 + 텔레비전 = 외부 파사드에 텔레비전 부착, 고기 굽는 영상 24시간 방영

삼겹살 + 노리개 = 유재석 씨가 극찬한 순댓국 전문점 청와옥처럼 노리개를 인테리어 포인트로 활용

단어와 단어의 관계를 맺어주는 과정에서 이제껏 한 번도 생각해 보지 않았던 아이디어가 연쇄적으로 떠오릅니다. 이래야 고객이 아주 새로운 경험을 할 수 있습니다. 전 세계 유명 마케터들이 입에 달고 사는 문장이 있습니다.

"제발 고객에게 새로운 경험을 선물하세요."

이전과는 다른 새로운 경험을 하게 만들고 싶으면 뻔하디뻔한 아이디어 말고 위에 적은 것처럼 낯설고, 약간은 어색하고, 본 적 없는 상품과 서비스를 만들어야 합니다. 그래야

새로움을 경험할 수 있습니다.

아마 처음 해보시는 분들은 팔뚝에 소름이 돋는 경험을 하게 되실 겁니다. 거부가 된 천재적 사업가들은 이미 이 비밀을 잘 알고 있습니다. 소수만이 누리고 있는 '시크릿'을 절대 발설하지 않고 그들만의 세상에서 누리고 있습니다. 여러분도 이 그룹에 속해보고 싶지 않으세요?

세상을 흔들어 놓을 아이디어가 매칭 과정에서 등장했다면 이제 쉬세요. 아이디어도 숙성이 필요합니다. 그냥 내버려두고 한숨 푹 주무세요. 뇌과학자들은 이 시간을 '숙성' 혹은 '무의식으로의 대이동'이

라고 표현합니다. 새롭게 자아낸 아이디어가 무르익어 어느 순간 '파바박' 소스라치게 놀랄 정도의 상품과 서비스가 완성되는 겁니다. 가끔 그런 경험하지 않으세요? 의도하지도 않았는데 기가 막힌 아이디어가 떠오르는… 무엇인가 새로운 상품과 서비스를 만들어 내겠다는 여러분의 노력들이 충분히 익어 결실을 맺었던 경험, 다들 한두 번은 있으실 겁니다. 인간의 뇌는 무한한 능력을 가지고 있으니까요.

자, 이제부터가 정말 중요합니다. 주위 사람들에게 여러분이 창조한 아이디어에 대해 적극적으로 물어보세요. 긍정, 부정, 다양한 피드백을 받게 되실 겁니다. 이렇게 묻고, 듣고, 판단하고, 수정하고, 다시 생각하는 단계에서 여러분의 아이디어는 진화합니다. 어렵게 찾아낸 새로운 경험들과 소비자들의 반응. 긍정적 반응은 적극적으로 추가하고, 부정적 의견들은 수정, 보완해 보세요. 분명 여러분도 천재라는 소리를 듣게 되실 겁니다.

진짜 맛의 비밀

맛. 있. 다.

'있다' 앞에 '맛'이란 글자가 있습니다. 글자 그대로 맛이 '있다', 즉 존재한다는 의미입니다. 맛이란 무엇일까요? 국어사전을 뒤적입니다. "음식 따위를 혀에 댈 때에 느끼는 감각." 이렇게 적혀 있습니다. 혀에서 느끼는 게 맛입니다. 사전적 의미로는 미각이 맛인 겁니다. 현실은 조금 다릅니다. 눈뿐만 아니라 귀, 코, 손에서도 맛을 느낍니다.

흔히들 5미五味라고 이야기합니다. 달고, 짜고, 쓰고, 시고, 매운맛. 그런데 매운맛은 사실 맛이 아니라 아픈 자극, 즉 통각입니다. 결과적으로 달거나 짜거나 시거나 쓴 재료 또는 이것들로 만든 요리가 맛을 냅니다. 그런데 이 네 가지 맛이 결코 단순하지 않습니다. 단맛을 예로 들어보겠습니다. 설탕의 단맛과 슈가 파우더의 단맛은 분명 다릅니다. 엿이나 조청 그리고 물엿도 맛이 다 제각각입니다. 여기에 물리적, 화학적 변화를 주면 그 스펙트럼은 무한대로 넓어집니다. 쓴맛으로 넘어가기 직전의 단맛은 달고나에서 나옵니다. 짠맛과 어깨를 딱 붙이고 있는 단맛은 멸치조림에 있습니다. 신맛과 팽팽한 줄다리기를 하는 단맛은 초고추장에서 발견할 수 있습니다. 통각(매운맛)과 경계를 넘나드는 단맛은 불닭 소스에 포진해 있습니다. 이렇게 재료와 어우러지면 맛이란 녀석은 은하계의 별처럼 무한대로 늘어납니다.

많은 사람들이 맛을 이야기합니다. 또 맛을 만들어 내기 위해 애간장을 태웁니다. 결과물을 판단하는 게 인간인지라 맛에 대해 설명할 때는 '주관적'이란 표현을 자주 씁니다. 하지만 좀 더 엄밀하게 말하면 이 주관적이란 말도 상대평가의 대상이 있기에 가능한 겁니다. 즉, 맛은 상대적입니다. 비교 대상이 있기에 '있다', '없다'라고 구분하는 것이고 이제껏 먹어본 것들을 기준으로 '지금 먹는 맛'을 평가하는 겁니다. 종합적으로 판단했을 때 이전의 것들보다 맛이 더하면 '맛있다', 못 미치면 '맛이 없다'라고 이야기합니다.

저는 월미도 달쭈꾸미의 우쭈(우삼겹+쭈꾸미)를 아주 좋아합니다. 정말 맛있습니다. 디스코팡팡을 닮은 철판에서 익힌 주꾸미 한 마리를 치즈에 푹 찍어 입에 넣으면 종합선물세트 같은 식감이 뒤를 따릅니다. 폭신하면서도 쫄깃하고, 탱글탱글한 식감이 매운맛을 감싸고 돕니다. 알싸하고 매콤한 이 녀석을 혀 위에서 이리 옮기고 저리 옮기는 사이 엉덩이가 들썩입니다. 함께 싸 먹는 대구 출신 납작만두가 두어 번 깨물 틈도 없이 목구멍으로 미끄러집니다. 아~ 맛. 있. 다.

이는 다른 주꾸미집에서 식사를 한 경험이 있기에 뇌가 비교, 판단을 한 결과입니다. 이제껏 먹어왔던 기억 속의 주꾸미 맛들을 비교 분석한 뒤 내놓은 감정이 '맛있다'와 '맛없다'를 분간했습니다. 그러니 엄밀히 말하면 맛을 논할 때는 "어디보다 어디가 더 맛있다", 또는 "맛없다"라고 이야기하는 것이 더 옳습니다.

맛은 경험뿐만 아니라 우리의 내장과도 밀접한 관계가 있습니다. 인간의 DNA는 생존형으로 진화해 왔기 때문에 좀 더 쉽게 영양가를 흡수할 수 있는 무언가를 끊임없이 찾습니다. 생고기보다는 익힌 고기가 칼로리 섭취에 용이합니다. 씹기도 훨씬 수월합니다. 노력을 덜 기울이면서도 쉽게 영양분을 챙길 수 있는 음식들이 살아남는 데에는 다 이유가 있습니다. 다이어트 콜라가 죽어도 일반 콜라를 대체하지 못하는 이유이기도 합니다. 왜 인간은 클래식 콜라를 다이어트 콜라보다 더 맛있다고 느끼는 걸까요? 흔히들 알룰로스처럼 칼로리가 없거나 미미한 감미료를 사용해 다이어트 음료나 요리를 만듭니다. 단맛이 있어 혀는 속일 수 있지만 내장과 뇌는 속일 수 없습니다. 영양가가 없으니 감동하지 않는 겁니다. 살을 빼야겠다는 강한 의지가 없다면 굳이 다시 찾으려고 노력하지 않습니다.

맛은 이렇게나 복잡합니다. 그래서 진정한 의미의 중독성 강한 '맛있는 음식'을 만들기는 하늘의 별 따기만큼 어렵습니다. 그럼에도 많은 사람에게 사랑받는, 몇 번이고 찾게 되는 음식을 만들어 내고 싶

제가 사랑하는 월미도 달쭈꾸미의 우쭈식량. 제가 먹어 본 다른 식당의 주꾸미보다 상대적으로 더 맛있습니다. (달쭈꾸미)

다는 열정을 지닌 분들이라면 이 두 가지에 집중하세요.

감각과 칼로리

일단 시각적인 차별화가 필요합니다.

이제껏 본 적 없는, 즉 경험해 본 적 없는 비주얼을 갖추어야 이전의 것들과 비교당하지 않습니다. 만약 엇비슷하다면 지레짐작을 하고 이미 경험했던 최고의 맛을 떠올리며 지금 먹고 있는 맛과 비교합니다. 그래서 불리해지는 겁니다. 생각해 보세요. 이제껏 먹었던 맛 중에서 최고의 자리를 차지하는 음식은 단지 맛으로만 기억된 것이 아닙니다. 같이 먹었던 사람이, 그때의 분위기가 좋아서 기억하는 것일 수도 있습니다. 그러니 중독적인 맛을 만들고 싶으시다면 괜한 헛수고하지 마시고 강렬한 인상의 비주얼을 보여주세요. 지금까지 본 적 없는 섹시함이라면 더욱 환영받을 겁니다.

두 번째는 후각입니다.

고객의 테이블에 음식을 낼 때는 묻지도 따지지도 말고 향부터 맡아보라고 권하세요. 이런 식당은 흔치 않습니다. 대부분 "맛있게 드세요" 하고 휙 돌아서 갑니다. 최고급 레스토랑도 상세하게 설명해 주지만 향을 맡아보라고는 많이 이야기하지 않습니다. 물론 일부 뛰어난 오너 셰프가 이끄는 식당에서는 재료의 향을 맡아보라고 추천하는 일도 있습니다. 생고기도 좋고, 갓 씻은 채소도 좋습니다. 조린

생선, 구운 갈비, 소복하게 담아낸 밥, 어떤 것이든 좋습니다. 여러분의 향으로 강렬한 경험을 만들어 주세요. 아무 생각 없는 그냥 음식들과 확 선을 긋게요.

다음은 청각입니다.

세계적인 레스토랑 팻덕처럼 음식을 낼 때마다 배경 음악이나 효과음을 바꿔주면 좋으련만 우리에겐 사람이 태부족입니다. 의지는 있지만 이걸 핸들링할 만한 선수를 찾기가 어렵습니다. 대신 육고기를 파는 곳이라면 들에서 나는 소리, 풀 소리, 바람 소리를 들려주세요. 해산물을 메인으로 하는 매장이라면 바다가 연상되는 파도 소리, 뱃고동 소리, 갈매기 소리 등을 잔잔하게 깔아주시고요. 주재료와 어울릴 만한 소리들을 찾아 배경음악으로 틀어주면 맛이 배가 됩니다. 이미 검증된 내용들이니 적극적으로 활용해 보세요. 참, 매장에 화분이나 나무가 많이 있다면 조그마한 블루투스 스피커를 하나 장만해 보세요. 이 녀석을 사이에 숨기고 영업시간 내내 계곡에서 물이 졸졸 흐르는 소리를 틀어주시면 관객들 반응이 아주 뜨거워질 겁니다. 인간은 하나의 감각보다 다중 감각을 좋아하거든요.

네 번째, 촉각입니다.

무조건 손으로 먹을 수 있는 코스를 하나 만들어 주세요. 수저나 포크로는 먹을 수 없는 옥수수, 고구마, 미니 감자, 채소 스틱 등을 준비해 주시면 손에서도 맛을 느낍니다. 여기에 손으로 싸 먹을 수 있는 김, 토르티아, 쌈까지 구비하면 뇌 속에 훨씬 더 강렬하게 접근할 수 있습니다. 혀뿐만 아니라 손도 맛을 감각한다는 사실, 절대 잊으시면 안 됩니다.

마지막은 칼로리입니다.

혀만 중독시키면 반절의 성공입니다. 완벽하게 중독을 만들어 내려면 칼로리가 높아야 합니다. 위에서 언급한 조미김, 토르티야 등도 사실은 손으로 느끼는 재미는 물론이고 추가 칼로리 때문에 준비한 겁니다. 고기를 찍어 먹을 소금 종류도 늘려주세요. 달달한 갈비도 더 맛있어지게, 푹 적셔 먹을 육장도 세팅하시고요. 단짠의 칼로리 미학을 작품처럼 배치해 주세요. 그래야 내장과 뇌도 중독시킬 수 있습니다. 잊지 마세요.

식당은 병원이 아닙니다.
식당은 에너지가 결핍된 사람들에게
칼로리와 도파민을 채워주는 충전소입니다.

포정이 되어야 살아남을 수 있다

저는 《장자》에 나오는 포정해우庖丁解牛란 표현을 참 좋아합니다. 솜씨가 뛰어난 백정 포정이 소의 뼈와 살을 발라낸다는 뜻입니다. 신기神技에 가까운 솜씨를 비유하거나 기술의 묘妙를 칭찬할 때 비유하여 이르는 말인데요. 한 자 한 자 풀어보면 이렇습니다.

庖: 부엌 포　丁: 사내 정　解: 풀 해　牛: 소 우

글자 그대로 포정(백정)이 소를 분해하고 해체한다는 의미입니다. 어쩌다 소 잡는 백정이 고사성어의 주인공이 된 것일까요? 외식업을 하겠다는 분뿐만 아니라 사업을 진행하려는 모든 분들에게 큰 도움이 될 만한 의미 있는 글이니 함께 봅시다.

> **포정이 문혜군文惠君을 위해 소를 잡은 일이 있었다. 그가 소에 손을 대고 어깨를 기울이고, 발로 짓누르고, 무릎을 구부려 칼을 움직이는 동작이 모두**

음률에 맞았다. 문혜군은 그 모습을 보고 감탄하여 "어찌하면 기술이 이런 경지에 이를 수가 있느냐?"라고 물었다. 포정은 칼을 놓고 다음과 같이 말했다.

"제가 반기는 것은 도道입니다. 손끝의 재주 따위보다야 우월합니다. 제가 처음 소를 잡을 때는 소만 보여 손을 댈 수 없었으나, 3년이 지나자 어느새 소의 온 모습은 눈에 띄지 않게 되었습니다. 요즘 저는 정신으로 소를 대하지 눈으로 보지는 않습니다. 눈의 작용이 멎으니 정신의 자연스러운 작용만 남습니다. 그러면 천리天理를 따라 쇠가죽과 고기, 살과 뼈 사이의 커다란 틈새와 빈 곳에 칼을 놀리고 움직여 소의 몸이 생긴 그대로 따라갑니다. 그 기술의 미묘함 덕분에 아직 한 번도 칼질을 실수하여 살이나 뼈를 다치게 한 적이 없습니다. 솜씨 좋은 소잡이가 1년만에 칼을 바꾸는 것은 살을 가르기 때문입니다. 평범한 보통 소잡이는 달마다 칼을 바꾸는데, 이는 무리하게 뼈를 가르기 때문입니다. 그렇지만 제 칼은 19년이나 되어 수천 마리의 소를 잡았어도 칼날은 방금 숫돌에 간 것과 같습니다. 저 뼈마디에는 틈새가 있고 칼날에는 두께가 없습니다. 두께 없는 것을 틈새에 넣으니, 널찍하여 칼날을 움직이는 데도 여유가 있습니다. 그러니까 19년이 되었어도 칼날이 방금 숫돌에 간 것과 같습니다. 하지만 근육과 뼈가 엉긴 곳에 이를 때마다 저는 그 일의 어려움을 알기 때문에 두려워하고 경계하며 천천히 손을 움직여서 칼의 움직임을 아주 미묘하게 합니다. 살이 뼈에서 털썩하고 떨어지는 소리가 마치 흙덩이가 땅에 떨어지는 것 같습니다. 칼을 든 채 일어나서 둘레를 살펴보며 머뭇거리다가 흐뭇해져 칼을 씻어 챙겨 넣습니다."

(〈두산백과〉 참조)

허구한 날 칼을 갈아치우는 대부분의 백정과 달리 포정은 수천 마리의 소를 잡으면서 단 한 자루의 칼만 사용했습니다. 뼈와 살 그리고 칼을 완벽하게 이해한 덕분입니다.

동서고금을 막론하고 완벽하면 주위에서 감동합니다. 감동한 이는 이 사실을 지인들에게 알리고 싶어 안달이 납니다. 반대로 디테일이 살지 않으면 고객은 절대로 감동하지 않습니다.

행인을 손님으로 만들기 위해서는 대담함과 용기가 필요하고,
손님을 단골로 만들기 위해서는 섬세함과 배려가 필요합니다.

'밥장사나 한번 해볼까?' 하고 맹목적으로 덤비는 사람들이 많습니다. 안타깝고 안쓰러워 죽겠습니다. 밥장사는 아무나 하는 게 아닙니다. 천재가 하는 겁니다. 종합 예술인이 아니면 성공하기 쉽지 않습니다. 준비도 없이 무턱대고 덤비면 3년 안에 쪽박 차고 전 재산을 날리게 됩니다. 그러니 성공하고 싶다면 1등이 되세요. 본인이 결정한 아이템의 맛이 적당해서는 어림도 없습니다. 남들과 비교도 안 될 정도로 뛰어나고 중독성이 강해야 합니다. 세상은 너무 빨리 변합니다. 그 변화 속에서 고객의 뇌리에 각인되려면 포정 같은 절대 고수가 되어야 합니다. 매일매일 부러움과 시기 속에서 살아가는 하수일수록 이런 소리를 많이 합니다.

"처음에는 장사가 꽤 잘됐었는데…."

지금 안된다는 소리는 여러분의 음식은 고객이 좋아하는 맛이 아니라는 뜻입니다. 그래서 오지 않는 겁니다. 딱 한 번 맛을 보고 오지 않는다는 건 딱 한 번만 먹을 가치가 있다는 말입니다. 누가 아무리 강요해도 두 번 먹고 싶지 않은 맛을 내고 있으니 손님이 발길을 끊는 겁니다. 포정처럼 고객의 마음을 읽어야 합니다.

"맛있다고들 하던데…."

빈말입니다. 정말 맛난 음식을 입에 넣으면 웃음이 나오고 눈이 감깁니다. 그리고 사랑하는 사람을 데리고 다시 오고 싶어집니다. 손님들 중 몇몇이 맛있다고 던진 인사치레에 감동해 성장이 멈춘 꼴입니다. 연구하고 또 연구해야 하거늘 가벼운 칭찬 몇 마디에 만족해 자멸해버린 꼴입니다. 사필귀미事必歸味. 모든 건 맛으로 귀결됩니다. 맛이 없는 것에 대해서는 아무리 관대한 사람도 너그럽지 않습니다. 그래서 준비 기간이 중요한 겁니다. 전국의 맛집을 돌고, 비교 분석하고, 정답을 만들어야 합니다.

대한민국 자영업계에 길이 남을 포정이 되고 싶으세요? 그럼 대상을 잘 알아야 합니다. 여러분에게 돈을 지불할 사람들이 어떤 것을 보고 싶어 하는지, 어떤 소리를 듣고 싶어 하는지, 또 수많은 향 중에 제일 마음에 들어 하는 건 무엇인지, 과연 어떤 질감과 촉감을 좋아하는지, 무슨 맛을 정말로 원하는지…. 고객을 명확하게 파악해야 헛

손질하지 않고 예리하게 재단할 수 있습니다.

우선, 여러분이 그토록 간절히 원하는 고객은 아름다운 걸 원합니다.

'아름다운'이라는 수식어 안에 어떤 의미가 숨어 있는지 아세요? 그건 바로 노동력입니다. 한 번이라도 손이 더 가면 고객은 그 노력을 인정합니다. 그만큼 공이 들어 있구나 하고 고개를 숙입니다. 후투루 마투루 적당히 대충 담아준 비주얼을 보고 감탄할 인자한 고객은 많지 않습니다. 그 어떤 상품을 만들더라도 제발 단서를 남겨주세요. '정말 손이 많이 간 작품이다. 경쟁자들의 그것과는 비교도 하지 말아라.'라고요.

청각으로 넘어가 볼까요? "소리야 '보글보글', '지글지글', '치이이익'이 전부 아닌가요?" 이런 안이한 생각을 하시는 분도 계실 겁니다. 얼마 남지 않은 분들이세요. 소리는 오래도록 기억 속에 자리합니다. '띵동' 벨소리 대신 "이리 오너라~" 변화를 주면 박장대소를 합니다.

이렇게 달려간 테이블에서 직원이 "네 마님." 하고 대답을 하면 뒤집어집니다. 매장 가득 화초가 넘쳐난다면 이제 소리 양념을 집어넣을 차례입니다. 앞에서 설명드린 것처럼 조그만 스피커를 하나 숨겨두고 시냇물 소리, 숲 소리, 바람 소리를 틀어주세요. 작은 차이가 명품을 만든다, 삼성 광고에서 배웠잖아요.

세 번째, 후각입니다. "에이 고깃집도 아닌데… 빈대떡집도 아닌데… 어떻게 그냥 밥집에서 사람 홀리는 향을 만들어요?" 주로 공개 강연에서 이런 반응이 많습니다. 쌀을 바꾸세요. 향미로. 예전에 어머니가 해주시던 그 향이 나는 쌀로 바꿔보세요. 그리고 아무도 말리지 않으니 매장에 기름 짜는 기계도 좀 마련하시고요. 정말 강한 건 고객에게 이렇게 가르쳐 주는 겁니다. "저희 집 비빔밥은 향부터 맡고 드시는 거예요. 얼마나 신선한지 바로 느낄 수 있다니까요." 치매에 걸려 자식의 이름은 기억 못해도 밥 짓는 냄새는 잊지 못한다고 합니다. 향으로 고객의 뇌를 다스리세요.

미각은 간단합니다. 누구나 예측할 수 있는 식감에 정반대의 식감 하나만 더해주세요. 스프에 띄워주는 크루통을 생각하시면 쉽습니다. 보드라움 속에 바스락. 여러분 메뉴가 쫄깃하다면 아삭한 식감의 재료를 추가하시고, 폭신하다면 와그작 씹히는 브레드 스틱 같은 녀석을 투입하시고, 촉촉하다면 약간 단단한 녀석을 결합시켜 리듬감을 만들어 주세요.

촉각, 무슨 말이 필요하겠습니까? 99%가 숟가락과 젓가락 혹은 포크와 나이프를 사용하게 합니다. 그러니 여러분은 손으로 먹을 수 있는 비밀 병기를 만들어 주세요. 목살을 조미김에 싸 먹고, 양갈비를 또르띠아에 싸서 먹고, 찌개 건더기도 쌈채소에 싸 먹게 만들어 보세요. 절대 잊지 못할 겁니다.

브랜딩, 그거 안 어렵습니다. 김치찌개 생각하는데 여러분 브랜드가 떠오르고, 삼겹살 소리만 들으면 다른 어떤 브랜드보다 여러분이 먼저 떠오르게 만들면 됩니다. 그러니 복잡하게 생각하지 마시고 감각 하나하나를 건드릴 때 포정의 칼만 생각하시죠. 뼈와 살을 분리하듯 여러분 브랜드와 다른 브랜드를 명확하게 갈라주세요. 그리고 예리하고 날카롭게 고객의 뇌 속에 여러분 브랜드와 상품을 각인시키자고요.

KICK!

"이 정도면 됐어!"
도대체 대한민국 외식업 대표들이 가장 좋아한다는 '이 정도'는 누가 결정한 것일까요? 정부가 정한 가이드라인이라도 있는 걸까요? 아마도 친인척들과 가까운 지인들이 '그 정도'를 만들었을 가능성이 큽니다. 의미 없는 칭찬에 춤을 추니 고객이 등을 돌리는 겁니다. 그 정도에서 만족했으니 고객이 딱 그 정도만 방문하는 겁니다. 이것만 기억하세요.
밥장사는 첫째도 맛, 둘째도 맛, 셋째도 맛입니다.
그것도 내가 좋아하는 맛이 아니라 고객 최대 다수가 최대 행복을 느낄 수 있는 맛.

고객은 눈에 보이는 것만 믿는다

여러분은 '강남'이라는 단어를 들으면 가장 먼저 무엇이 떠오르시나요? 화려함? 유행? 성형외과? 다른 분야는 모르겠으나 외식업에서 강남이라는 수식어는 좀 무겁게 느껴집니다. 일단 강남 하면 임대료가 비싸다는 인식이 있습니다. 그래서 같은 음식도 1,000원에서 2,000원 더 지불해야 하는 일이 많습니다. 그런데도 강남에 거주하는 사람들은 참 먹을 거 없다는 소리를 밥먹듯이 합니다. 인테리어며 분위기며 번지르르한데 혀를 깨물 정도의 맛집은 없다고 입을 모아 말합니다. 왜 이런 오해를 받는 걸까요?

이유를 알기 위해 구조를 좀 분석해 볼 필요가 있겠습니다. 일단 인건비가 비쌉니다. 강북에 비해 강남은 적게는 5%에서 많게는 10%까지 인건비를 더 지불해야 합니다. 직원, 알바, 주차 요원, 배달 인력……. 식재료도 마찬가지입니다. 가락동 농산물 시장을 직접 다니는 게 아니라면 식재료 유통 업체에 얼마간의 추가 지불을 해야 원자재를 납품받을 수 있습니다. 인건비에서 불거진 원가가 식재료에까지 옮겨간 겁니다. 당연히 식당의 원가율도 높아집니다. 소비자 가격이 더 비싸지는 이유입니다. 그러다 보니 강남에서 '가성비 좋은 집'이라고 하면 소문은 삽시간에 퍼집니다.

아이러니하게도 강남에서 가성비를 살리려면 쓸데없는 투자를 없애야 합니다. 인테리어도 최소화, 비품이나 집기류도 최저화, 메뉴도 직원의 손이 많이 가지 않게 고객이 직접 조리하는 스타일로 설계해야 가성비가 살아납니다. 재미있는 사실은 이리 조각을 맞추면 강북 스타일이 된다는 겁니다. 아파트 지하상가의 문어집도, 자동차 정비소를 개조한 포장마차도, 7호선, 9호선 뒷골목의 대폿집들도 거의 강북 스타일입니다.

지방에서 한 획을 그은 외식 사업가들이 강남에 대한 환상을 가지고 올라오는 일이 많아졌습니다. 그리고 뭔가 강남스러운 분위기를 쫓아가려 애를 씁니다. 슬픈 현실이지만 '이게 아니구나' 하는 답을 구하는 데에는 그리 오랜 시간이 걸리지 않습니다. 그리고 후회에 차 볼멘소리를 늘어놓게 됩니다.

"에이~ 그냥 대구 스타일로 밀어붙일걸…."

"아따. 눈에 뭐시 씌었는갑소. 광주서 하던 거 맹키로 했시야 거시기 했을 건디…."

하지만 때는 늦었습니다. 비싼 돈 들인 인테리어를 때려 부수고 다시 할 수도 없는 일입니다. 아무튼 우리 시대 강남은 이런 딜레마를 품고 있습니다.

양재 시민의 숲 근처에는 보기 드물게 가성비 좋은 중식당이 하나 있습니다. 가게 입구에 걸려 있는 홍등이 가벼운 설렘을 만들어 줍니다. 문을 열고 들어가는 것이 마치 국경을 넘는 기분입니다. 분위기가 확 달라집니다. 공기 중에 고기와 간장의 향이 스멀스멀 퍼져 있습니다. 모름지기 딤섬집은 이래야 자격이 있습니다. SBS 〈생활의 달인〉 프로그램에 나온 뒤 손님이 부쩍 늘었습니다. 줄 서는 게 싫어 미리 확인 전화를 하는 게 습관이 되었습니다. 자리를 안내받고 차를 한 잔 홀짝입니다. 손에는 두툼한 가죽으로 만든 메뉴판이 들려 있습니다. 앞의 2~3개 면을 차지하고 있는 화려한 요리들은 패스! 이 집에선 딤섬이면 족합니다.

일단 쇼마이(새우, 돼지고기, 날치알), 쥬차이죠(새우, 부추), 츠죠유(샤스핀, 새우), 시그니처 딤섬인 브루스리(새우, 쌀전병 말이), 샤오룽빠오(육즙이 들어있는 만두)를 주문합니다. 7,000원에서 10,000원 사이의 가격이 아주 마음에 듭니다. 호기롭게 따뜻한 자스민 차를 요구합니다. 손가락을 또각또각 꺾으면서 실내를 둘러봅니다. 재미난 사진들이 많이 걸려 있습니다.

태연하게 물담배를 빨고 있는 가운데 가르마 여인, 수를 놓고 있는 촌로, 변발을 한 어르신의 뒷머리를 따고 있는 총각, 〈패왕별희〉에 나올 법한 무대 의상을 갖춰 입고 기념사진을 찍은 배우들……. 시선을 수평 이동시켜 옆벽에 걸린 사진에 초점을 맞춥니다. 말을 타고 있는 주인과 종으로 보이는 사내, 상해의 주택가 뒷골목으로 보이는 풍경 사진, 형님 먼저 아우 먼저 하듯 허리를 숙이고 인사를 나누는 두 총각……. 딤섬이 나오기까지의 시간을 사진 감상으로 보냅니다. 중국 본토의 식당은 아니지만 분위기는 충분히 젖어 있습니다. 마치 청나라 말기의 한량이 된 듯한 기분입니다. 중국어를 사용하는 종업원들이 저의 흥을 더합니다.

"콰이 콰이 츠죠유."

뭔 소린지 모르겠지만 먹기도 전에 최면에 걸립니다. 그래, 난 오늘 제대로 된 딤섬을 먹을 수 있는 거야. 테이블에 쭉 깔린 대나무 찜통들을 바라봅니다. 틀림없는 중국식 딤섬입니다. 물론 한국식 뷔페 레스토랑에 깔린 찜통 속 만두와 한통속일지도 모릅니다. 하지만 이미 나는 최면에 걸린 상태. 항저우나 쑤저우의 유명 딤섬집에 와 있다는 착각에서 빠져나오기 싫습니다. 조심스레 딤섬 하나를 들어 입으로 옮깁니다. 뜨끈한 열기와 육즙이 혀를 적십니다. 음~ 절로 탄성이 새어나옵니다. '중국스러운' 향신 간장이 추임새를 넣습니다. 좋다. 아주 좋다. 다시 흑백 사진 속의 사내와 여인에게 말을 겁니다.

"니하오~ 니 츠팔로마?"(안녕, 밥 먹었니?)

이쯤 되면 손님의 생각은 좁혀지기 마련입니다.

1. 정통 스타일의 딤섬일 거야.

2. 주인장이 감각이 있네.

3. 세상에! 중국에서 물 건너온 스텝들이 만든 딤섬을 이리도 착한 가격에.

4. 짜사이, 간장, 소스……. 어느 것 하나 본토스럽지 않은 게 없네.

5. 이러니 손님이 많을 수밖에.

그깟 흑백 사진. 인터넷 어디서나 구입할 수 있다는 사실을 전 알고 있습니다. 북경의 골동품 거리 '유리창' 아무 곳에서나 손에 넣을 수 있는 복사품이란 사실도 압니다. 이 간단한 이미지 몇 장을 업장에 걸면 손님 스스로 최면을 건다는 사실은 더더욱 잘 압니다.

그런데 외식업주들은 사진을 거는 데 인색합니다. 잘 생각해 보세요. 당신의 단골집에는 사진이 걸려 있는지. 인테리어를 훼손한다고 생각하는지 아무리 추천해도 사진 거는 것을 망설입니다. 하지만 고객은 보이는 것만 믿습니다. 오픈 주방을 만드는 것도 TV 프로그램에 출연한 동영상을 반복적으로 틀어놓는 것도 다 고객을 설득하기 위함입니다.

인간은 판단을 위해 모든 정보를 수집합니다. 테이블의 위생 상태, 소스통의 정리 정돈, 접시 위에 담긴 요리의 플레이팅, 심지어 만두를 반만 베어 물고 내용물을 확인합니다. 지불하는 가격 대비 최고의 효용을 빼내기 위해 뇌에서는 끊임없이 칼로리를 소모합니다. 그

영주 두부마을에 들어서면 인테리어만 보고도 맛있을 것 같은 예감이 듭니다.

래서 연관이 있는 이미지를 거는 건 굉장히 중요합니다.

영주에 대한민국 10대 두부요리 전문점이 있습니다. 영주 두부마을. 매장 안은 온통 맛을 유도하는 장치들로 가득합니다. 전국 최초 홍삼 두부요리 전문점, 경상북도 지정 으뜸 음식점, 식품의약품안전처 음식점 위생 등급제 매우 우수 지정 업소, 1등급 부석태 포대, 매장을 분주히 오가는 서빙 로봇, 30년이 넘는 시간 동안 고이 모셔온 고가구들, 영주의 역사를 한눈에 볼 수 있는 포토월, 유명 자영업 교육 과정을 이수했다는 수료패들…….

이 집을 찾는 손님들은 다들 이런 생각을 합니다.

'주인장이 정말 깐깐한 모양이구만.'

이 선입견은 뇌로 연결됩니다.

1. 주인장이 대단히 꼼꼼한 스타일일 거야.

2. 두부에 대한 프라이드가 대단하구만.

3. 직접 만드는 두부와 청국장이라니 조미료가 따로 필요 없겠어.

4. 많이 배운 것 같은 주인장이니 훨씬 푸짐하고 맛있을 거야.

5. 전문점 맞고만!

벽이 온통 콘텐츠로 도배되어 있습니다. 포토월에 걸려 있는 액자 속 사장님의 얼굴이 당당합니다. 반복하지만 뇌는 직접 보고 확인한 것만 믿습니다. 그러나 대부분의 업주들은 이 사실을 잘 모릅니다. 산지에서 염전에서 어판장에서 사진 찍고, 산지 농부와 촬영한 사진을 붙이라고 해답을 가르쳐 줘도 하지 않습니다. 답답한 일입니다. 대신 달랑 '국내산', '여수산', '통영산'이라고만 적습니다. 그러니 고객이 믿지 않는 겁니다. 원산지 표기나 이력제는 글로 하면 소용이 없습니다. 주인이 직접 발로 뛴다는 사실을 적극적으로 보여줘야 합니다.

아무리 좋은 재료를 사용하고 정성껏 음식을 만들어도 알리지 않으면 소용없습니다. '지성이면 감천이겠지' 하고 마냥 기다리고만 있으면 나만 손해 보는 세상입니다. 목숨 걸고 내 음식을 알려도 잘될까

말까 한 세상, 제발 고객이 넘어올 수 있게 사방팔방에 덫을 칩시다!

인테리어뿐만 아니라 조리하는 과정까지도
고객의 눈앞에 직접 펼쳐 보여줍시다.

KICK!

제주 농장에서 성산일출봉을 배경으로 당근이나 감자 사진을 찍어도 좋고, 대관령 고랭지에서 배추를 뽑는 모습도 좋습니다. 무안에서 낙지 잡고, 여수에서 홍합 건지고, 대천에서 굴 따고….

단, 돼지나 소의 살아있는 모습을 보여주는 건 바보 같은 선택입니다. 선한 눈을 가진 소를 보면서 등심을 구워 먹는 게 여간 거시기한 게 아니거든요.

고객을 조급하게 만드세요

감자 좋아하세요? 현대인에게 없어서는 안 될 식재료 중 하나가 감자라고 생각합니다. 우리 일상에서 감자가 사라진다면 햄버거집이 큰 곤란을 겪을 테고, 등산로 입구에 있는 전집들에서는 반란이 일어날지도 모릅니다. 고속도로 휴게소는 설 의미가 없어지고, 빵집에서는 크로켓이라는 메뉴 자체가 사라질 것이며 회오리 감자 기계들이 당근마켓을 도배하게 될 겁니다. 그런데 18세기만 해도 감자는 아주 천덕꾸러기였습니다. 특히 독일에서는요.

18세기 군주 프리드리히 2세를 아시는지요? 참으로 백성을 아낀 왕으로 유명합니다. 그는 기근에 시달리는 민초들을 위해 어떻게든 감자를 먹이고 싶어 했습니다. 감자가 있다면 밀 흉작으로 빵 공급이 달려도 보릿고개를 넘길 수 있다고 판단했거든요. 그런데 아주 큰 장애물이 있었습니다. 농부도 백성도 감자를 지독하게 싫어했던 겁니다. 별의별 핑계를 대며 감자 경작을 요리조리 피해 나갔습니다. 감자는 성경에 나오지 않는다. 그러니 먹을 수 있는 식재료가 아니다.

모양이 이상하다. 꼭 악마의 뿌리 같다…. 당근과 채찍을 다 동원해도 감자 경작이 이루어지지 않자 왕은 자신의 측근과 묘수를 생각해냈습니다. 한마디로 비상 대책 마케팅 회의를 가졌던 겁니다.

"왕족의 일원이거나 왕의 허가를 득한 자만이 감자를 먹을 수 있다."

기피의 대상이었던 천덕꾸러기 감자를 근접조차 하기 어려운 대상으로 만들어 놓자 '청개구리'들이 몰려들기 시작했습니다. 왕은 왕실 감자밭에 경비병을 배치하고 의도적으로 틈을 보였습니다. 호기심 많은 백성들이 훔쳐갈 수 있도록 말이죠.

산전, 수전, 공중전, 심리전까지 마스터한 프리드리히 2세의 감자 보급 전략처럼 여러분도 얼마든지 상품을 희소하게 만들 수 있습니다. 희소성은 마약입니다. 없다면 더 가지고 싶어집니다. '아주 특별한 대상들만이 누릴 수 있는'이라는 설명을 붙이면 가지고 싶고 사고 싶어 난리가 납니다. 이것이 바로 한정 판매의 마법같은 힘입니다. 기억들 하시죠? 코로나 이전만 해도 백화점 명품 매장들은 언제나 들어갈 수 있는 곳이었습니다. 하지만 지금은 소위 '오픈런'이라고, 매장 오픈 전 웨이팅까지 해야 겨우 들어갈 수 있을 정도로 입장객 수를 제한했습니다. 언제든 문 열어놓고 들어오라고 할 때는 별 관심이 없다가 소수만이 그 혜택을 누릴 수 있다고 하니 더 가고 싶어집니다.

자, 희소해지려면 몇 가지 조건을 갖추어야 합니다.

1. 언제 어디서나 살 수 있으면 안 된다.

2. 비슷한 상품이 많으면 안 된다.

3. 수량 한정, 기간 한정, 시간 한정, 회수 한정이어야 한다.

이 특급 비밀을 모르니 너도나도 비슷한 상품을 만들고 파는 겁니다. 사람들을 중독시키고 싶다면 상품과 서비스의

이름을 바꾸고,
구성을 새롭게 만들고,
한정판임을 밝히세요.

사겹살 + 트러플소금 세트 **하루 20세트 한정 판매**

단, 시간이 흘러가고 있음을, 숫자가 줄어들고 있음을 반드시 고지하셔야 합니다.

~~10~~ ~~9~~ ~~8~~ ~~7~~ ~~6~~ ~~5~~ ~~4~~ 3 2 1

주문이 들어올 때마다 딸랑딸랑 작은 핸드벨을 흔들어 주고 잘 보이는 곳에 설치한 칠판에서 숫자를 하나씩 지워주세요. 그래야 조급해집니다. 10개 있을 때는 잘 몰라도 서너 개로 줄어들기 시작하면 웅성웅성댑니다.

"뭐야. 뭔데 저렇게 인기가 많아. 우리도 하나 시켜볼까?"

프리드리히 2세의 지혜를 엽고 아무나 살 수 없는 한정판 상품을 만들어 보세요. '돈이면(언제든 어디서든 구매가) 다 되는 줄 아는' 고객의 자유의지를 꺾으면 반발심이 생기게 마련입니다.

"두고 봐. 언젠간 먹고 말테닷."

가격은 수식어에 달려 있다

수식어 [명사]

1. 뒤에 오는 말을 수식하거나 한정하기 위하여 첨가하는 관형사와 부사를 통틀어 이르는 말. 활용은 하지 않는다.

2. 표현을 아름답고 강렬하게 또는 명확하게 하기 위하여 꾸미는 말.

자영업 오너들 중 85% 정도는 가격표에 적는 상품명을 일반명사로 사용합니다. 누구나 사용하고 있는 보통의 그 명사 말입니다. 전 이 점이 가장 마음에 걸립니다. 김유진이 만든 건데… 이순복이 만든 건데… 차재영이 만든 건데… 그저 삼겹살, 떡볶이, 라면, 모둠전, 김치찌개, 사우나, 헤어커트……. 이렇게만 적습니다. 단순 명료해서 좋긴 합니다. 그런데 고객은 이런 평범한 명사를 만나면 이렇게 생각합니다.

그냥 삼겹살이구나.

그냥 라면이구나.

그냥 사우나구나.

상품명이 같은 걸 보니 별다른 차이를 기대하기는 어렵겠구나.

언제 어디서나 만날 수 있는 그저 그런 상품으로 평가를 내립니다. 이 얼마나 안타까운 일입니까! 여러분은 여러분이 생각하는 것보다 훨씬 더 소중하고 아름답습니다. 이런 귀한 존재들이 만든 작품을 그깟 일반명사 하나에 덜렁 맡긴다는 게 말이나 됩니까!

대부분의 소비자들이 입에 달고 사는 말이 있습니다.

식사를 할 때는 "뭐 좀 맛있는 거 없을까?"

선물을 고를 때는 "좀 특이하고 특별한 선물 없을까?"

중요한 약속을 할 때는 "깜짝 놀랄 만한 장소 없을까?"

언제 어디서나 "스페셜한 무언가가 있으면 좋겠어."

고객들의 이런 간절한 희망과 욕구를 외면한 채 무미건조한 '그냥'을 제안하다 보니 고객이 망설이는 겁니다. 특별함을 원하는 고객에게 단 1%도 특별하지 않은 제품을 제안하고 추천하니 외면당하는 겁니다. 정답은 아주 간단합니다.

다르면 각별해집니다.

그래서 수식어의 역할이 중요합니다. 모두가 뭔가 특별하다고 느끼게 만들려면 이제껏 사용한 적이 없는 수식어를 데리고 와야 한다는 사실.

24cm 삼겹살

데쳐서 기름 뺀 라면

쌈 싸 먹는 김치찌개

이 상품명들을 들었을 때, 첫 느낌이 어떠세요? 보통은 아니구나 싶을 겁니다. 이런 결정을 내리고 작품을 만든 '사장의 생각'에 대해 '생각'하게 됩니다. "디테일한 사람이구나. 이야, 이거 궁금해지는데…." 이런 반응이 있어야 먹으러, 사러, 쓰러 옵니다. 기왕이면 그저 그런 수식어 말고 상품의 가치가 극대화되는 수식어를 찾기. 그러면 그 표현이 오롯이 나만의 것이 된다는 것, 잊지 마세요. 경쟁자보다 더 높은 가격을 받으면서도 고객들에게 더 많은 인기를 얻고 싶다면, 답은 수식어입니다.

육류 명장이 설계한 24cm 삼겹살

다이어트하는 분들을 위해 한 번 데쳐서 기름 뺀 라면

스마트농법으로 기른 쌈채소로 싸 먹는 김치찌개

KICK!

등심을 팔기 시작합니다. 시간이 지남에 따라 너나 할 것 없이 등심을 팝니다. 한 사람은 '아차' 싶어 고민에 들어가고 나머지 한 사람은 오늘도 열심히 등심을 팝니다. 고민 끝에 마침내 각성한 주인장은 뭔가 특별한 표현을 찾습니다.

"다 똑같은 취급당하기 싫어. 자존심이 허락을 안 해."

등심을 뚫어지게 쳐다보고 있자니 뭔가 눈 같기도 하고 꽃 같기도 하고 그렇습니다. 목구멍까지 단어가 차오르는데 입에서 표현이 맴맴 돕니다. 눈과 꽃이라… 눈꽃등심? 아니다. 좀 더 고급스럽고 비싸 보이게 한문을 쓰자. 눈은 설, 꽃은 화. 이렇게 탄생한 게 설화등심입니다. 그냥 등심과는 차원이 다르죠? 가격도 가격이지만 처음 이 작품을 만든 아티스트는 이런 생각을 하게 됩니다. 그래. 내가 설화등심이라는 단어를 만들었는데 기왕이면 완벽하게 인정받을 수 있게 더 눈꽃처럼 보이게 만들어야겠어. 이 각오가 변화와 발전 그리고 진화를 만들어 냅니다. 최초의 개발자답게 그 자격을 갖추고 싶어 합니다. 눈꽃이 더욱 빛을 발할 수 있게 가격표에 적는 폰트도 뭔가 보드랍고 폭신한 느낌을 찾게 됩니다. 어디 폰트뿐이겠습니까. 그릇, 수저, 찬, 불판, 숯, 컵, 깔지, 소금……. 어떻게 하면 더욱 눈꽃이 대접받을 수 있을까 끊임없이 노력하게 됩니다.

자, 지금 여러분의 상품과 서비스를 뚫어지게 쳐다보세요. 어떤 속성과 특성이 있을까? 어떤 포인트를 뽑아내면 더 근사한 수식어를 붙일 수 있을까? 1차 추출에 성공했다면 그 자격에 걸맞게 나머지 요소들을 꽉꽉 채워주세요. 그러면 특별해집니다. 유일무이 대체 불가의 작품이 만들어집니다. 자, 주저하지 말고 돋보기를 들이대 보세요.

보면 보입니다.

戰

전략 4
가치 강화

略

감동을 주는 디테일이 살아남는다

저희는 주문과 동시에 밥을 짓습니다

밥솥을 인테리어 소품으로 쓰는 매장이 제법 많습니다. 주로 쌈밥집이나 중저가형 한식뷔페에서 볼 수 있습니다. 갓 지은 밥이라는 이미지를 부각시키고 싶어 이런 콘셉트를 만듭니다. 그리고 공격적으로 밥솥을 진열합니다. 적게는 5개에서 많게는 20개까지, 경쟁이라도 벌이듯 맹렬히 늘어놓고 있습니다. 고객의 눈을 사로잡기에 충분합니다. 그저 스테인리스 공기에 담긴 밥을 받던 손님이 받는 충격은 아주 큽니다. 매장 한 켠에선 칙칙칙~ 압력솥 춤추는 소리가 가득합니다.

일반적으로 소음은 미각을 둔화시키기 마련인데 밥솥만큼은 예외입니다. 특히 배고픈 손님들에게 이 소리는 간절한 희망이 담긴 음악입니다. 청각이 자극을 받으면 뇌가 지시를 내립니다. 후각을 동원해 발원점을 찾고 밥솥을 발견하면 빙긋 웃게 만듭니다. 주인장이 내가 발견한 밥솥에서 밥을 퍼주면 100점 만점에 200점, 미리 밥을 퍼놓았어도 100점. 사람들은 맛있다고 느낍니다.

밥 짓는 소리와 구수한 밥 내음, 푸근한 김이 가득해지면 고객은 자연스레 믿음을 갖게 되고, 맛있다고 느낍니다. (대구 돈모닝)

국내 창업 전문가 중 한 명이 자신의 아이디어라고 주장했습니다만, 사실 이 아이디어는 일본의 박물관에서 시작되었습니다. 전국에 걸쳐 밥과 쌀에 대한 크고 작은 박물관들이 많다 보니 이런 진열 아이디어가 나온 겁니다. 열도에서 재배된 쌀들과 물 그리고 밥솥을 큐레이션하는 과정에서 등장한 매력적인 비주얼입니다. 좋은 아이디어를 얻었으면 2배, 3배 더 매력 있게 진열하고 활용해 주세요.

모든 아이디어는 진일보해야 의미가 있습니다. 그런 의미에서 제 회사 소속 브랜드 몇 곳에 진화된 아이디어를 이식했습니다. 고객에게 주문을 받으면 밥솥을 테이블이나 룸에 넣어주라고요. 물론 일반 밥집에서는 무리입니다. 5~6분도 버티지 못하고 재촉하는 메뉴에는 적합하지 않습니다. 단, 찬이 미리 깔리는 집에서는 고려해 볼 만합니다. 고깃집이나 매운탕 전문점 등이 이에 해당합니다. 고객에게 주문을 받을 때 미리 묻는 겁니다.

"식사는 몇 인분이나 준비해 놓을까요?"

왜 벌써 밥 주문을 받느냐고 갸우뚱할 분이 많을 겁니다. 그럼 나지막이 설명합시다.

"저희는 주문과 동시에 밥을 짓습니다."

이윽고 숯불과 찬 그리고 밥솥을 대령합니다. 99.9%는 놀랍니다. 그리고 감동합니다. 카메라를 꺼내 사진을 찍습니다. 대접받는 인상을 떨쳐버리기 어렵습니다. 재미도 있고요. 그리고 맛있는 소음이 커뮤니케이션의 양을 늘려줍니다. 이야깃거리가 늘면 분위기는 화기애애해집니다. 10여 분이 지나자 밥솥의 추가 몸을 부르르 떱니다. 칙칙칙~ 압력이 빠지고 밥 내음이 안개처럼 테이블을 뒤덮으면 뇌는 속삭입니다.

"조금만 기다려. 세상에서 가장 맛있는 밥을 먹게 될 거야."

감동의 시작입니다.

밥솥 뚜껑을 여는 손놀림이 경쾌합니다. 김이 얼굴을 덮칩니다. 빰이 금세 촉촉해집니다. 기름이 좌르르 흐르는 백미가 빙그레 웃으며 반깁니다. 요 대목에서 안 넘어갈 손님이 있을까요? 갓 지은 흰 쌀밥 위에 돼지갈비 한 점을 올려서 먹어보지 않은 사람이라면 인생을 논할 자격이 없다고 생각합니다.

밥 한 그릇이라도 허투루 대접하지 않는다는 건 바로 이런 겁니다. 이제는 좋은 고기, 좋은 쌀을 쓰는 정도로는 부족한 시대가 되어버렸습니다. 전투적으로 보여줘야 합니다. 그래야 고객과의 심리전에서 승리할 수 있습니다.

KICK!

여기서 한발 더 나아가려면 업소용 소형 도정기를 가져다 놓으면 됩니다. 쌀포대도 좀 쌓아놓고요.
이만한 시위는 없습니다. 이래도 고객이 안 넘어오면 그 양반이 이상한 겁니다. 전국 대회에서 몇 차례 수상한, 이력까지 빵빵한 쌀을 매일매일 도정한다고 붙이고 손님이 주문하는 즉시 밥솥을 가져다 주면 모두 다 기절초풍할 겁니다. 기억하세요. 아이디어는 진일보해야 돋보이고 존경받습니다.

맛을 바꾸는 높이 4cm

이번 장에서는 1,000원으로 10,000,000원 버는 노하우를 알려드리겠습니다. 우선 사전을 꺼내 단어 하나를 찾아봅시다.

들여다보다 [동사]

1. 밖에서 안을 보다.

2. 가까이서 자세히 살피다.

3. 어디에 들러서 보다.

외식업 관련 사업가들이 눈여겨보아야 할 내용은 두 번째 뜻 "가까이서 자세히 살피다."일 겁니다. 들여다보는 대상은 가까이서 자세하게 살필 '가치'가 있는 것입니다. 보석이 그렇고, 미술 작품이 그렇고, 골동품이 그렇습니다. 귀한 물건을 만나면 우리는 자세히 살펴보게 됩니다. 궁금한 것, 소중한 것, 가치 있는 것들에 대해 끌리는 자연스러운 호기심입니다. 그 반대의 경우는 굳이 들여다볼 필요가 없습니다. 가치가 없고 가까이할 필요가 없는 것은 되도록이면 멀리서 보고 싶어 합니다. 아니면 아예 외면하거나요.

물리적으로 좀 풀어서 이야기해 보겠습니다. 가까이서 자세히 살피려면 우리의 눈을 피사체 쪽으로 가져가야 합니다. 그래야 세세하게 보입니다. 아니면 대상을 우리 눈 가까이로 끌어와야 합니다. 현대인은 '호모 포토쿠스'입니다(김유진이 만든 신조어니 사전을 뒤질 필요는 없습니다). 끊임없이 찍고, 확인하고, 올리고 검색합니다. 그래서 요리를 만나면 카메라나 스마트폰을 들이댑니다. 피사체와 가까워지고 싶어서입니다. 그래야 요리에 코를 박지 않더라도 들여다볼 수 있습니다. 이런 수고스러움을 덜어주면 고객은 감사해합니다. 강연 때마다 강조하는 멘트가 있습니다.

"주인이 편하면 고객이 고생하고,
주인이 고생하면 고객이 편하다."

• • •

더도 말고 덜도 말고 딱 4cm만 요리의 높이를 올려줍시다. 두툼한 나무도 좋고 묵직한 철판도 좋습니다. 이도 저도 마음에 안 들면 굽이 좀 있는 더 큰 접시를 밑에 깔아줘도 됩니다. 다이소에서 사오든 황학동 뒷골목을 뒤지든 상관없습니다. 젓가락이나 포크질을 하는 데 방해가 되지 않는 녀석이라면 어떤 것도 괜찮습니다. 고개를 숙이고 들이밀고 싶은 딱 그 정도 거리만 가깝게 만들어 주면 됩니다. 여기까지 읽었는데도 미심쩍어할 분들을 위해 사진 한 장을 선물합니다.

사람들은 왜 요리가 나오면 카메라를 가까이 들이대고 찍을까요? 딱 4cm만 요리의 높이를 올려 보세요. 맛의 차원이 달라질 겁니다. (한가람 본점)

왼쪽과 오른쪽의 요리는 접시도 같고, 메뉴도 같습니다. 단지 높이만 4cm 차이가 납니다. 단도직입적으로 물어보고 싶습니다.

"어느 쪽이 더 맛있어 보이세요?"

우리의 눈과 요리와의 초점거리가 가까워질수록

음식은 더 맛있어 보입니다.

높이에 더해 접시 색까지 변화를 준다면 어떨까요? 음식의 비주얼이 몇십 배는 상승합니다.

KICK!

누군가 저에게 브랜딩을 한마디로 정의해 보라고 한다면 저는 '유명해지기'라고 단호하게 이야기할 겁니다. 세계적으로 저명한 학자들의 책을 번역하는 과정에서 다들 좀 더 근사한 표현을 사용하고 싶어 합니다. 그러다 보니 한국어 번역이 복잡해졌습니다. 니즈needs, 원츠wants, 떠오르는 것, 떠오르게 하는 것……. 그래서 기억하고, 설명하고, 또 현실에 적용하기 쉽게 저만의 해석을 하곤 합니다. 그런 의미에서 저 김유진이 정의하는 브랜딩은 **유명해지기**입니다. 어떻게? 시각적으로, 청각적으로, 후각적으로, 미각적으로, 촉각적으로 아주 많이 유명해지기.

이러면 이해가 쉽습니다. 같은 고기인데 더 유명해지려면

1. **스치듯 보고도 잊히지 않아야 합니다.**
2. **사랑하는 사람들에게 소문을 내고 싶어 입이 근질근질해야 합니다.**

3. **보는 순간 스마트폰을 꺼내 촬영을 하고 싶어져야 합니다. 간직하고 공유하고 싶게요.**
4. **이 세상에 오직 하나만 있는 거면 더 좋습니다.**
5. **만약 비슷한 것들이 있다면 압도적으로 크거나, 길거나, 두껍거나, 얇거나, 아름다워야 합니다.**

4cm의 파급효과는 아주 컸습니다. 작은 시도를 성공으로 이끈 용감한 사장님들이 10cm, 20cm 올리고 세우기 시작했습니다. 서울 사대문 안에 가장 오래 사랑받고 있는 이탈리안 레스토랑 아지오는 새우튀김을 세웠습니다. 새우 비스큐 파스타. 종전과 동일한 재료로 요리를 내지만 고객들의 지불 의사는 훨씬 높아졌습니다. 덕분에 매출도 의미심장할 정도로 올랐고요. 생선튀김을 세운 이도 있습니다. 가자미튀김을 다이소에서 파는 바나나 걸이에 걸었는데 와우, 비주얼 장난 없습니다.

아차, 지난 6년간 만든 작품들을 설명해 드리느라 대작을 하나 깜빡했습니다. 김포 태백산에서 만나실 수 있는 '진또배기'입니다. 대한민국에서 가장 크게 테이블에 오르는 메뉴입니다. 가장 비싼 작품입니다. 방송과 신문, 잡지, 유튜브, 인스타그램, 페이스북 그리고 틱톡에까지 소개된 어마무시하게 '높이 세운' 고기입니다. 제가 뭐라고 했습니까? 세우면 온다니까요!

테이블 앞에서 고기를 쌓아 올리는 모습을 직접 확인할 수 있습니다.
세우세요. 세우면 가격도 매출도 이익도 곧추섭니다.

맛있는 인테리어는 음악으로 완성된다

지금은 문을 닫았지만 외식업의 격전지라고 불리는 홍대 서교호텔 뒤에 유명한 한식뷔페가 있었습니다. 단돈 6,000원에 25가지 반찬과 요리를 즐길 수 있는 밥집. 삽시간에 소문이 퍼졌습니다. 주위의 출판사 직원들과 샐러리맨들이 주로 애용했습니다. 참새가 방앗간 드나들듯 이 집 문턱을 넘었습니다.

11시 30분을 가리키는 분침과 함께 만석이 되었습니다. 삼삼오오 들이닥친 손님들은 몸을 날려 자리를 잡고 휴대폰으로 영역 표시를 한 다음 밥통으로 향합니다. 담는 밥의 양을 보면 이 집 단골인지 아닌지 구분이 가능합니다. 육류에 생선, 튀김, 조림, 구이, 무침, 쌈채소, 잔치국수……. 레퍼토리를 꿰고 있는 이들은 절대 밥을 많이 담는 법이 없습니다. 반 주걱 정도의 밥을 담고 나물 4종, 소시지, 탕수육, 제육볶음을 담았는데 아직 코스의 반도 못 왔습니다. 2차 공격을 다짐하며 전선에서 빠집니다. 테이블에 앉자마자 모둠 한식에 탐닉합니다. 푸짐하다. 맛있다. 아주 좋다. 급한 대로 허기를 면하고 나니

슬슬 눈과 귀가 정상인으로 돌아옵니다.

그런데 오늘따라 스피커에서 흘러나오는 저놈의 음악이 밉상입니다. 주인장이 터보와 조성모의 친구라도 되는지 허구한 날 이들의 음악만 틀어댑니다. '빠라바빱빠~ 빠빠! 빠라바빱빠~ 빱바!'도 하루 이틀이지, 귀에 못이 박힐 지경입니다. 다음부터는 귀마개라도 가져오든가 해야지. 그런데 음악 때문에 불편한 건 저뿐만이 아니었는지, 입이 튀어나온 몇몇 단골들의 불만이 제 귀에도 들립니다.

"처음에는 잘 몰랐는데 저 음악만 들으면 맛에 대한 변별력이 없어지는 것 같아."

"그치? 그치? 나는 나이트에서 밥 먹는 느낌이야. 맛만 없었으면 바로 끊는 건데…."

계산을 하며 사장님께 슬쩍 말을 던졌습니다.

"사장님께서 선곡하시나 봐요?"

고개를 갸웃거리던 주인장이 잔돈을 건네며 대답합니다.

"알바가 세팅해 놓은 거예요. 멜론인가 거기 거라는데… 왜요?"

눈이 모든 걸 말해주었습니다. 자신은 잘못이 없다. 난 하라는 대로 열심히 튼 죄밖에 없다. 그래, 한식뷔페 사장이 식당 배경 음악까지 고려해야 하나? 그건 무리한 요구지. 식당을 찾는 고객들의 라이프 사이클을 분석해 타깃 오디언스의 음악적 스타일을 추출해 내야 한다? 압니다. 분명 무리입니다. 그래도 조금만 더 디테일하면 좋을 텐데 말이죠….

음악은 음식을 맛있게 만듭니다. 둘은 상당히 깊은 연관 관계를 지니고 있습니다. 음식에 어울리는 음악이 있고, 반대로 음악에 어울리는 음식이 따로 있습니다. 예를 들어보라고요?

고급 프렌치 레스토랑에서 트로트 음악을 들어본 적 있으세요?

대폿집에서 얼큰한 매운탕과 함께 파바로티의 오페라를 감상한 적 있으세요?

구내식당에서 실내악을 틀고, 신당동 떡볶이집에서 디스코를 트는 데에는 다 이유가 있습니다. 분식집이나 호프집의 신청곡 시스템을 기억하는 분들이시라면 이해하기 수월하실 겁니다.

여기서 커피의 절대 강자 스타벅스의 이야기를 끌어들여 봅시다. 트렌드세터들의 패션 아이템이라고까지 평가받던 스타벅스. 미국 본사의 깐깐한 관리는 매장 배경 음악이라고 예외일 수 없습니다. 매니저나 홀 직원이 마음대로 선곡할 수 없습니다. 아무리 센티멘털하고 멜랑콜리해진다고 해도 자이언티의 '양화대교'를 틀 수는 없습니다. 각 매장에서 들을 수 있는 음악들은 미국 본사의 자회사에서 선곡합니다. 이를 CD로 만들어 전용 플레이어와 함께 각국으로 보냅니

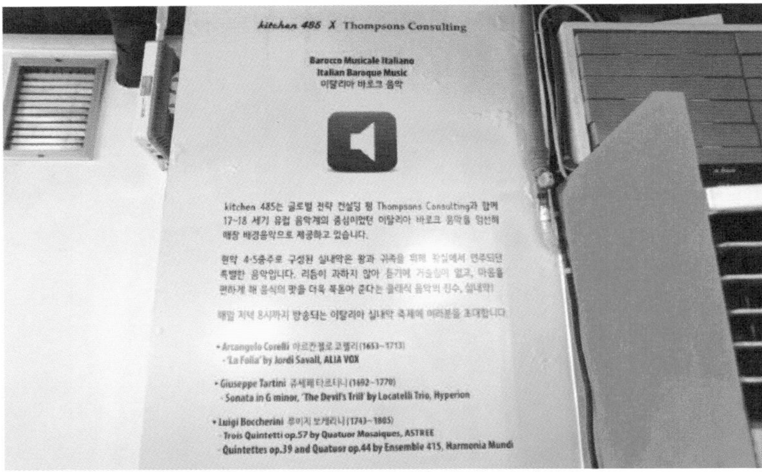

음악이 이 정도라면 맛도 끝내주겠지? 고객을 감동시키기 위해 오감만족 마케팅은 필수입니다.
(키친485)

다. 시즌별로 큐레이션된 음악 CD를 원칙대로 돌릴 뿐입니다. 심지어 볼륨 레벨까지도 정해준다고 합니다.

대기업이 아니어도 음악에 각별히 신경쓰는 매장들이 늘고 있습니다. 홍대로 가봅시다. 주차장 골목 언저리에 위치한 kitchen 485. 화덕에서 구워 내는 피자, 두툼한 스테이크, 감칠맛이 강렬한 파스타……. 맛과 가격 모두 만만치 않은 곳입니다. 관찰력이 뛰어난 분들이라면 아마 이 벽보를 발견했을지도 모르겠습니다.

kitchen 485는 글로벌 전략 컨설팅 펌 Thompson Consulting과 함께 17~18세기 유럽 음악계의 중심이었던 이탈리아 바로크 음악을 엄선해 매장 배경음악으로 제공하고 있습니다.
현악 4, 5중주로 구성된 실내악은 왕과 귀족을 위해 왕실에서 연주되던 특별한 음악입니다. 리듬이 과하지 않아 듣기에 거슬림이 없고, 마음을 편하게 해 음식의 맛을 북돋아 준다는 클래식 음악의 진수, 실내악!

이토록 근사한 설명과 함께 아르칸젤로 코렐리, 주세페 타르티니, 루이지 보케리니의 레퍼토리를 적어놓았습니다.

열에 아홉은 이리 생각할 겁니다.

'뭔지는 잘 모르겠지만 세계적으로 유명한 컨설팅 그룹과 콜라보해서 만든 작품이라니 훌륭하겠지. 이런 세세한 부분까지 신경을 쓰다니 대단한걸. 음악이 이 정도라면 당연히 맛도 좋을 거야!'

고객을 감동시키기 위해 오감만족 마케팅은 필수입니다. 시각, 청각, 후각, 미각, 촉각. 어느 것 하나도 놓쳐서는 안 됩니다. 음악에 문외한이라고 기죽을 필요 없습니다. 녹색 창에도 물어보고 노란 창, 하얀 창에도 물어보세요. 기꺼이 '내공'을 걸어 대가를 치르세요. 그래야 내 것이 되는 법.

'늦었다고 생각할 때가 진정으로 늦은 것'이라고 하니 지금이라도

당장 시작해 봅시다. 음악 마케팅!

KICK!

EBS 뉴스팀이 만든 훌륭한 영상이 있습니다. 영국 옥스퍼드 대학 찰스 스펜스Chales Spence 교수의 "맛과 음악에 대한 연구"를 쉽게 풀어 쓴 뉴스인데 정리가 아주 깔끔합니다. 구성과 그래픽도 좋고요. 이런 분들에게는 한국 방송 대상을 주어야 마땅한데…. 작가님, 피디님 감사합니다. 자영업자들에게 정말 유용한 정보가 되리라 굳게 믿습니다.
영상 내용을 간단히 정리하자면,

1. 각각의 맛에는 그 맛을 더해주는 음악들이 있다.
2. 경쾌한 피아노 음악은 음식에 달콤한 맛을 더한다.
3. 고음의 음악은 신맛을 더 느끼게 한다.
4. 리듬이 살아 있는 음악은 짠맛과 어울린다.
5. 디저트를 먹을 때 경쾌한 피아노 음악을 듣는다면 단맛이 10% 증가한다.
6. 금관악기로 연주된 음악은 쓴맛을 10% 증가시킨다.

이런 힌트는 당장 활용해 보는 것이 좋습니다. 만약 여러분이 커피숍을 운영하고 있다면 18~19세기 유럽의 궁정과 귀족들에게 유행했던 모차르트나 베토벤의 하르모니무지크Harmoniemusik(관악기를 위한 음악)를 틀어보세요. 10분의 움직임에 최소 10만 원은 더 벌 터이니. 뒤에서 지켜보던 아들이 한마디 거듭니다. 피파로Piffaro의 〈Los Ministriles〉도 훌륭한 앨범이라고. 커피와는 환상의 조화라나….

무조건 음식은 예뻐야 한다

흔히들 '기왕이면 다홍치마'라는 표현을 씁니다. '같은 값이면 다홍치마'라고도 말하는데, 여타의 기준이 같다면 더욱 예쁜 제품을 택한다는 뜻입니다. 우리 속담 중에는 '보기 좋은 떡이 먹기도 좋다'는 말도 있습니다. 제가 이러한 표현들을 가져온 이유는 무엇일까요? 음식은 무조건 예뻐야 한다는 말씀을 드리기 위함입니다. 예쁜 음식일수록 사람들은 감탄하고 감동합니다. 같은 값이라면 보기 좋은 음식을 선택합니다.

음식이나 요리가 예쁘다는 소리가 나오면 늘 고급스러운 레스토랑을 떠올립니다. 자본금이 많은 회사니 인력을 충분히 고용할 수 있습니다. 조리를 세분화, 전문화할 수 있습니다. 밀려드는 손님들에게 국밥을 말아내느라 질질 흘릴 일도 없습니다. 담음새만 담당하는 직원이 있을 테니 분명 작품처럼 보일 겁니다. 그런데 고급스러운 레스토랑이 아니어도 예뻐야 한다고 주장하는 이유가 있습니다. 바로 고객의 심리 때문입니다. 모양새나 폼이 엉성하면 높은 점수를 주지 않습니다. 그래서 가격 대비 시원치 않다고 판단하는 겁니다. 반면 상차림이 아름답고 단아하면 비싸게 느끼기 마련입니다. 이런 심리를 활용해야 합니다.

요리를 예쁘게 보이고 싶다면 당장 그릇을 바꾸세요.

담음새의 절반은 그릇의 역할입니다. 멜라민 그릇에 담아낸 반찬과 아담하고 앙증맞은 옹기에 담아낸 반찬은 그 격이 한없이 다르게 느껴집니다. 소박하고 정겨운 분위기를 연출하기에 그만입니다.

역삼동 뒷골목에 한 식당이 있습니다. 반찬은 특별할 게 없습니다. 청포묵무침, 어묵볶음, 쌈장, 고들빼기김치, 무나물, 배추겉절이. 여

평범한 식전빵도 예쁘게, 높게 담아내면 특별한 요리처럼 느껴집니다.

기에 밥과 강된장이 곁들여집니다. 강된장을 담은 뚝배기는 여느 집에서나 볼 수 있는 그냥 뚝배기입니다. 밥그릇도 어디서나 볼 수 있는 스테인리스 공기입니다. 그런데 반찬을 받치고 있는 대나무 소쿠리가 기막힌 포인트 역할을 하고 있습니다. 시각적으로 집중이 됩니다. 음식을 담고 있는 찬기들을 다시 한 번 채반에 올려 담았습니다.

이처럼 뽕을 집어넣어서라도 음식의 볼륨감을 살리세요. 음식은 단 1cm라도 눈과 가까워지면 맛있게 느껴집니다. 최고급 호텔 뷔페 레스토랑이나 일식집 그리고 한정식집의 상차림을 눈여겨보세요. 일반 식당에 비해 음식과의 초점 거리가 짧습니다. 음식을 담은 고급스러운 그릇을 반드시 무언가가 받치고 있어서 그렇습니다. 반면 평범한 식당은 말입니다. 납작한 멜라민 접시에 담긴 반찬을 테이블 위에 아무것도 깔거나 받치지 않고 놓으니 볼륨감이 없는 겁니다.

음식에서 볼륨감은 아주 중요한 역할을 합니다. 풍성하게 보인다는 건 푸짐하다는 걸 의미합니다. 제 소속사에 들어온 브랜드들은 이 교육을 가장 먼저 받습니다.

그릇을 바꾸고 볼륨감을 살린다.
속옷이나 어깨에 뽕을 넣듯이 담음새에 뽕을 넣는다.
그러면 고객은 가치를 부여하고 평가를 절상한다.

특히 흔하디흔한 메뉴를 극강의 아름다움으로 승화시키면 '와우' 소리가 절로 나옵니다. 잘생긴 배우 김승수 씨가 진행하는 유튜브 채널이 있습니다. 맛집들을 돌며 성공 비결을 찾는 채널인데 최근 전국의 외식업 오너들에게 극찬을 받고 있는 요리가 하나 소개되었습니다. 강동구 1등 맛집에서 이제는 전국구로 커가고 있는 꿀꿀진순대의 돈복쟁반이 그 주인공입니다.

이북 음식인 어복쟁반을 내는 집은 꽤 있습니다. 다동면옥, 평래옥, 대림정, 능라도……. 하지만 순댓국집에서나 만날 수 있는 흔한 돼지고기 재료들로 아주 섹시한 어복쟁반을 만든 건 이곳 '꿀꿀'이 처음입니다. 이름도 위트 있게 '돈'복쟁반.

상 위에 오르자마자 눈이 휘둥그레집니다. 높이와 크기에 압도당합니다. 인간의 뇌는 좋은 걸 보면 호감이 생기고, 추한 걸 보면 반감이 생깁니다. 예쁘고 아름다운 음식을 보면 크게 대접받는 것 같아 만족도가 상승합니다. 제일 밑에 숙주를 깔고, 시계방향으로 돈설을

쌓고 펼치고 담고, 최대한 예쁘게 꾸미세요. 정성 담은 플레이팅이 고객에게 호기심과 호감을 불러일으킵니다. (꿀꿀진순대 본점)

두른 뒤, 느타리버섯으로 공간을 만들고, 순대를 둥지 모양으로 올리고, 마지막에 화룡점정 삶은 계란과 새싹삼으로 완성. 높이가 상당합니다. 순댓국집에서 쓰이는 재료들로 이런 작품을 만들어 냈다는 게 믿기지 않는 모양입니다. 김 배우의 극찬이 이어집니다. 자꾸만 옆 테이블 커플이 돈복쟁반을 쳐다봅니다. 급기야 스마트폰을 꺼내 촬영까지 하더군요.

예뻐야 합니다. 묻지도 따지지도 말고 예뻐야 고객이 반응합니다. 여기에 높이까지 반영된다면 더할 나위 없습니다. 그나저나 높아지면 왜 고객의 반응이 커지는지 혹시 아세요? 높아지면 높아질수록 뇌와 눈과 심장에 가까워지기 때문입니다. 바닥에 축 늘어진 재료들에 비해 볼륨감 있게 빵빵하게 봉긋 솟은 녀석들이 훨씬 강하게 어필하기 때문입니다. 이제 아시겠죠?

화려한 돈복쟁반의 비주얼과 맛!
김승수 배우와 깊게 파헤쳐 보았습니다.

KICK!

한 가지 팁을 더 드리겠습니다. 여러분 상품이 더 높아 보이게 만들고 싶다면 카메라를 뒤집어서 촬영해 보세요. 더 길어 보일 겁니다. 그리고 좀 더 볼륨감 있게 표현하고 싶다면 음식을 찍을 때 뒤에서 플래시를 켜놓고 찍어보세요. 생각지도 못한 근사한 작품을 건질 수 있을 겁니다.

해체하고 펼치면 값이 오른다

저는 칼국수를 좋아합니다.

사골칼국수도 좋고, 닭칼국수도 좋고, 해산물칼국수, 장칼국수, 멸치칼국수, 다 좋습니다. 칼국수야말로 이 세상 최고의 섹시한 음식이 아닐까 싶습니다. 일반적인 음식이 혀를 만족시킨다면 칼국수는 입술과 혀 그리고 뇌까지 자극하거든요. 가장 민감한 부위를 오랜 시간 거치는 요리는 아무래도 칼국수밖에 없는 것 같습니다.

힘을 조절한 상태에서 면발을 한껏 잡아 올려 입으로 옮깁니다. 눈동자가 커지고 호흡이 거칠어집니다. 후루룩~ 국수가 거의 들어왔다 싶으면 앞니로 재단합니다. 후두두둑! 면발이 혀 위로 쏟아집니다. 웬만해선 면 타래가 엉키는 법이 없습니다. 두어 번 깨물다 보면 스르르 목구멍으로 미끄러져 넘어갑니다. 이래서 면을 끊을 수 없습니다.

또 한 가지 매력은 팔색조 같은 변신에 있습니다. 면의 형태나 두께가 다양합니다. 소스나 양념도 각양각색이고 육수 또한 그 스펙트

럼이 아주 넓습니다. 거기에 용기나 가열 방식까지 셈하자면 끝이 없습니다.

대접에 담긴 칼국수보다 한 길 위가 전골입니다. 면 대접보다는 얕은 냄비에 재료가 한데 섞여 오릅니다. 가스 불 위에 올려놓고 끓여 먹는 재미가 쏠쏠합니다. 처음에는 냄비의 가장자리에 기포가 오르기 시작합니다. 뽀글뽀글뽀글…. 잠시 후면 전골틀에 담긴 온갖 재료가 들썩입니다. 불과 3~4분이 지나지 않아 냄비 전체는 용암처럼 변해갑니다. 언제 끓어 넘칠지 몰라 안절부절못하게 됩니다. 그런데 모두가 아는 이 방식은 매력적이지만 쓰러질 정도는 아닙니다.

어느 날 칼국수의 천재를 한 명 만났습니다. 해물칼국수 전골이라는 이름은 같습니다. 하지만 이 댁 주인장은 음식을 해체했습니다. 잠깐, 해체라니? 의아해하실 분들이 계실 겁니다. 말 그대로 해체입니다. 웬만한 칼국수 전골은 냄비에 온갖 재료를 한꺼번에 넣어 내옵니다. 전체를 관망하기에는 좋습니다. 편리하기도 하고요.

그런데 가장 밑에 깔린 비중이 높은 녀석들은 가려지기 마련입니다. 이 아쉬움을 칼국수의 천재는 이렇게 풀었습니다. 전골냄비에는 육수만 담아줍니다. 그리고 커다란 접시에 국수와 채소, 해산물을 각각 담아 내옵니다. 접시가 테이블을 가득 채웁니다. 해체라는 단어를 사용한 이유가 여기에 있습니다.

조립 상태가 아니라 부속품 하나하나가 따로따로 서빙되는 해물칼

냄비에 온갖 재료를 다 담지 말고 싱싱함을 보여줄 수 있게 해체해 보세요. (이대성의 진면목)

국수의 해체. 별거 아니라며 가볍게 여길 분들은 이 페이지를 벗어나면 그만입니다. 하지만 눈썰미 있는 분들은 이미 눈치채셨을 겁니다. 여기에는 그냥 해물칼국수보다 한 가지 감각을 더 동원시키는 재주가 있습니다. 그것은 소리입니다. 각 접시에 담겨 있는 재료가 시각적 매력도 주지만 그보다 더 칭찬하고 싶은 녀석이 바로 소리입니다.

처음 국수를 냄비에 밀어넣으면 국자와 대접의 마찰음이 들립니다. 2번 타자인 채소는 소리는 좀 덜합니다. 하지만 호박이며 양파가 육수로 다이빙하며 손을 흔듭니다. 시선을 사로잡기에 충분합니다. 마지막이 압권입니다. 해산물을 넣는 순간 "차르르르~" 껍질이 부딪히는 소리로 가득해집니다. 이 테이블에서 "차르르르~" 저 테이블에서 "차르르르~" 교향악이 따로 없습니다. 마치 서라운드 시스템을 세팅한 느낌입니다. 바다의 청량함이 느껴집니다. 먹기도 전에 맛있습니다.

당신의 음식이 덜 매력적이라면, 그래서 소리를 만들고 싶다면 제발 부탁드립니다.

요리를 해체하세요. 그리고 넓적하게 펼쳐보세요.

KICK!

비즈니스 하는 분들은 가치에 관한 이야기를 아주 많이 합니다. "그 브랜드에 그 돈을 지불할 가치가 있어? 또 방문할 가치가 있어? 지인들에게 소개할 만한 가치가 있어? 재구매할 만한 가치가 있어?" 우리가 입을 모아 이야기하는 가치는 이렇습니다.

가치 = 혜택 – 비용

가치를 인정받고 싶다면 지불한 금액보다 혜택이 커야 합니다. 그렇다고 생각 없이 막 퍼주자는 이야기가 아닙니다. 따질 건 따지고 셈할 건 셈하고 그 뒤에 내줘야 합니다. 혜택을 키우기 위해서, 정확히는 혜택을 키워주기 위해서는 여러분이 약아져야 합니다. 추상적이고 모호한 혜택은 의미가 없습니다. 혜택은 조목조목 따질 수 있게 만들어 줘야 합니다. 자, 여기 중요한 표현이 나왔지요. 헤아릴 수 있게, 나열할 수 있게, 하나하나 따질 수 있게 만들어 주면 고객은 혜택이 크다고 생각합니다. 위에서 언급한 칼국수와 전골을 비교해 볼까요?

해물칼국수

1

젓가락으로 뒤적이면 내용물이 무엇인지는 알 수 있지만
우리는 칼국수를 덩어리째로 받았기 때문에 혜택을 하나로 봅니다.

해물칼국수 전골

바지락 모시조개 미더덕 소고기 버섯 면 당근 육수 호박
1 2 3 4 5 6 7 8 9

반면 해체해서 펼쳐준 전골은 재료 하나하나가 명확하게 보입니다.
무의식이 지시합니다. 얼른 헤아려 봐. 재료가 몇 가지나 들어갔는지.
셀 수 있는 숫자가 많아지기 때문에 고객의 지불할 의사가 더 커지는 겁니다.

수많은 기업들이 왜 가치를 키우려고 노력하는지 아세요? 가치가 올라가야 가격도 올려 받을 수 있기 때문입니다. 그래서 당부드린 겁니다. 김치찌개도 한 방에 냄비에 다 넣어서 내지 말고 기왕이면 고객이 재료들 숫자를 셀 수 있게 돼지고기, 대파, 양파, 치즈, 라면은 따로 내주세요. 이렇게 해체해서 늘어놓고 자상한 설명이 들어가면

가치는 무조건 커집니다.

무거울수록 맛있어진다

커트러리의 무게와 체감 가격의 상관관계

가끔 외신을 보고 있으면 이런 생각이 듭니다. 외국의 대학에서는 별의별 연구를 다 하는구나! 몇 해 전 영국 옥스퍼드 대학교의 뉴스를 본 일이 있습니다. 이 대학에는 '감각교차연구소'라는 기관이 있다고 합니다. 연구원들과 요리사들이 주축을 이룬 조직입니다. 그들 중 샤를 미셸Charles Michel이라는 요리사가 '식기의 무게가 맛에 미치는 영향'을 실험했습니다. 파인 다이닝 레스토랑에서나 쓸 법한 무거운 식기로 식사를 한 사람은 캠핑용 식기로 식사를 한 사람보다 음식 값을 평균 15% 더 낼 용의가 있다는 게 연구 결과의 골자입니다.

연구진은 무거운 식기는 음식에 더욱 관심을 갖게 해 음식의 맛이나 즐거움을 더 잘 느끼게 한다고 분석했습니다. 자, 이 발표 내용을 하나하나 해체해 살펴봅시다.

감각교차연구소는 인간의 감각과 요리에 대해 연구하는 곳입니다. 식기는 물론이고 온도, 습도, 건조가 맛에 미치는 영향도 분석합니다. 인간의 오감, 즉 시각, 청각, 후각, 미각, 촉각과 맛의 상관관계도 밝힙니다.

그런데 왜 하필 식기였을까요? 수식手食을 하는 10억 명 정도의 지구인을 제외하고 모든 인간은 도구를 사용해 식사를 합니다. 즉 식기는 요리와 인간을 이어주는 가장 중요한 매개체인 셈입니다. 한 가지 주목할 만한 사실은 연구 주제가 식기의 디자인이나 각도가 아닌 '무게'라는 점입니다.

일반적으로 식기는 부담을 느낄 정도로 무겁지는 않습니다. 물론 스테인리스와 플라스틱이 발견되기 전에는 무거웠습니다. 상류층들의 이야기입니다. 중세와 근대의 아랫것들은 목기를 썼습니다. 반대로 윗분들은 무거운 식기를 사용했습니다. 메디치 가의 공주님도 프랑스에 갈 때 무거운 포크와 나이프를 싸들고 갔을 게 분명합니다. 선교사들이 촬영한 조선 선비의 간소한 식탁에는 나무로 만든 숟가락과 젓가락이 보입니다. 하지만 왕족과 양반 같은 권력의 핵심 세력들은 묵직한 금속 식기를 즐겨 사용했습니다.

느닷없이 이 연구의 의도가 궁금해집니다. 왜 하필 무게일까요? 미셸이라는 요리사는 무엇을 이야기하고 싶었던 것일까요? 패스트푸드 레스토랑에서 플라스틱 포크와 나이프를 건네는 친구가 식기의 무게에 집중했을 리 만무합니다. 아마도 그가 근무해 왔던 식당들은 꽤 '급'이 있는 곳이었겠지요. 자연스레 고객의 만족에 대해 더 연구하고 싶었을 테고요…. 인테리어나 조명, 음악 같은 분야는 본인보다 더 실력 있는 전문가들이 많으니 피하고 싶었을 겁니다. 저는 이

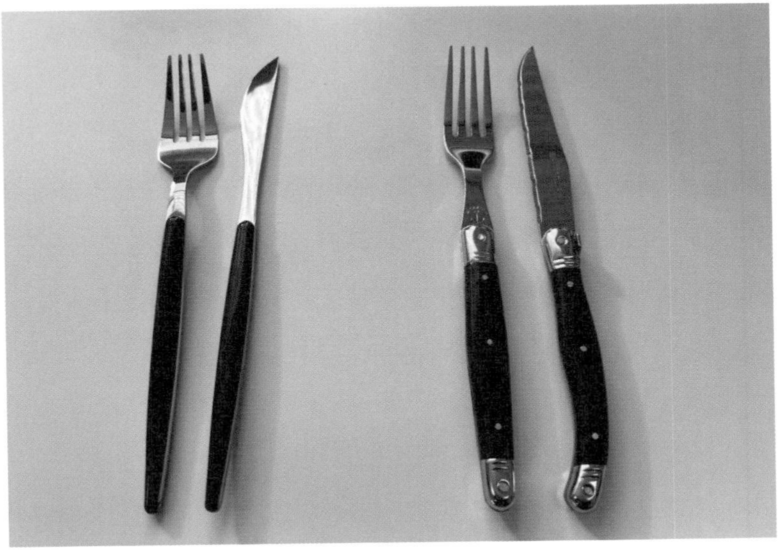
식기의 무게, 무게감이 느껴지는 모양새만으로도 그 집의 음식이 맛있는지 또는 비싼지 알 수 있습니다.

런 추론이 재미있습니다. 연구의 의도를 이해하면 그 결과를 현실에 적용하기 수월해집니다.

다시 미셸 이야기로 돌아갑시다. 연구 주제는 '식기의 무게가 맛에 미치는 영향'입니다. 드디어 맛으로 접어듭니다. 맛은 시각, 청각, 후각, 미각, 촉각 등 오감과 내장의 흡수 여부에 따라 결정됩니다. 그렇다면 무거운 식기는 어느 감각과 연관이 있을까요? 그렇습니다. 촉각입니다.

그런데 촉각이라고만 규정하기에는 꺼림칙한 구석이 좀 있습니다. 시각과는 관계가 없을까요? 무거운 식기가 작을 수 있을까요? 그렇지 않습니다. 무게가 좀 나가는 것들은 대부분 큼직합니다. 돈가스를 써는 칼과 스테이크를 자르는 칼의 무게는 분명 다릅니다. 청각은 또 어떤가요? 무거운 식기는 그만큼 둔탁하고 묵직한 마찰음을 만듭니다. 포크와 나이프가 부딪칠 때, 접시를 긁을 때, 테이블에서 들어 올리거나 내려놓을 때 전부 다른 소리가 납니다. 영화 장면도 몇 개 떠오릅니다. 조용한 레스토랑에서 식기들이 만들어 내는 잡음이 훌륭한 소품 역할을 했었습니다. 대폿집에서 나는 알루미늄 테이블과 스테인리스 젓가락이 만드는 마찰음과는 차원이 다릅니다. 그리 방정맞지 않습니다. 우리 모두 견공이 아니니 후각에 대한 궁금증은 과감히 패스. 미각은 어떨까요? 1인당 7~8만 원이 넘는 레스토랑에서 단 한 번이라도 식사를 해본 분이라면 이해가 쉬울 겁니다. 깊게 파이고 묵직한 숟가락이 입술과 혀에 닿았을 때의 느낌. 고기 한 점을 나른 포크가 수줍게 빠져나오며 입술을 건드릴 때 바로 그 느낌….

맛은 혀만 느끼는 것이 아닙니다. 어쩌면 식기가 더 민감하게 감각 기관을 건드리는 역할을 하는지도 모를 일입니다. 슬슬 납득이 갑니다. 왜 무거운 식기가 맛에 미치는 영향을 연구했는지. 미셸은 미리 가설을 설정했음에 틀림없습니다. 고품격 레스토랑의 고객이 만족할 수밖에 없는 몇 가지 요소들을 뽑아놓고 이를 검증한 것입니다.

무거운 식기는 어찌 보면 인간의 DNA 속에 각인되어 있는지도 모릅니다. 문학 작품, 영화, 드라마, 사진, 그림 등을 통해서 조각 모음된 이미지가 잠재의식 속에 자리 잡고 있을 겁니다. 번쩍거리고 큼직

둘의 차이가 느껴지시나요? 평범한 김치만두도 번쩍거리는 방짜 유기에 담기면 고급스러워집니다.

하고 묵직한 식기를 보며 반사적으로 상류층의 품격을 공유하는 겁니다.

같은 요리를 먹더라도 캠핑장 식기와 무거운 식기는 판이한 감흥을 가져옵니다. 더 맛있게 느낄 근거가 충분합니다. 이런 잠재의식이 판매 가격보다 15% 더 지불할 수 있다는 용의를 만들어 냈습니다. 무거운 식기에서 비롯된 15%의 부가 가치는 분명 맛과 감각에 영향을 미칩니다.

그러고 보니 한국 국적의 노포들과 고급 한정식집 그리고 요정에서도 대중식당에 비해 상대적으로 묵직한 은수저나 방짜로 만든 식기를 손님들에게 제공합니다. 이는 옥스퍼드 대학의 연구 결과와 결코 무관하지 않습니다.

고객과 공감하려면 내가 관리하기 편한 식기가 아니라 고객이 만족하고 납득할 만한 식기를 사용해야 합니다. 그래야 가치가 올라갑니다. 가벼이 여겼던 식기에 이런 심오한 무의식이 잠재해 있었다니 놀라울 따름입니다. 당장 바꿔보기를 권합니다.

이 글을 읽은 분들이시라면 앞으로 숟가락, 젓가락, 포크, 나이프 하나 허투루 내지 않으실 거라고 믿습니다. 모른다면 모를까 이미 알게 된 사실을 애써 모르는 척할 필요는 없으니까요!

단돈 1,000원의 어마어마한 위력

장사를 못하는 이들의 공통된 특징이 있습니다. 바로 모든 게 엉성하다는 겁니다. 뭔가 비어 있습니다. 베끼는 것조차 영 신통치가 않습니다.

언젠가부터 차돌떡볶이가 인기입니다. 아무리 비싸졌다고 해도 가격 저항선이 낮은 떡볶이는 단가를 올리는 게 쉽지 않습니다. 500원, 1,000원에도 민감한 고객들은 철새처럼 옮겨 다니기 일쑤입니다. 그래서 차돌떡볶이가 더 주목을 받고 있는지도 모릅니다.

차별화는 경쟁자와는 멀어지되 고객과 가까워져야 하는 것입니다. 하루는 배꼽을 잡고 웃을 일이 생겼습니다. 아마도 차돌떡볶이를 흉내내고 싶었던 모양입니다. 뭔가 근사한 수식어를 붙이고 싶었던 것 같기도 하고요. 사골떡볶이까지는 이해하겠습니다. 헌데 도가니떡볶이는… 좀 심했습니다. 이건 경쟁자와도 멀어지지만 고객들에게도 외면당하기 딱 좋은 메뉴입니다.

우리 집을 대표할 메뉴 한 가지를 정하는 게 얼마나 어려운 일인지 모릅니다. 다행히 차돌떡볶이는 먹혔지만 우족떡볶이, 제비추리떡볶이, 육회떡볶이 등은 고객에게 다가가기 쉽지 않습니다.

본격적으로 경쟁에 관한 이야기를 한번 해볼까요? 주위에 내 아이템을 따라하는 가게들이 늘어나 속상하다는 불만이 많습니다. 고객은 한정되어 있는데 경쟁자가 늘면 당연히 매출은 감소합니다. 그런데 곰곰이 분석해 봐야 할 게 하나 있습니다. 후발 업체들은 도대체 왜 당신 가게 옆에 매장을 냈을까요? 이런 추리를 해볼 수 있습니다.

1. 당신의 매장에 꽤 손님이 많다고 판단했거나

2. 당신 정도는 가볍게 제낄 수 있다고 생각했거나

아마도 1번은 개인 브랜드일 테고 2번은 프랜차이즈 브랜드일 것입니다. 어쨌든 그들이 당신을 큰 장애물이 아니라고 판단했기에 이런 결과가 나왔습니다. 그런데도 당신은 뭔가 한 방에 확 보내버릴 수 있는 화끈한 홍보 아이디어만 찾습니다. 그 방법만 찾으면 경쟁자들을 멋지게 물리치고 떠나간 고객들을 다시 불러들일 수 있을 거라고 믿는 모양입니다. 참으로 애석한 일입니다. 가족에게 먹일 수 있다는 자신감, 화학조미료를 사용하지 않았다는 떳떳함, 그 지역에서는 가장 친절하다는 당당함, 단골이 많다고 믿는 순진함…. 이런 것들만으로는 게임을 원점으로 되돌리기가 어렵습니다. 뭔가 중독성 있는 재미와 서비스가 필요합니다.

생방송 도중 아이디어를 냈다가 게시판에 '좋아요'가 무려 1,000개 가까이 달린 일이 있었습니다. 아주 간단한 서비스입니다. 요즘 식당의 카운터 옆에는 이런 안내문이 자주 보입니다.

페이스북이나 인스타그램, 카카오스토리 등에
감상평을 올려주시면 건당 1,000원의 할인 혜택을 드립니다.
(2015년부터 시작을 했으니 빠르긴 빨랐습니다.)

기가 막힌 아이디어라고 생각했습니다. 하지만 이 책을 읽고 계신 여러분들께서는 한 걸음 더 앞서 갈 자격이 있는 분들이십니다. 그러니 더욱 특별한 서비스를 적용하시죠. 그냥 할인이 아니라 진짜로 현금을 주는 겁니다. 어차피 그 1,000원, 어디 도망가지 않습니다. "사진을 올리자마자 10초 안에 현찰을 드립니다."라고 적으면 더 효과적입니다. 앞치마에 신권

SNS 참여를 유도하는 현수막. 우리는 더 재미있는 방법을 고안해야 합니다.

누이 좋고 매부 좋은 1,000원 마케팅. 과감히 고객에게 현금을 선물하세요.

을 두둑하게 넣고 다니다 스마트폰을 드는 고객에게 달려갑시다. 그리고 시원하게 내주는 겁니다. 그 돈 모아서 적금 넣을 손님은 없다고 봅니다. 분명 그 금액만큼 그 자리에서 사이드 메뉴를 주문할 겁니다.

분명히 고객은 1,000원의 혜택을 받았습니다. 그것도 돈을 내야 하는 입장인데 오히려 주인에게서 현금을 받았습니다. 고객의 뇌가 깜짝 놀랄 겁니다. '뭐 이렇게 훌륭한 주인장이 있어!' 감동할 게 뻔합니다. 음식 사진만 올려주면 되는데 돈 받았다고 한 장 더 올릴 가능성이 큽니다. 이게 누이 좋고 매부 좋은 홍보 마케팅입니다. 이렇게 온라인에 사진이 쌓이면 가게의 팔로워도 늘어나게 됩니다.

계산이 재미있습니다. 분명 1,000원을 내줬지만 주인 입장에서 1,000원을 다 준 것은 아닙니다. 고객이 추가 주문한 사이드 메뉴나 음료의 원가만큼만 쏜 겁니다. 만두사리를 하나 추가했다 칩시다. 그러면 사장님은 고객에게 기껏해야 400원 정도만 준 셈이 됩니다. 리필용 음료수라면 조금 더 줄어듭니다. 장사는 이렇게 하는 겁니다. 그래도 불안하시다면 매장에서 쓸 수 있는 1,000원 상품권을 만들어 보세요. 고객이 나한테서 1,000원을 받았다고 확신하게 만드는 게 중요합니다. 그러면서도 실제 내가 지불하는 것은 1,000원이 되지 않는….

고객이 혜택이라고 느끼는 가격 - 실제 내가 지불하는 원가 = 만족

꼼수라 치부한다면 당신은 장사꾼 자격이 없습니다.

백화점 세일 기간을 생각해 보세요. 인근 교통이 마비될 정도로 인파가 몰립니다. 더 싸게 사고 싶은 것이 고객의 심리입니다. 그 기간엔 식품 매장의 매출도 덩달아 오릅니다. 할인된 금액만큼 쇼핑을 더 해도 괜찮다고 뇌가 부추기기 때문입니다. 이게 인간입니다. 우리의 몸과 뇌는 손해 보지 않는 방향으로 움직이도록 설계되어 있습니다.

만약 당신 매장 근처로 경쟁자들이 몰려온다면, 그래서 머리가 깨질 정도로 고민이 된다면, 죽어도 살아남고 싶다면, 돈 많이 들이지 않고 기가 막힌 홍보가 하고 싶다면…….

과감히 앞치마에서 1,000원을 꺼내세요.

단, 전략이 위력을 발휘하기 위해서는 기본기부터 탄탄히 갖춰야 합니다. 고객은 내실 없는 전략에 지속적으로 호응해 줄 정도로 바보가 아닙니다. 훌륭한 맛과 양질의 서비스라는 기반을 확실히 다져놓아야 합니다.

KICK!

《장사는 전략이다》를 읽은 독자들 중 상당수는 1,000원 이벤트를 화끈하게 시행하고 있습니다. 사진과 글, 리뷰를 올려주면 1,000원을 선물로 드리고 있고, 심지어 이 1,000원 이벤트를 서비스에 적용한 사례도 있습니다. 광주에서 가격 수업을 들은 제자 중 한 명인 남쪽마을 돌짜장 대표는 1,000원짜리 현금 지폐를 직원들 팔뚝에 차고 다니게 합니다. 만약 불친절했다면 마음대로 가져가시라고 말이죠. 소름 돋는 장치가 아닐 수 없습니다.

최근 네이버 플레이스의 중요성이 점점 더 커지고 있습니다. 검색할 것이 많아지다 보니 자연스레 예비 고객들이 몰립니다. 그렇다면 우리는 전투적으로 활용을 해야겠지요. 테이블에 안내받은 고객이 네이버 플레이스에서 우리 매장을 검색하고 저장, 공유까지 해주셨다면 과감히 1,000원을 꽂아드리세요. 여러분이나 저나 목표는 하나. 어떻게 해서라도 네이버 플레이스 상위에 랭크되어 좀 더 많은 고객들에게 노출되는 것. 그래야 단 1%라도 고객 유입이 늘 테니까요. 이걸 역으로 생각해 보는 겁니다.

아직 오지 않은 손님이든
지금 내 눈앞에 와 있는 손님이든

그 누구든 나 대신 내 브랜드를 검색하고, 저장하고, 공유하고, 리뷰를 써 내 브랜드가 네이버 상단에 오르면 됩니다. 구글도, 인스타그램도, 페이스북도, 틱톡도, 유튜브도 다 마찬가지입니다.
그러니 주저하지 말고 지금 여러분 매장 문턱을 넘어와 앉아주신 분들에게 검색하게 하세요. 그리고 이렇게 고마운 분들에게 과감하게 1,000원을 쓰세요. 손에 잡히지도 않는 불특정 다수에게 홍보하느라 애쓰지 마시고요.
홍보대행사에서 하는 일도 이런 겁니다. 브랜드를 검색하고, 저장하고, 공유하고, 리뷰를 써줄 선수들을 미리 준비해 놓고 있다가 결정적 순간, 즉 홍보비를 지불한 순간에 이분들을 푸는 겁니다. 그러니 여러분은 지금 이 순간 이 책을 읽음으로써 이 모든 고생을 하지 않고도 홍보대행사의 상당히 중요한 노하우를 깨닫게 되신 겁니다.
자, 어떠세요? 제 발로 찾아온 분들을 제대로 대접하는 것은 물론이고 여러분의 네이버 전도사로 활용하는 겁니다. 제 말 믿고 딱 두 달만 해보세요. 어떤 일이 벌어지는지. 직접 확인하게 되실 겁니다.

준 날과 주지 않은 날의 차이.

2층이라고 한숨만 쉴 수는 없잖아요

의정부에서 전화가 왔습니다. 모녀가 운영하고 있는 칼국숫집이었습니다. 그냥 칼국숫집이 아니라 당시 5,000원에 수제 칼국수를 파는 착한 집이었습니다. 가격이 착하면 주인이 죽어납니다. 매출은 오르지만 비용을 제하고 나면 결과적으로 수익이 거의 없습니다. 모녀의 인건비도 챙기기 힘든 상황.

냉정히 이야기하자면 사업은 자선 활동이 아닙니다. 수익이 발생해야 유지가 가능합니다. 매출에서 비용을 뺀 것이 수익이니, 남기기 위해서는 매출을 극대화하거나 비용을 절감해야 합니다. 사실 칼국수는 꽤 괜찮은 아이템입니다. 특히 장기 불황으로 소비 패턴이 바뀌고 있는 상황에서 기가 막히게 들어맞습니다. 게다가 겨울에도 비가 내려주고 있습니다. 이상 고온 현상은 분명 칼국수를 아이템으로 선택한 분들에게 큰 도움이 됩니다. 강우 확률이 높은 날은 칼국수 매출이 20~30% 증가합니다. 매출뿐만 아니라 마진도 좋은 편이고 설계만 촘촘하다면 빅 히트를 칠 수 있는 보석 같은 녀석입니다.

물론 어떤 스타일의 칼국수냐에 따라 달라집니다. 늘 강조하지만 남아도는 사골과 잡뼈를 활용한 곰 칼국수는 전망이 아주 좋습니다. 아무래도 비선호 재료다 보니 가격 등락 폭이 다른 녀석들에 비해 넓지 않습니다. 라이프 사이클이 바뀌면서 곰탕은 멸종 위기의 음식이 되어버렸습니다. 어쩌다 밖에 나가서 한 그릇 뚝딱하면 그만인 음식. 광에서 들통을 꺼내와 하루 온종일 국물을 우려내던 어머니는 이제 드라마에서도 만나기 어렵습니다. 모두가 마블링 투성이의 고기만 찾으니 부속물은 남아돕니다.

반면 멸치나 조개는 만만치 않습니다. 수확량이 줄어드니 수요에 비해 공급이 달립니다. 자연스레 가격이 지속적으로 상승합니다. 게다가 조개는 대부분 북한산을 사용하고 있는데 북에서 도발 조짐이라도 보이면 금수 조치가 내려집니다. 오가는 물류가 올 스톱됩니다. 애꿎은 조개 장수들만 땅을 치며 발을 구릅니다. 그래서 조개는 좀 위험합니다.

각설하고, 모녀의 고민은 다른 곳에 있었습니다. 가격을 올리고 싶은데 단골 장사다 보니 용기를 못 내고 있다고 했습니다. 그나마 찾아주던 양반들이 발길을 돌릴까 두려워 이러지도 저러지도 못하는 상태입니다. 이럴 때는 가격 인상에 대한 합당한 이유를 먼저 찾아야 합니다.

"원자재 가격 인상으로 어쩔 수 없이 가격을 올릴 수밖에 없습니다."

이렇게 붙이면 분명 고객 수가 줄어듭니다. 그래서 가격 인상引上은 하되 고객에게 인상분 이상의 혜택을 받았다는 긍정적 인상印象을 줄 수 있어야 합니다. 이런 상황에서 취할 수 있는 긴급 조치가 있습니다. 비빔밥이나 보쌈과 세트를 구성하는 겁니다. 주문하지 않고는 배길 수 없게 만드는 가격 책정. 즉 5,000원 손칼국수와 열무비빔밥의 결합, 혹은 칼국수와 보쌈의 콤비네이션을 선보이는 겁니다. 칼국수 가격은 차치합시다. 열무비빔밥을 2,000원에, 보쌈 여덟 점을 4,000원에 먹을 수 있다면 고객은 넘어옵니다. 후두엽에서 지시를 내립니다.

'빨리 주문해. 안 그러면 손해야. 손칼국수와 보쌈을 9,000원에 먹을 수 있는 곳은 이 집밖에 없어. 빨리. 배고파 죽겠어.'

목소리가 한결 밝아졌습니다. 답을 보여주면 자신이 생기기 마련입니다.

또 한 가지 문제는 매장의 위치. 오픈 당시 무슨 차이가 있겠냐 싶어 아늑한 2층에 터를 잡았습니다. 그깟 계단 몇 개가 대수겠어? 열심히 맛있게 대접하면 고객이 알아서 찾아올 줄 알았습니다. 어리석은 판단이었습니다. 고객은 2층을 별로 좋아하지 않습니다. 엘리베이터나 에스컬레이터가 있다면 모를까. 특히 40~50대를 상대로 하는 칼국수나 만두 전문점은 더더욱 그렇습니다. 비만 오면 어깨가 쑤시고 무릎이 아픈데 누가 그 고역의 길을 갈까요? 웅담 조림이나 상어 지느러미 무침을 무한리필 찬으로 내주면 모를까요.

이런 고민은 아주 많습니다. 생각해 보세요. 대한민국에 건물이 한둘이 아닙니다. 2층에 입주한 거의 모든 업주들은 오늘도 허벅지를 꼬집습니다. 임대료가 조금 더 들더라도 1층으로 계약했어야 했는데…. 한숨 쉬는 소리로 한반도가 들썩일 정도입니다.

자, 2층 업주들에게 감히 고하노니,

그대들이여 숨겨진 18cm를 찾으십시오!

갑자기 cm를 들먹거리니 갸우뚱하시겠지요? 18cm는 계단 한 칸의 높이입니다. 2층까지는 대략 15개 정도의 계단으로 구성되어 있습니다. 이를 활용하면 매출에 도움이 됩니다. 전체 건물의 95% 정도는 이 공간을 의미 없이 비워두고 있습니다. 이를 꽉꽉 채울 수 있는 아이디어를 모녀에게 전했습니다.

"의정부에서 가장 맛있는 손칼국수"

"모녀만 아는 육수의 비밀"

"200번 치댄 열정 반죽"

"혀를 깨물게 하는 겉절이와 동치미"

"4,000원에 보쌈을 드실 수 있는 유일한 곳"

계단을 오르는 고객은 이 문구를 피할 방법이 없습니다. 불법도 아닙니다. 건물주만 설득하면 아무 문제가 없습니다. 매출 때문에 그리고 홍보 때문에 고민하는 분들이시라면 오늘을 제2 창업의 날로 정하고 도전해 보세요.

우리의 뇌는 직접 보고 직접 들은 것만 믿습니다. 칼국수 대접을 내면서 아무리 강조해 봐야 배고픈 상태에선 국수만 보이지 그 좋은 소리는 들리지 않습니다. 그래서 18cm 계단을 강조하는 겁니다. 고객은 계단을 오르면서 뇌를 설득합니다.

'그래, 내 판단이 틀리지 않았어. 오늘 난 대단한 집에서 칼국수를 먹는 거야.'

적힌 내용을 하나하나 입력하며 계단을 오릅니다. 글자는 이미지를 연상시킵니다. 이미지는 뇌를 자극합니다. 반사적으로 군침이 돌기 시작합니다.

클라이맥스는 마지막 계단에서.

"2층까지 올라오신 노고를 맛과 양으로 갚겠습니다."

꼭 글자만 적어야 하냐고요? 무슨 그런 섭섭한 말씀을. 사진을 붙이면 효과는 배가 됩니다. 모녀는 식재료의 대부분을 지인을 통해 산지로부터 직접 받는다고 했습니다. 저는 격앙된 목소리로 강하게 어

2층까지 다 올라와 문을 열고 들어서기 전까지도 어떻게든 고객의 마음을 사로잡아야 합니다.
(영주 두부마을)

필했습니다.

"언능 전화해서 스마트폰으로 셀카 한 장씩 찍어 보내라 하세요!!!"

기술이 좋아져서 휴대폰만 있으면 다 되는 세상입니다. 받은 사진을 온라인으로 출력 주문할 수 있습니다. 코팅도 가능합니다. 돈 지불하고 우편물 수령한 다음 양면테이프 가져다 붙이면 됩니다.

감자를 들고 있는 이모가 환하게 웃습니다. 고춧가루를 빻고 있는 할머니가 수줍어합니다. 배추를 든 숙모가 입을 가리고 쑥스러워합니다.

만약 지지리도 복이 없어 산지에 지인이 없다면 농수산물 시장의 물건 대주는 아저씨라도 찍으세요. 그리고 큼직하게 붙이세요. 밑에는 반드시 설명이 필요합니다.

'가락동에서 배추만 16년 거래한 배추도사, 김철중 선생'

고객은 재료만 믿는 게 아니라 여러분의 열정도 믿게 될 겁니다. 연거푸 감사하다는 인사를 받고 있자니 괜스레 어깨가 으쓱해집니다.

"어머님이랑 박 사장님께는 죄송한 이야기인데… 면을 손으로 미는 대신 기계를 사용하시면 어떨까요?"

모녀의 정성을 무시하는 것 같아 미안했지만 효율을 설명해 드리고 싶었습니다.

"대한민국에서 가장 비싼 칼국숫집도, 칼국수 하나로 빌딩을 지은 집도 손칼국수를 하지는 않아요. 여러 가지 이유가 있어서겠지만 팔목이고 어깨고 남아나질 않을 텐데 면발은 현대 문명에 의지하고 나머지에 집중하면 어떨까요?"

외식업은 마라톤입니다. 지치면 끝장입니다. 인건비도 줄이고 힘도 덜 들일 수 있는 방법이 분명 있습니다. 대신 고객이 진정으로 좋아할 만한 두 가지에 집중합시다. 열무비빔밥(시래기 밥이나 곤드레밥이어도 좋습니다)과 보쌈에 그 시간과 노력을 기울이면 더 많은 사람들의 입맛을 사로잡을 수 있습니다. 그래야 가격을 인상하는 것도 용납됩니다.

가장 고통스럽던 굴레를 벗게 해준 이가 감사했는지 메모하느라 두 분의 대답 속도가 늦어집니다. 이럴 때 보람을 느낍니다. 나 이외의 사람에게서는 장점만 뽑아내면 됩니다. 단점을 뒤지는 건 아무 쓸모가 없습니다. 그것만 제대로 해도 절반은 성공합니다.

외식업 취재만 30년. 제일 불쌍하고 안쓰러운 사람들이 있습니다. 자기 것에 집중하지 못하고 남에게 훈수를 두느라 세월을 보내는 이들입니다. 그들의 공통점은 남을 헐뜯기 위해 게시판 투어를 다닌다는 겁니다. 그리고 이렇게 적습니다.

"모든 계단이 18cm 아니거든."
"스마트폰으로 찍으면 출력할 때 화질이 안 좋아요."
"왜 손으로 밀겠다는데 말리고 X랄이야."

그리 길지 않은 인생인데 왜 이러고 사는지 모르겠습니다. 아무튼 이런 고민을 하고 연구하게 해준 모녀에게 고마웠습니다. 그래서 아끼고 아끼던 마지막 팁을 조심스레 내놓았습니다.

"매일 아침에 겉절이 담그세요?"

"다른 건 몰라도 김치만큼은 매일 담그는 걸 고집하고 있어요."

매일 아침 달력 뒷면이라도 좋으니 꼭 손글씨로 메모를 적어 테이블 위 잘 보이는 곳에다 올려놓으시라고 마지막 부탁을 드렸습니다.

- **여러분의 신장과 전립선을 생각해 염도를 2% 낮췄습니다. 덕분에 겉절이의 아삭함이 살아나네요.**
- **의정부에서 겉절이 만드는 시간을 공개하는 집은 저희 모녀가 처음입니다.**
- **오늘 아침 9시 48분에 완성한 겉절입니다. 백령도산 액젓이 참 맛있네요. 맛나게 드시고 부자되세요~**

KICK!

고기 재벌로 불리는 김포의 태백산에 가면 머리가 쭈뼛해지는 2층을 만날 수 있습니다. 일찌감치 연을 맺은 이 집 대표님은 고기의 신으로 불립니다. 라디오 프로그램 초대 손님으로 모셨던 분인데 이후 전국으로 매장을 확장하고 고기 브랜드만 예닐곱 개를 가지고 있는 이동복 대표입니다. 그의 이름은 이 바닥 대명사입니다. 교대이층집, 육시리, 육통령…… 참 많은 브랜드 대표들이 이분에게 영향을 받았습니다. 지금도 후배들이 줄을 섭니다. 그런데 이런 분이 저에게 부탁을 해오니 안 들어드릴 수가 있나요? 현장에 가보니 2층 매장의 경사가 상당했습니다. 올라갈 때는 맛있는 갈비를 먹을 생각에 가득 차 있지만 내려올 때는 생각이 바뀌더군요. 손잡이를 꼭 쥐게 되더라고요. 그래서 생각을 했죠. 아~ 올라올 때는 재미있게, 내려올 때는 한 칸 한 칸 확실하게 확인하면서 내려오게 만들어야겠다. 그렇게 탄생한 게 바로 태백산 건반 계단입니다. 정보력이 빠른 분들은 인터넷을 통해 본 적이 있으시겠지만 일반 자영업 오너들은 건반 계단 하면 갸우뚱합니다.

건반 계단의 모습, 직접 확인해 보세요!

아래에서부터 한 걸음 한 걸음 내딛을 때마다 피아노처럼 소리가 납니다. 솔솔 라라 솔솔 미~~~ 학교 종이 땡땡땡~~~ 서두에도 말씀드린 것처럼 2층은 1층에 비해 많이 불리합니다. 그래서 임대료가 쌉니다. 이렇게 불편하고 재미없는 2층을 재미있게 만들기 위해서는 '예측할 수 없는 즐거움'이 있어야 합니다. 그래서 건반을 세팅했습니다.
가격? 네. 좀 합니다. 1500만 원 정도 합니다. 그냥 자영업 오너들은 엄두를 못 냅니다. 하지만 이렇게 계산을 해보면 용기가 생길 겁니다.

15,000,000원 ÷ 1일 150명 방문 ÷ 1년 영업일 수 310일 ÷ 3년

방문 고객 1인당 107원 정도 되겠네요. 4년 쓴다고 생각하면 80원꼴이고요. 고객 한 명에게 감동을 주는 데 드는 비용입니다. 다시는 나를 잊지 못하게 만드는 투자금이죠.
용기[plate]를 바꾸는 데도 용기[courage]가 필요하지만 고통을 재미로 바꾸는 데에도 용기가 필요합니다. 설치하자마자 태백산 건반 계단은 명물이 되었습니다. 매장을 드나드는 고객님들 덕분에 계단에는 피아노 추상곡이 가득합니다. 라흐마니노프 형이 악상을 얻을 만큼 훌륭한 음악적 소재들이 차고 넘칩니다. 이제껏 해보지 못한 경험을 제공하라는 프리미엄급 마케터들의 조언이 그대로 적용된 2층 되겠습니다.

기분이 좋아야 평가도 후하다

책을 내고 나면 가끔 읽기 민망할 정도의 악플이 달리곤 합니다.

"장사도 안 해본 사람이 말이야…."
"컨설턴트라고 불리는 사람들 대부분이……"
"안 읽어봐도 뻔한 내용일 듯…."

심지어 만천하에 공개되는 글에 사기꾼 운운하는 몰지각한 인간들도 있습니다. 가능하면 보지 않으려고, 무덤덤해지려고 애를 쓰는데 아들 녀석들의 이맛살이 가끔 찌푸려지는 걸 보고 있으면 사실 부아가 치밀어 오릅니다. 한번 엉킨 심리 상태는 어지간해서는 풀리지 않습니다.

《한국형 장사의 신》을 쓰던 무렵 저와 아내는 샤브샤브집을 운영하고 있었습니다. 손님 하나가(일부러 '하나'라고 썼습니다. 분해서요.) 대놓고 네이버에 악플을 달았습니다. 가격이 비싸다. 직원 교육이 엉망이다. 플레이팅이 마음에 안 든다. 글을 읽는 내내 손과 눈밑이 떨릴 정도로 혈압이 올랐습니다. 허나 뭘 어쩌겠습니까? 이게 자영업 오너의 운명이고 팔자인걸요.

"여보 나 말이야. 전생에 나라를 팔아먹은 사람들 도왔던 모양이야. 이런 시련까지 겪어야 하는 걸 보니… 악랄했던 거 같아."

눈을 흘기지만 아내도 고개를 끄덕이더군요. 쪽지를 보냈습니다. 죄송하다고, 다시 한 번 방문해 주시면 정말 제대로 모시겠다고. 그러나 읽씹. 참 어지간히 눈물겨웠습니다. 필리핀에서 무모하게 시작한 호텔 사업 쫄딱 망하고 연명하기 위해 시작한 샤브샤브집인데… 아내와 세 아들은 저만 보고 있는데…. 장사가 안되는 날이면 저희 가족에게는 그 사람이 공공의 적이었습니다. 아무리 애를 써도 네이버 검색에서 내려갈 생각을 안 하는 그 포스팅이 오려는 손님들 발길 다 막는다, 그리 생각했습니다.

무슨 방법이 없을까? 어떻게 이 답답한 상황을 벗어날 수 있을까? 복기하는 심정으로 CCTV를 돌려봤습니다. 저희 직원이 도대체 얼마나 실수를 했는지 제 눈으로 확인하고 싶었습니다. 그런데 말입니다. 이 손님, 매장에 들어오기 전에 남편으로 보이는 사람과 정말 대차게 한판 붙더군요. 유모차는 아예 한쪽으로 세워놓고 앞에 서 있는 신랑에게 연쇄 삿대질이 이어졌습니다.

아이고… 이 상태로 저희 매장에 들어왔으니 뭐는 마음에 들고 좋아 보였겠습니까? 여러분도 이런 경험 다들 있으시죠? 틀어질 대로 틀어진 심사로 매장 문턱을 넘어왔으니 플레이팅은 꼴 보기 싫고, 입맛은 까칠하고, 직원의 친절은 오히려 귀를 괴롭히는 건방진 가르침으로 들렸을 겁니다. 당장 뛰어나가 이렇게 붙이고 싶었습니다.

"싸움을 했거나 주식이 왕창 하락했거나 부동산 가격이 떨어진 분들은 출입금지."

결국 하진 못했습니다. 한없이 나약한 자영업자잖아요.

무슨 좋은 방법이 없을까? 식당에 들어와 자리에 앉자마자 최고의 기분을 맛보게 해드릴 수는 없을까? 이상한 변호사 우영우가 친구에게 "넌 내게 있어서 봄날의 햇살이야."라고 말했던 것처럼 상대를 한순간에 녹여버리는 순간을 어떻게 선물할까?

그래. 기분 좋았던 순간을 강제적으로라도 떠올리게 만들면 되잖아.

그나저나 그게 언제일까? 어떤 순간이었을까? 머리가 터질 것 같았습니다. 감은 대략 잡았는데 확실한 해결책이 떠오르지 않아서요. 며칠을 고민하다 내린 결론은 '이 문제는 내가 고민할 게 아니다.' 였습니다. 대신 내 앞에 있는 사람, 내 이야기를 듣고 있는 그 사람에게 가장 기분 좋았던 순간을 떠올리도록 제안만 해줘도 될 거라는 판단이 섰지요. 메모지에 소중한 문장 하나를 적었습니다.

"당신의 인생에서 가장 행복했던 순간이 기억나세요?"

아마도 이 문장을 본 고객들은 결혼, 득남, 득녀, 승진, 첫 주택 구입 등의 순간을 떠올렸을 겁니다. 이런 하이high 한 상태에서 음식을 먹어야 극강의 만족을 누릴 수 있습니다. 기쁨으로 샤워를 한 상태가 되어야 친절도 진심으로 받아들일 수 있습니다. 명함 사이즈면 됩니다. 앞접시, 컵 속, 또는 테이블 위에 잘 보이게 올려놓으면 됩니다.

생각보다 고객을 행복하게 만드는 일은 어렵지 않습니다. 고객의 감정 기복을 사전에 컨트롤할 수는 없지만 내 영토에 들어온 이상 나의 지시와 안내를 따르게끔 만드는 건 쉽습니다. 오늘부터 고객들은 여러분이 하라는 대로 생각하게 될 겁니다. 헉! 아직 모르시겠다고요?

"첫사랑이 기억나세요?"

"가장 행복했던 여행지는 어디였죠?"

"큰아이가 세상에 첫인사를 한 날, 함께하셨죠?"

당신이
가장 행복했던 순간을
기억하시나요?

메인 요리를 드실 때 스캔해보세요.
음식이 2.7배 더 맛있어집니다.

KICK!

아예 가게에 들어오기 전부터 고객의 기분을 컨트롤하는 방법도 있습니다. 조그마한 의자에 제기를 두 개 올려놔 보세요. 제 수업을 들은 순천 백년가게 풍미통닭 앞에도 제기가 있습니다. 차는지 안 차는지 두고 보자는 심정으로 세팅을 했는데… 열에 아홉은 왕년에 100개는 찼었다며 제기를 집는다고 합니다. 잘 차면 일행들의 환호가 터져 나오고, 말과는 달리 두어 개 차다 제기가 바닥에 내동댕이쳐지면 웃음바다가 됩니다.

《장사는 전략이다》 RED 출간 기념 선물 하나 더. 멀리뛰기 금도 아주 매력적입니다. 웃옷을 벗고 양발을 선에 가지런히 맞추고 팔을 위아래로 허공에 휘젓습니다. 그 뒤는 여러분이 상상하는 그대로입니다. 엉거주춤 주저앉는 사람, 훌쩍 뛰어내린 뒤 어깨에 힘이 들어가는 사람, 괜히 무릎 주무르며 의자 찾는 사람…….

우린 할 수 있습니다. 하지 않아서 그렇지, 하면 됩니다. 얼마든지 고객을 기분 좋은 상태로 만들어 줄 수 있습니다.

고기 들어오는 시간을 보여주세요

한국인은 김치를 좋아합니다. 두 번 말하면 입 아픕니다. 그래서 김치를 이용한 메뉴도 많습니다. 볶음김치, 김치찌개, 김치찜, 김치전……. 그중에서도 김치찌개는 단연 인기입니다. 대부분의 고깃집과 분식집, 배달 전문점에서 김치를 내고 있기에 가능한 일입니다. 든든하게 한 끼 때우는 데 이만한 녀석도 없습니다. 게다가 두툼하게 비계가 붙은 돼지고기까지 들어 있으면 더욱 식욕을 돋웁니다. 칼칼한 김치찌개 국물과 어우러지는 녹진한 고소함을 따라올 메뉴가 얼마나 될까요? 다른 메뉴에도 김치는 늘 따라붙습니다.

그런데 말이죠, 이렇게나 사람들이 좋아하는 음식인데 별로 친절하지 않습니다. 어디 김치를 사용하는지 어떤 돼지고기를 사용하는지 자세히 적는 일이 별로 없습니다. 이걸 꼭 지적하고 싶었습니다. 달랑 '국내산'이라고만 적어서는 변별력이 없습니다. 신뢰는 물론이고 성의도 느낄 수 없습니다. 우리는 대한민국 최고의 식재료만 쓴다고 아무리 우겨봐야 소용없습니다.

종종 고깃집을 운영하는 오너들에게 연락을 받습니다. 어떻게 하면 매출이 오르겠느냐고 물어옵니다.

자, 생각해 봅시다. 당신이 고깃집을 선택하는 기준은 무엇인가요? 가격? 중량? 서비스? 땡~! 틀렸습니다. 바로 '맛'입니다. 그렇다면 그 많은 고기 중에서 어떤 고기가 가장 맛있는 고기일까요? 하이포크, 한돈, 미래축산, 지엠, 보람……. 최고의 전문가들이 사용하고 있다는 이 녀석들을 도입하면 최고의 맛집이 될 수 있을까요? 어림없는 소리입니다. 고수들은 이 고깃덩어리들을 명품으로 만드는 노하우를 가지고 있습니다. 숙성이 바로 그 답입니다. 하지만 함부로 드러내지 않습니다. 기업 비밀이니까요. 고객들에게도 적당한 선에서만 공개합니다. 72시간 숙성, 저온 숙성, 수중 숙성 등 알 듯 모를 듯 '있어 보이는' 선에서 마무리 짓습니다. 아무리 따라해도 그 맛이 나지 않는 이유는 시간뿐만 아니라 온도, 습도 등 드러내지 않은 부분까지 종합적으로 까다롭게 관리하기 때문입니다.

"그렇다면 위장 취업이라도 해야 한다는 소린가요?" 아닙니다. 맛있다고 믿게 만드는 기술이 더 유용합니다. 앞서 설명한 숙성육도 차별화를 위한 전략 중 하나입니다. 타 점포들과는 거리를 두면서 고객에게 다가가기 위한 안간힘입니다. 숙성 노하우는 하루아침에 얻을 수 없지만, 단기간에 맛있어 보이도록 설득하는 기술이 하나 있습니다. 엉망인 고기 쓰면서 이 스킬을 사용하면 사기꾼이라는 소리 듣기 십상입니다. 그러니 이름을 걸고 양심을 지켜 맛있는 고기를 제공할 분이시라면 따라해 보세요.

일단 다이소로 갑시다. 동아에서 나온 '블랙 보드 마커'라는 게 있습니다. 형광펜인데 가격 대비 성능이 우수합니다. 쓰기도 쉽고 지우기도 편합니다. 물수건으로 쓱쓱 문대면 감쪽같이 지워지는 일명 '물 백묵'입니다. 마커를 사 와서 손님이 밀고 들어오는 유리에 이렇게 씁시다.

오늘 드시는 고기는 48시간 전에 도축한
나주 농협의 원 플러스 돼지고기입니다.

글씨가 마음에 안 들면 지우고 다시 쓰면 그만입니다. 하루에 100명의 고객이 방문한다면 그중 절반은 당신의 글을 읽고 흐뭇해할 겁니다. '그래, 내가 먹는 고기는 신선하겠구나.' 스스로를 설득하며 만족해합니다.

이미 저지른 선택이 후회되지 않도록 후속 조치를 취하는 겁니다. 경쟁사들이 제공하지 않는 구체적이고 자상한 정보를 선물하는 거죠. 이것은 영업 사원들이 자주 사용하는 기법입니다. 이미 잡은 고기(제품을 구입한 고객)에게 먹이(정보)를 주는 겁니다. 그럼 고객은 이리 생각합니다. '내가 산 제품이 이렇게 훌륭한 것이었단 말이야?' 그래서 오늘도 자동차 영업 사원들은 고객이 산 차가 유럽 등지에서 실시한 성능 테스트에서 1등을 했다는 DM을 보내고 또 보내는 겁니다.

이러면 그 브랜드에 대한 선호도가 마구 상승합니다. 고깃집이라고 다르지 않습니다. 48시간 전에 잡은 고기로 끓인 김치찌개란 소리지, 좋아! 맛있겠는데…. 계산을 하고 나오면서도 한마디 합니다.

"김 과장~ 나주 고기 맛있네. 탁월한 선택이야. 다음 회식은 여기서 하자고!"

믿기지 않는다면 당장 물 백묵으로 자상해져 보세요. 밑져야 2,000원 아닌가요? 단, 시도할 거라면 매일 적어야 합니다. 등급 판정서나 도축 증명원을 함께 붙여준다면 그 효과는 배가 될 겁니다.

오늘 고기 들어온 시간을 적으세요!
고객을 설득하기 위한 사장님의 한 수!

단순히 고기 원산지만을 보여주는 것으로는 부족합니다. 이제는 며칠, 몇 시에, 어디서 고기가 들어온 건지 보여주세요. 글을 읽기만 해도 신선함이 느껴질 겁니다. (대구 녹향구이)

KICK!

7년 전, 늦은 저녁. 집 앞 생맥주집으로 후배 부부가 찾아왔었습니다.

"형님, 이번에 상암동 상륙작전 펼치는데 아이디어 하나만 부탁드립니다."

이미 문래동에서 한칼을 날린 친구라 실력은 믿어 의심치 않았지만 상암동이라는 상권이 워낙 경쟁이 치열한 곳이라 좀 불안했습니다. 전 이런 난관에 부딪히면 주머니에 넣고 다니는 카드 한 장을 꺼냅니다.

"가장 좋은 해결책의 정반대도 훌륭한 해결책이 될 수 있다."

"동생, 다들 고기 고기 하니 우린 고기 이야기는 하지도 말고… 음… 밥 이야기하자. 마지막으로 먹고 나가는 게 밥이잖아. 보글보글 끓는 된장찌개에……"

그렇게 탄생한 카피가 바로 **〈밥이 맛있는 고깃집〉**입니다. 고깃집 100군데 중 99곳은 고기가 맛있다고 주장합니다. 거의 다 비슷합니다. 그래서 다 같이 합창하는 주장과 제안은 빼버리고 밥을 건드린 겁니다.

더 솔직히 말씀드리자면 점심 매출 때문에 그랬습니다. 작은 가게가 성공하기 위해서는 남다른, 탁월한 매출을 보여줘야 하는데 이러려면 점심이 받쳐줘야 합니다. 한국인은 백발백중입니다. 고기가 맛있다고 하면 고기 먹으러 가고, 밥이 맛있다고 하면 밥 먹으러 갑니다. 고깃집 중 상당수 브랜드가 점심 매출이 안 나와 고민이 많습니다. 이유는 간단합니다. 고기 맛집이라고 했잖아요. 고기가 끝내준다고만 주장했지 밥 이야기는 안 했잖아요. 그래서 밥을 건드린 겁니다. 고기요? 그건 기본 아닙니까! 고기는 기본이고 밥까지 맛있는 고깃집. 이 주장을 뒷받침하기 위해 계란프라이와 분홍 소시지를 기본으로 내드렸습니다.

결과요? 그야말로 상암동을 뒤집어 놓을 정도의 대성공. 월화고기 이야기입니다. 이후 보라매공원에 대형 매장을 내며 도정기도 들여놓고 굳히기에 나섰습니다. 이제는 월화고기, 월화식당, 곱, 느루집, 광장 누룽지 닭강정, 마틸다 바비큐 치킨, 계옥정을 거느리고 있는 외식업계 거물이 되었고요.

실력도, 끈기도, 운도 중요하지만 제 마지막 이야기에 주목해 보세요.

모두가 주목하는 포인트에서는 히트작을 만들기 힘듭니다.

다들 '고기'하면 '김치'하고
다들 '커피'하면 '물'하고
다들 '면'하면 '기름'하세요.
정반대에 훨씬 더 많은 기회가 있답니다.

밥집은 무조건 밥이 맛있어야 한다

식당은 무엇을 하는 곳인가요? 네, 밥을 먹는 곳입니다. 그렇다면 식당이 갖추어야 할 최고의 미덕은 무엇일까요? 그렇습니다. 밥이 맛있어야 합니다. 맛없는 음식을 내면서 돈을 받는 행위는 범법 행위입니다. 말도 안 되는 반칙입니다. 밥만 맛있으면 빈곤한 찬조차 문제 될 것 없다는 손님도 많습니다. 갓 구운 김도 좋고, 양념간장 두른 깻잎도 훌륭하고, 달달하게 볶은 김치도 끝내줍니다. 그만큼 밥맛이 중요한데 정작 맛있는 밥을 찾기가 쉽지 않습니다. 하수들에게는 크게 비중 있는 문제가 아닙니다. 반면 일 매출 1천만 원이 넘는 업장의 대표들은 늘 고민하고 연구합니다. 어떻게 하면 밥을 맛있게 지을 수 있을까요?

명인이 끓인 설렁탕으로 인플루언서들을 들었다 놨다 하고 있는 신재우 명인 설렁탕 사장에게 물은 적이 있습니다. 식당의 생명이 무엇인지를요.

모름지기 밥집은 밥맛으로 승부해야 합니다. 밥 하나만 잘 지어도 고객이 알아서 몰려들 겁니다.
(부안에서)

"밥이요, 사부님. 마지막까지 만족시키려면 밥이 제일 중요해요."

들을 때는 싱거운 대답이라 치부했습니다. 하지만 뒤늦게 알았습니다. 고기를 팔든 찌개를 팔든 밥이 가장 중요하다는 사실을.

채널A에서 방영된 <먹거리 X파일>의 '착한식당' 코너가 엄청나게 주목받던 시기가 있었습니다. 그 중차대한 프로젝트의 1호점은 낙원동 악기 상가 지하에 있는 그냥 밥집이었습니다. 일부러 '그냥'이라는 수식어를 쓴 이유가 있습니다. 지하에서도 제일 구석에 자리 잡고 있는 식당을 주인공으로 만든 힘은 밥이었습니다. 좋은 쌀을 쓰는 건 기본. 가게에 들어서면 그 좁은 공간에 밥통이 5개나 자리 잡고 있습니다. 손님이 얼마나 많으면(<수요미식회>에도 등장해 더욱 인산인해를 이루었습니다.) 밥통이 이리 많을까요? 주인어른께서 일미식당의 기업 비밀을 손숙, 한대수 선생님과 진행하던 프로그램 <행복의 나라로>에서 털어놓으신 적이 있습니다.

용량의 3분의 1만큼만 밥을 지어라.

전기밥솥의 최대 용량이 20인분이면 7~8인분의 쌀만 넣어야 밥맛이 좋아진다고 했습니다. 적어놓고 보니 달랑 한 줄인 이 원칙이 대한민국 최고의 밥집을 만들었습니다. 그야말로 기름기 좔좔 흐르는 밥을 이 집에서 만날 수 있습니다. 어묵볶음에 무생채, 멸치볶음, 구운 김, 가지무침……. 뻔한 찬들이어도 밥이 맛있으니 공기를 비우기 바쁩니다. 이 집의 시그니처 메뉴인 청국장 뚝배기가 나올 즈음에는 너도나도 "밥 한 공기 더~"를 외치느라 정신이 없습니다. 매끄러운 질감의 국가대표 밥맛을 어찌 50인분씩 지어대는 '짬밥'과 비교하겠습니까! 청국장에 비빈 명품 밥이 혀를 긴장시킵니다.

아직 놀라기에는 이릅니다. 더한 집도 있습니다. 외식업계의 전설로 불리는 장기조 대표가 운영하는 파주의 두둑한 한판은 한술 더 뜹니다. 수백 평 매장인데도 밥은 가정용 고급 전기밥솥으로 짓습니다.

쌀이 춤을 출 수 있어야 한다는 게 그의 철학입니다. 10여 개의 밥솥이 쉬지 않고 기적을 울립니다. 삑~ 삑~. 옆에서 타이머로 재보니 3분 간격으로 밥이 완성됩니다. 찰리 채플린 주연의 <모던 타임스>에 나오는 공장 같습니다. 균일한 맛을 유지하는 갓 지은 밥이 수천 명의 고객을 사로잡았습니다. 주차장이 부족해 주변의 나대지를 매입해야 할지도 모르겠다고 합니다. 이 불경기에 행복한 비명입니다. 이게 다 밥의 힘입니다.

낙원동 일미식당은 밥이 맛있기로 유명합니다. 기름기 좔좔 흐르는 밥을 맛볼 수 있습니다.
(일미식당)

외식업주들은 왜 이 간단한 사실을 모를까요? 알아도 왜 애써 외면하는 걸까요? 대부분 홍보 마케팅에만 집착합니다. 안쓰럽습니다. 날도 서지 않은 검을 들고 전쟁터에 나가는 꼴입니다. 제발 부탁인데 밥부터 챙기시길 바랍니다.

밥 하나만 잘 지어도 대한민국 1등을 거머쥘 수 있다는 사실을 잊지 않으시길 바라며, 마지막으로 특급 비밀을 하나 털어놓습니다.

삼성그룹에는 웰스토리라는 토털 F&B 회사가 있습니다. 별의별 직업을 가진 전문가들이 순전히 맛을 위해 연구하고, 분석하고, 설계하고 실행합니다. 그중에서도 가장 눈에 띄는 직업이 '밥 소믈리에'. 일명 밥의 연금술사라 불립니다. 웰스토리에서는 이렇게 설명했습니다.

가장 평범하면서도 구현하기 가장 어려운 '밥맛'과 싸우다.

밥 소믈리에

밥을 평가하는 것 이외에 쌀에 관한 지식부터 취반에 대한 기술, 영양, 위생의 모든 부분을 다 아우르는 전문가, 밥 소믈리에. 개개인의 다른 입맛에서도 공통된 최상의 밥맛을 끌어내기 위해서는 섬세한 미각과 과학적인 분석력이 함께 어우러져 있어야 한다. 가장 평범한 것에도 더없이 세심한 관심을 기울이는 것이야말로 자극적인 맛만을 '맛'으로 평가하는 한국인의 입맛을 바꾸기 위한 노력의 출발점이다. **(웰스토리 소개 글 인용)**

밥 소믈리에는 일본에서 출발했습니다. 일본취반협회와 곡물검정협회가 시험을 주관합니다. 일본에서도 소수만 보유하고 있는 희귀 자격입니다. 이승재 책임은 2010년에 외국인 최초로 밥 소믈리에 자격증을 취득했습니다. 쌀의 종류, 도정, 생산, 준비, 취반 요령 등 이론 시험을 통과하면 다음은 실기. 관능 테스트가 기다리고 있습니다. 이게 만만치 않습니다. 고시히카리로 만든 완벽한 밥과 그렇지 않은 밥들을 비교합니다. 물, 시간, 온도 등 지식과 감각 기관을 총동원해서 판단해야 합니다.

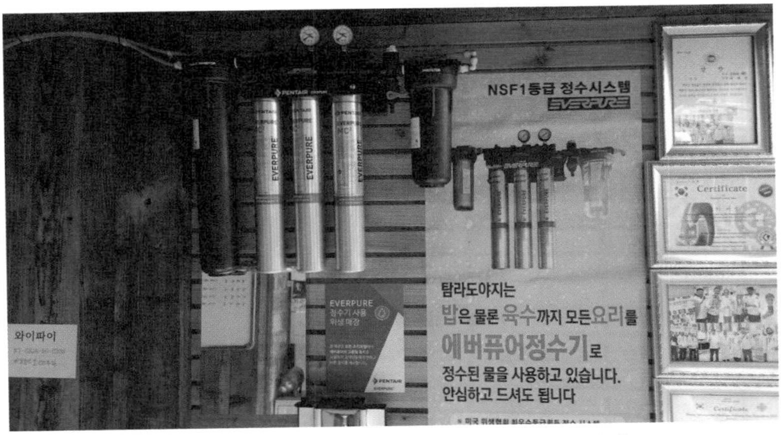

밥은 첫 물이 중요합니다. 밥 짓는 물도 특별하게 준비하세요. (삼성동 탐라도야지)

이 테스트를 통과한 국내 최초 밥 소믈리에가 바로 이승재 책임입니다. 그는 원래 식품 연구소에서 쌀의 품질 관리를 담당하던 연구원이었습니다. 고객들에게 최고의 쌀을 제공하겠다는 의지와 열정이 그를 전문 소믈리에로까지 이끌었습니다. 그와의 인터뷰에서 최고로 맛있는 밥을 짓는 노하우를 배울 수 있었습니다.

"맛있는 밥을 짓고 싶다면 쌀에 부은 첫 물을 최대한 빨리 버려야 합니다. 한 번만 젓게 하고 버린다는 생각으로 말이죠."

도정하고 남은 쌀겨들이 쌀알에 붙지 않고 씻겨 내려가야 성공. 이러면 기름이 좔좔 흐르는 밥을 만들 수 있다고 합니다. 밥도 밥이지만 쌀의 보관 상태나 기간도 중요하기 때문에 도정 후 7일 이내의 것만 사용합니다.

자, 이번 장에서는 가장 맛있는 밥을 지을 수 있는 노하우를 전부 다 털어놓았습니다.

요약하자면,

적게 하고, 자주 하고, 좋은 물로, 빨리 씻어라!

모르면 모를까 아는 데도 안 하면 죄악입니다. 안 하면 가족과 직원 그리고 고객들을 배반하는 겁니다.

계산 가능한 가치만 깔아주세요

여수에 사는 지인 한 분이 강연을 요청했습니다. 타 지역에 비해 불모지나 다름없으니 외식업 마케팅 관련 특강을 해달라는 내용이었습니다. 저는 늘 강연을 새로이 준비합니다. 타깃 오디언스를 고려해 맞춤형 강연을 합니다. 예비 창업자들도 꽤 많이 신청했다는 소리를 듣고 더 신중해졌습니다.

강연이 물 흐르듯 무리 없이 진행되고 있었는데, 어이쿠! 갑자기 마이크가 고장나는 바람에 잠깐 중단되었습니다. 강연이 중단되면 맥이 끊깁니다. 다시 추스르는 데 시간이 걸립니다. 이때다 싶어서 질의응답 시간을 갖기로 했습니다. 10여 년 재미를 본 감자탕집 사장님이 고객이 반으로 줄었다면서 볼멘소리를 합니다. 미안하고 안쓰럽습니다. 극약 처방을 해주면 좋으련만 아이템도, 인테리어도, 메뉴도 노화된 상태에서는 쉬운 일이 아닙니다.

몇 개의 질문과 대답이 오가고 강단으로 오르려는 순간 수줍은 목소리가 들립니다. 고개를 돌리니 처음부터 끝까지 시선을 고정하고 있던 여자분이었습니다.

"예비 창업자인데요… 요새 샐러드 바 많이들 놓으시잖아요. 놓는 게 도움이 될까요? 아니면 없어도 별 상관없을까요?"

아마도 이 여성이 물은 건 패밀리 레스토랑이나 뷔페 레스토랑의 샐러드 바가 아니라 일반 음식점에 있는 반찬 추가 바일 겁니다. 예비 창업자들은 쉽게 마음에 상처를 입습니다. 그래서 돌려 말해야 합니다.

"질문하신 분은 샐러드 바 있는 식당이 좋으세요? 아니면 없는 식당이 좋으세요?"

여기저기서 웃음이 터져나옵니다. 이럴 의도가 아니었는데…. 올바른 샐러드 바 구성으로 다시 이야기를 돌렸습니다. 아이템, 장소, 규모에 따라 약간의 차이는 있지만 샐러드 바를 두면 두 가지 장점을 얻을 수 있습니다. 먼저 추가 반찬 주문을 받으러 갔다 반찬을 가져다 줄 때 드는 인건비를 절약할 수 있습니다. 또 샐러드 바가 없는 매장에 비해 더 큰 혜택을 제공한다는 인상을 고객에게 남길 수 있습니다.

우리는 이 시점에서 시각을 바꿀 필요가 있습니다. 엉성한 샐러드 바는 욕 먹기 딱 좋습니다. 장아찌 몇 종류와 채 썬 양배추로는 호감을 살 수 없습니다. 오히려 웃음거리가 되기 십상입니다. 그리고 또

한 가지. 샐러드 바를 설치했다는 이유로 손님도 없는 시간에 직원들끼리 노닥거리면서 추가 반찬을 요구하면 "저희 집은 셀프인데요."로 응수하는 일도 종종 있습니다. 가장 바람직하지 못한 경우가 이에 해당합니다. 맛도 없고, 볼품도 없고, 종류도 적고, 게다가 불친절하기

고객 입장에서 고민한 샐러드 바를 놓읍시다. 샐러드 바의 메뉴 구성만으로 단골 고객을 만들 수 있습니다. (수원 제철밥상)

까지 하다면 안 하느니만 못합니다.

제대로 샐러드 바를 구성하는 방법을 알아봅시다. 일단은 고객과 입장을 바꾸어 보는 게 중요합니다.

여러분은 식당에서 어떤 반찬이 나오면 기쁘세요? 백이면 백 원가가 높은 반찬일 겁니다. 그래야 본전 뽑는다고 생각하는 고객들이 의외로 많습니다. 자, 아래에 시중의 샐러드 바에 자주 등장하는 메뉴들을 적어보았습니다. 두 가지 중 하나를 선택해 봅시다.

계란프라이	**vs**	**껍질째 삶은 메추리알**
잡채	**vs**	**당면 부추볶음**
미역무침	**vs**	**무생채**
비엔나 소시지	**vs**	**분홍 소시지**
견과류 멸치볶음	**vs**	**고추볶음**
세발나물	**vs**	**숙주볶음**
숭늉	**vs**	**생수**
버섯튀김	**vs**	**버섯볶음**
도루묵 조림	**vs**	**코다리 조림**
무장아찌	**vs**	**단무지**

반찬을 더 먹고 싶은 마음에 샐러드 바를 찾았습니다. 만약 당신이라면 어느 반찬에 높은 점수를 주시겠어요? 만드는 사람도 중요하지만 어쨌든 음식을 팔아야 하는 입장이라면 반드시 고객의 입장을

이해해야 합니다. 식성에 따라 호불호가 나뉘겠지만 잊지 마세요. 인간은 계산하는 동물, 호모 카운티우스라는 사실을. 고객은 자신이 주문한 메뉴의 가격에서 추가로 먹을 수 있는 반찬들의 가치를 끊임없이 더하고 뺍니다. 그런데…

우린 깔기만 했지 아무런 장치를 하지 않았습니다. 더 잘 보이고 싶은 마음에, 더 모시고 싶은 마음에 열성을 다해 마련만 할 줄 알았지 생색내는 법을 배우지 못했습니다.

자, 센 선물 하나 드릴게요. 셀프 바를 가지고 계시다면 얼른 상품별 가격을 적어놓으세요. 콩나물 100g 1,300원, 단무지 100g 750원, 쌈장 100g 800원…. 네? 리필은 돈 주고 사먹어야 하냐고요? 아니지요. 그렇게 가격을 인지시키자는 겁니다. "이 정도 가치를 무료로 깔아드렸으니 당신은 오늘 아주 훌륭한 선택을 한 겁니다."라고 가르쳐 주자 이겁니다. 엉성해 보이면 오히려 역풍을 맞을 수 있으니 한쪽에 포장 용기와 저울도 하나 구비해 주세요.

"저희 반찬이랑 쌈장이랑 채소가 맛있어서 그런지 포장해 가는 분들이 많아요."

고객은 이런 가격 고지를 보면 두 가지 생각을 합니다. '오늘 본전 뽑았네.' 그리고 '인기 많은 집인가 보네.' 행동에만 넛지가 있는 게 아닙니다. 생각에도 얼마든지 넛지를 줄 수 있습니다.

왜 이런 디테일까지 건드리는지 아세요? 가슴에 손을 얹고 생각해 보세요. 쌈채소 C급 사 오셨어요? 무생채 적당히 만드셨어요? 콩나물은요? 동치미는 눈 감고 만드신 건가요? 아니잖아요. 새벽부터 시장 봐 가며 고생고생해서 만드신 거잖아요. 그런데 왜 가격이라는 옷을 안 입혀주세요? 가격을 적어주지 않으니 공짜, 무료, 0원이라고 생각한다니까요. 적어보세요. 고객의 반응이 달라집니다.

가격표도 훨씬 더 가치 있게 만드는 방법이 있습니다. 매일 다르게 표기하는 겁니다. 네? 얼마를 적어야 하는 거냐고요? 받고 싶은 만큼요. 그래도 되냐고요? 자격 충분합니다. 여러분들 작품이잖아요.

메인 메뉴와 함께 내주는 반찬들도 마찬가지입니다. 이 경우 가격표를 일일이 붙이기는 좀 뭐하지만 이거 하나는 절대 잊지 마세요. 가격 가늠이 안 되는 녀석들은 가능한 한 선발 라인업에서 빼버리세요. 아무리 맛이 좋아도 그냥 공짜라고 생각하니까요. 기왕이면 가격 추측단서, 즉 있어 보이고 비싸 보이는 단서들을 슬쩍 끼워넣으세요. 잣 한 톨, 실고추, 호두, 브라질너트, 흑임자 등 여러분이나 고객이 판단했을 때 '이 집 비싼 재료 많이 쓰네' 할 수 있게 단서를 묻혀주세요. 이 가치를 궁극으로 올리는 방법이 있습니다. 디테일하게 적어주는 겁니다. 왜 다이소 같은 데 가면 파는 안내판 꽂이 같은 거 있잖아요.

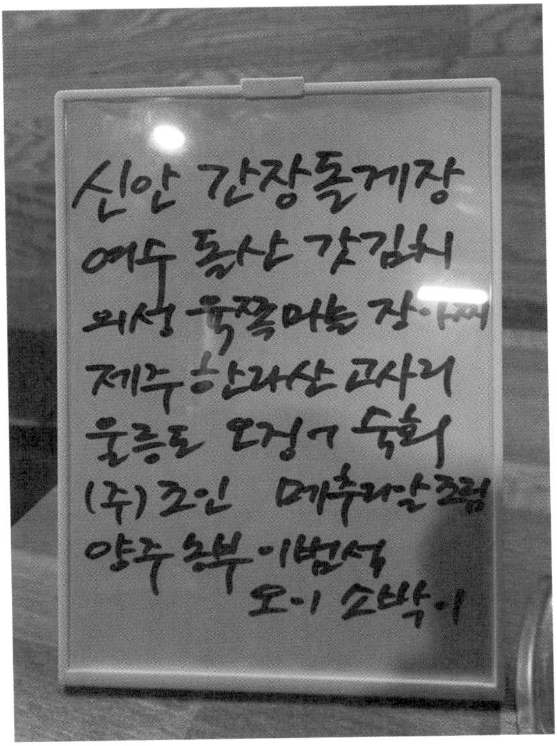

수단과 방법을 가리지 말고 내 상품의 격을 올려주세요. 고객은 가르쳐 주지 않으면 절대 모릅니다.

음식과 가격 그리고 맛의
상관관계를 파헤쳐 보자!

가치를 더하는 1% 초디테일 전략 100

제가 가장 좋아하는 건 디테일입니다. 디테일이 없으면 중독되지 않습니다. 디테일이 없으면 감동은 무리입니다. 디테일이 없으면 경쟁이 불가능합니다. 외식업자는 물론이고 사업을 하는 모든 이들이 주목할 필요가 있는 게 바로 디테일입니다. 디테일은 차별화의 엔진입니다. 가득 차면 든든하고 질주에 자신감이 붙습니다. 디테일은 경쟁력입니다. 경쟁자가 도저히 따라올 수 없는 경쟁력이 바로 디테일입니다. 이걸 딱 100가지 준비하는 겁니다.

성공을 위한 장사의 디테일 100

(※본인 업종이나 매장과 관련이 없는 내용은 과감히 지우세요. 하나만 건져도 본전은 뽑을 테니까요.)

001 간판에 형광등을 10개 더 삽입하라. (《육일약국 갑시다》의 저자 김성오 선생님에게서 얻은 아이디어.)

002 60인치 브라운관을 전면에 설치해 우리 집 요리 영상을 24시간 틀어라.

003 장사에 도움이 되지 않는 모든 방해물을 치워라.

004 유리창에 칼로리가 높은 사진을 가능한 한 크게 붙여라.

005 터치하면 열리는 자동문을 설치하라.

006 현관문에 고기 들어오는 시간과 식재료 납품 박스를 잘라 붙여라.

007 매장 밖에 스피커를 설치해 우리 집 요리하는 소리와 음식 먹는 소리를 들려줘라.

008 미남 미녀가 설명해 주는 동영상 키오스크 주문대를 설치하라.

009 매장에 식욕을 돋우는 방향제를 설치하라. (메뉴에 따라 다르니 몇 가지를 골라 테스트해 보세요. 가장 기본은 시트러스 계열.)

010 스팀 청소기로 테이블을 닦아라.

011 직원들의 유니폼을 최신 셰프복으로 통일하라.

012 날 선 가위와 칼을 준비하라.

013 메뉴판은 반드시 디자인 업체에 의뢰하라.

014 메뉴판에 베스트셀링 메뉴를 표시하라. 그리고 해상도가 높은 사진을 큼직하게 넣어라.

015 가치(=판매가)에 따라 글자의 크기를 다르게 하라. (대부분의 식당은 고기와 소주의 글씨 크기가 동일합니다.)

016 소주 회사의 플라스틱 물병 대신 스테인리스 물통을 비치하라. 생수면 금상첨화.

017 정수가 아닌 직접 끓인 보리차나 옥수수차 혹은 둥굴레차를 서빙하라. (허브티도 훌륭합니다.)

018 무침이나 비빔밥은 손님 테이블 옆에서 직접 비벼줘라.

019 가격이 저렴하다고 맛과 서비스까지 저렴해도 된다는 생각은 뽑아버려라.

자연을 옮겨 담은 듯한 정성스러운 포장에 선물을 받는 사람을 생각한 천연 과일 세척 바와 세련된 과도까지. 이런 게 바로 초디테일입니다. (정담과)

020 매일 20장의 사진을 촬영하고 설명을 붙여 블로그와 SNS에 올려라.

021 고객이 인스타그램, 페이스북 등에 사진과 리뷰를 올려주면 1,000원을 현찰로 내줘라.

022 수저통 위에 보를 씌워놓거나 패키지 안에 넣어 보관하라. (테이블에 달린 서랍식 수저통을 사용한다면 청결에 신경쓰세요. 수저통 구석은 먼지 앉기 좋은 자리입니다.)

023 완벽하게 살균 소독된 코인 물수건을 내주어라. (예쁜 그릇에 정수물을 담아 함께 내세요.)

024 웃는 얼굴로 인사하라.

025 손님이 매장에 들어서면 전 직원이 "안녕하세요!"라고 외쳐라. 혹은 처음 발견한 직원이 인사를 하고 나머지는 복명복창하라.

026 카운터 앞에 사탕 대신 직접 만든 뻥튀기 과자를 제공하라. (누룽지를 튀겨 내면 최고!)

027 계산을 마친 고객에게 천일염이라도 좋으니 선물을 준비하라.

028 전단지에는 실물 사이즈의 요리 사진을 넣어라.

029 메뉴판에 담당 업무와 함께 직원들의 이름을 적어 넣어라.

030 교회나 절, 성당에 갈 때의 복장과 헤어스타일을 고수하라.

031 여자 화장실에 생리대를 준비하라. (사용한 사람은 반드시 재방문합니다.)

032 화장실에 일회용 칫솔과 로션 그리고 면봉을 비치하라.

033 남자 소변기 위와 여자 화장실 문에 이 '디테일 100'을 붙여라.

034 다른 건 다 아껴도 디자인에는 투자하라. (BI, 간판, 파사드, 메뉴판)

035 직원의 휴대폰을 한데 모아놓고 그 사실을 고객들에게 알려라. "영업시간에는 고객님만 생각하겠습니다."

036 부정적인 표현은 절대 사용하지 마라. ("일요일은 쉽니다."까지도.)

037 개점 5분 전 임직원 모두가 음악에 맞춰 스트레칭하거나 미친 듯이 춤을 춰라.

038 김치 명인 강순의 선생에게 김치를 배워라. 평생 간다.

039 반찬에 자신이 없다면 요리연구가 ○○○의 레시피로 만들었다고 밝혀라.

040 일주일에 2회씩 반드시 벤치마킹을 하라.

041 벤치마킹은 무조건 직원들과 동행하라.

042 칭찬 릴레이를 실시하라.

043 내 방식으로 사람을 사랑하는 건 아무 의미 없다. 그 사람이 원하는 방식대로 사랑해 줘라.

044 직원들에게 시간당 1,000원을 더 줘라.

045 일주일에 한 번 신메뉴를 개발하고 직원들과 상의하라. 만장일치일 경우 도입하라.

046 직원에게 주인의식을 강요하지 마라. 주인은 당신이다.

047 매주 3회 매장 앞에서 예비 고객들을 위한 시식회를 열어라.

048 당신의 매장을 소모품이라 생각하라. 감가상각이 끝나면 반드시 리모델링에 투자하라.

049 오픈 시 추가 메뉴 30가지를 미리 준비하라.

050 직원에게 반말하지 마라. 그러니 손님도 따라하는 거다.

051 "직원에게 반말하지 않으면 100원을 돌려드립니다." 라는 말을 입구나 테이블, 카운터 위에 써 붙여라.

052 수익의 30%를 직원과 고객에게 베풀어라.

053 음악 방송 플레이리스트를 확보하라. (비 오는 날, 눈 오는 날, 햇빛 쨍쨍한 날…)

054 주문을 받으면 반드시 그 자리에서 확인하라. (복명복창하면 매출이 오릅니다.)

055 물잔과 앞접시의 물기를 없애라.

056 매달 무조건 한 가지 이상의 새로운 식재료를 찾아라.

057 《농민신문》과 《외식경영》, 《월간식당》을 구독하라.

058 직원들을 위한 마사지 의자를 임대하라.

059 화장실에 반드시 비데를 설치하라.

060 따뜻한 물과 찬물을 둘 다 제공하라.

061 겨울철, 대기하고 있는 고객에게 손난로를 줘라.

062 고객의 이름과 이미지를 기억하라. “지난번에도 오셨죠?”

063 고객의 옷을 받아줘라.

064 단골들만의 전용 숟가락과 젓가락 통을 마련해 줘라.

065 잔돈은 신권으로 준비하라.

066 테이블마다 휴대폰 충전기를 설치하라.

067 테이블과 메뉴판에 와이파이 비밀번호를 공개하라.

068 스탠드 옷걸이에 개인용 옷걸이를 준비하라. 그래야 구겨지지 않는다.

069 평범한 ‘딩동~’ 벨을 “사랑합니다~”로 바꿔라.

070 고깃집에는 안경 세척기를 놓아라.

071 매장 앞에 자동 구두닦이를 설치하라.

072 구두를 신은 고객에게 편안한 실내화를 제공하라.

073 주방의 모습을 CCTV로 보여줘라.

074 매장에 화분을 놓아라.

075 금주의 베스트셀러와 삼성경제연구소 등 유명 기관의 추천 도서를 오려 붙여라.

076 고객이 찍은 사진으로 사진전을 개최하라. (“저희 집 음식 사진을 찍어 카카오톡 채널로 보내주시면 콘테스트를 통해 선물을 드립니다.”)

077 테이블 위에 놓인 음식이 더 맛있어 보이게 스탠드 조명을 설치하라.

078 즉석 계란프라이 셀프 바를 구비하라.

더러워진 소주 회사 앞치마 대신 일회용 앞치마를 제공하세요. 제공하는 방식까지 고민한다면 당신은 성공할 자격이 충분합니다. (종로1973, 딱조아막창)

079 최대한 섹시한 포장 용기와 백을 준비하라.

080 우산을 빌려줘라.

081 쿠폰에 빙고 게임을 도입하라.

082 고객의 띠에 맞게 내어줄 수 있는 12띠 동물 술잔을 구비하라.

083 아기와 어린이용 메뉴, 음료를 만들어라.

084 싸구려 이쑤시개 대신 치실을 준비하라.

085 면 집는 젓가락은 홈이 있는 예리한 젓가락으로 바꿔라. (미끄러운 면을 스테인리스 젓가락으로 먹으면 당신도 짜증이 날 겁니다.)

086 바로바로 치울 자신이 없다면 테이블에 냄비 뚜껑 받침대를 올려놓아라.

087 테이크아웃 용기를 경쟁자와 다른 색으로 만들어라.

088 화장실에 예비 화장지를 비치하라.

089 온라인 제국을 건설하라. (사이버 세상에는 평수 제한이 없습니다.)

090 SNS에 매일 요리를 만드는 동영상을 올려라.

091 더러워진 소주 회사 앞치마 대신 일회용 앞치마를 제공하라.

092 매월 1일에 직원들과 함께 매장과 서비스를 점검하라.

093 "추가 공기밥 가격은 빼드릴게요." (추가 공기밥은 서비스라고 벽에 써 붙이지 말고 계산대에서 할인해 줍시다. 생색내면서요!)

094 고객의 신발을 책임져라. (고객의 신발이 없어질 정도로 손님이 많고 정신이 없다면 당신은 이미 부자입니다. 내 집을 찾은 고객이 마음 놓고 식사할 수 있도록 신발은 책임집시다.)

095 매일 오후 전 직원들과 티타임을 갖고 내일 낼 반찬을 상의하라. (직원들 혼내는 자리가 아닙니다. 단 10분이라도 좋으니 모두가 공감할 수 있는 시간을 갖자는 뜻입니다.)

096 하루에 세 번 아내 혹은 남편에게 사랑한다고 고백하라.

097 하루에 A4 반 페이지 분량의 글을 써라. (글을 쓸 줄 모르는 사장은 살아남을 수 없습니다.)

098 이미지와 오디오 그리고 동영상의 고수가 돼라.

099 잘되면 직원과 손님 덕분, 엉망인 건 모두 내 탓이다. 절대로 나 아닌 다른 사람을 탓하지 말아라.

100 당신이라면 할 수 있다. 항상 스스로를 믿어라.

이 모든 걸 준비하는 게 쉽지는 않을 겁니다. 시설비가 드는 것도 꽤 있습니다. 그렇다고 모든 디테일에 돈이 필요한 건 아닙니다. 마음이 중요합니다. 고객을 연애의 대상이라 생각한다면 그까짓 디테일 100, 별거 아닙니다. 하지만 실행하기는 쉽지 않습니다. 중간에 의심이 생깁니다. 굳이 이렇게까지 할 필요가 있을까? 아무리 손님이 왕이라지만 이렇게까지 디테일할 필요가 있을까?

흘려듣는 분들도 많을 겁니다. 하지만 위에 적힌 대로만 꼼꼼히 준비한다면 그 어느 외식업자도 당신의 경쟁자가 될 수 없습니다. 주인이 원하는 식당이 아니라 고객이 원하는 식당을 만드는 게 답입니다. 이건 의외로 간단합니다. 그들의 입장에서 생각하면 됩니다. 그리고 '이런 서비스가 있으면 좋겠다' 하는 리스트를 만든 다음 적용하면 됩니다.

한번은 강의를 하는데 주변에 경쟁 떡볶이 업체가 많이 생겨 고민이라는 분의 질문을 받았습니다. 현재 김밥을 알루미늄 호일에 싸서 까만 비닐봉지에 넣어주는데 이 방식을 계속해도 괜찮겠냐고 물었습니다. 대답 대신 질문을 하나 드렸습니다. 당신이라면 호일에 대충 말아주는 집을 단골로 삼을 건지, 아니면 예쁜 박스에 넣어 투명하고 예쁜 쇼핑백에 넣어주는 집에 갈 건지. 그 사장님은 얼굴이 빨개진 채 자리에 앉았습니다.

입장만 바꾸면 쉬워집니다. 당신이 받고 싶은 디테일한 서비스를 다 도입해 보세요. 장담컨대 고객은 당신 가게를 도저히 끊을 수 없을 겁니다. 어쩌면 짜장면 한 그릇도 10만 원을 받고 팔 수 있는 대한민국 유일의 외식업자가 될지도 모릅니다.

戰

전략 5

고객 유인 1

略

침샘을 자극하는 가게가 살아남는다

진정한 고수는 매장 조명도 다릅니다

외식업 종사자 99.9%가 간과하는 것이 있습니다. 조명입니다. 녹화 테이프를 과거로 돌려볼까요? 어찌어찌 인테리어 업체와 계약을 하고 공사에 들어갑니다. 아이템에 대한 상의가 끝나면 도면을 가지고 옵니다. 처음 하는 분들은 백 번 봐도 잘 모릅니다. 안 보입니다. 도면을 그려 온 디자이너도 나중에 어떤 결과가 나올지 100% 확신하지 못합니다. 말 그대로 '블루 프린트', 청사진에 지나지 않습니다. 외식업을 직접 운영해 본 디자인 업체라면 모를까 주방과 홀 스태프들의 동선까지 완벽하게 고려한 인테리어란 애초에 불가능합니다. 100명의 손님이 올 때와 500명의 손님이 들이닥칠 때의 각기 다른 상황을 예측하고 계산할 줄 아는 천재가 이 바닥엔 그리 많지 않습니다.

아무튼 인테리어 업체가 도면과 같이 제공한 조감도 덕분에 감을 잡을 수는 있습니다. 출입구는 어디에 두고, 천장 색깔은 뭐로 하고, 벽지는 어떤 질감이고, 바닥재는 어떤 걸 사용할지 상의합니다. 다행히 샘플이 있어서 이해하기는 쉽습니다. 하지만 결정은 쉽지 않습니다. 적게는 몇천만 원에서 많게는 수억 원까지 드는 게 인테리어입니다. 이 비용을 전부 내가 지불해야 합니다.

며칠 더 고민해 보겠다며 업체 직원을 돌려보냅니다. 주위에 묻기 시작합니다. 도면을 보여주면서 마치 본인이 전문가라도 되는 듯 설득을 시작합니다. 사실은 자기 자신을 설득하기 위해, 정확히는 확신을 얻고 싶어서 지인들에게 설명하고 동의를 구합니다. 아니, '구한다'가 아니라 '이끌어 낸다'는 표현이 더 맞겠습니다.

왱왱 소리와 수북한 먼지가 한차례 휩쓸고 지나가면 어느새 번듯한 가게의 모양새가 갖춰집니다. 이때쯤 인테리어 담당자가 또 한 번 결재를 받으러 옵니다. 이번엔 두툼한 조명 책을 가지고 옵니다. 팸플릿입니다. 어찌나 종류가 많은지 쉬이 결정할 수 없습니다. 가격은 착하면서 고급스러운 조명을 찾는 게 그리 쉬운 일은 아닙니다. 최소의 비용으로 최대의 효과를 거두고 싶다는 의지는 처참히 무너집니다.

여기서 재미있는 사실 한 가지. 조명 갓을 고르는 데에는 상당한 시간을 투자하면서 조명의 색온도에는 촉각을 세우지 않습니다. 웃기는 일입니다. 아무리 인테리어가 훌륭해도 가게 분위기를 좌우하는 색온도가 튀면 말짱 도루묵인데 말이죠. 전문 용어가 나왔으니 풀이를 좀 해볼까요?

색온도(color temperature, 色溫度)

완전 방사체(흑체)의 분광 복사율 곡선으로 흑체의 온도. 절대 온도인 273℃와 그 흑체의 섭씨온도를 합친 색광의 절대 온도이다. 표시 단위로 K(켈빈 Kelvin)를 사용한다. 완전 방사체인 흑체는 열을 가하면 금속과 같이 달궈지면서 붉은색을 띠다가 점차 밝은 흰색을 띠게 된다. 흑체는 속이 빈 뜨거운 공과 같으며 분광 에너지 분포가 물질의 구성이 아닌 온도에 의존하는 특징이 있다. 색온도는 온도가 높아지면 푸른색, 낮아지면 붉은색을 띤다.

(박연선, 《COLOR 색채용어사전》, 2007.)

간단히 켈빈이 높으면 푸른색, 낮으면 붉은색이라고 암기하고 넘어갑시다. 이해를 돕기 위해 켈빈이 높은 사진을 한 장 가져왔습니다.

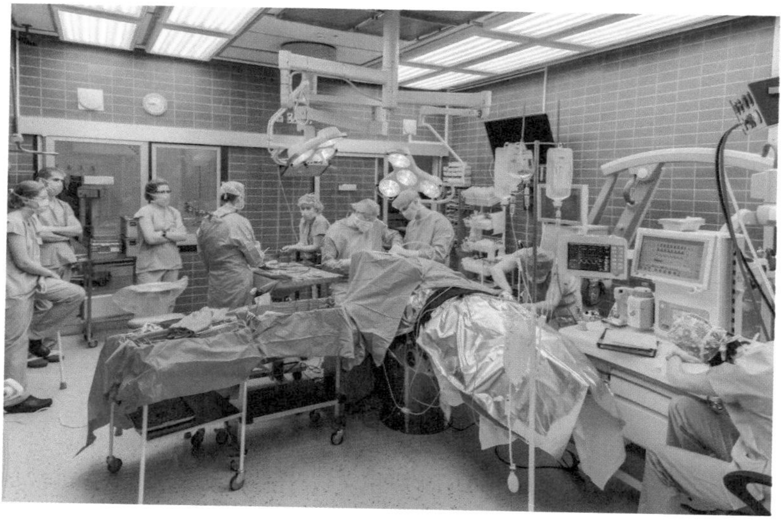

그렇습니다. 켈빈이 높으면 차가운 분위기가 납니다. 같은 공간이라도 색온도가 높은 조명을 사용하면 시원하고, 차갑고, 서늘한 공기를 연출합니다. 이 공간에 담긴 피사체는 사람이든 요리든 스마트하고 치밀해 보입니다.

반면 색온도가 낮으면 이런 분위기를 만들어 냅니다.

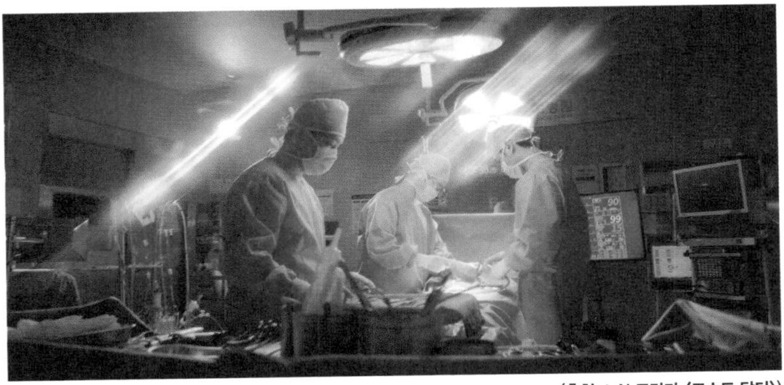

(출처: tvN 드라마 〈고스트 닥터〉)

같은 의학 드라마를 봐도 어떤 조명을 쓰느냐에 따라 느껴지는 분위기가 완전히 달라집니다. 이 사진의 조명은 따뜻합니다. 아늑하고 온화한 분위기 속에서 연기할 수 있게 됩니다. 이게 바로 켈빈의 비밀입니다. 전문가들에게는 껌 씹는 것보다 쉬운 일입니다. 그래서 같은 주인공의 방을 따뜻하게도 차갑게도 만들 수 있습니다. 색온도에 따라 주인공의 성격이나 심리 상태를 표현할 수 있는 겁니다.

다시 인테리어와 조명 이야기로 돌아가 봅시다. 담당자의 설명이 크게 와닿지는 않을 겁니다. 그렇다고 두 가지를 다 설치해 보고 나서 판단하고 싶다고 할 수도 없고…. 눈 딱 감고 결정권을 넘깁니다.

"전문가들이 알아서 잘해주세요."

맞는 말입니다. 아마추어보다야 프로페셔널이 낫겠지요. 하지만 그 훌륭한 전문가도 하절기와 동절기 메뉴의 분위기까지 맞춰주지는 못합니다.

예를 들어보겠습니다. 많이 남는다고 해서 막국수라는 아이템을 선택했습니다. 당연히 전문가는 켈빈이 높은 조명을 사용할 겁니다. 시원하다 못해 '씨원한' 분위기가 만들어집니다. 흐르던 땀이 쪼로록 거슬러 올라 땀구멍으로 다시 들어갈지도 모를 일입니다. 자연스레 이가 시릴 정도로 '쨍'한 육수를 들이켜기 위해 행인들이 가게 문턱을 넘겠죠. 좋습니다. 매출이 오르고 수익이 극대화될 겁니다. 그런데 이 효자가 10월을 넘어서자마자 배신을 합니다. 심술이 나서 그런 건 아닙니다. 기온과 색온도의 상관관계는 의외로 복잡하고 치명적입니다. 날이 서늘해집니다. 바람이 불고 온도가 뚝 떨어집니다. 몸이 으슬으슬해집니다. 수술실처럼 냉랭한 막국수 집에 손님이 들 리 만무합니다. 기온이 떨어지는 만큼 손님 수도 떨어집니다. 주인은 울상이 됩니다. 하지만 동절기 메뉴로 뭘 낼지만 고민합니다. 문제는 그게 아닌데….

수술실 밖에 아무리 회복실이나 안정실이라고 적어놓아도 분위기

멀리서 이 푸드 트럭을 보면 어떤 생각이 들까요? 행인은 당연히 따뜻한 음식을 떠올릴 겁니다.
(왕의 꼬치)

가 크게 달라지지 않는 건 바로 조명 때문입니다. 서슬 퍼런 조명이 버티고 서 있는데 따뜻하고 온화한 분위기를 만드는 건 불가능합니다. 외식업주들은 이 사실을 잘 모릅니다. 배운 적이 없으니 어쩌면 당연한 결과겠습니다. 아무리 '만둣국, 황탯국, 김치전골, 철판보쌈 개시'라고 적어봤자 소용없습니다. 글자로 설득하는 데에는 한계가 있습니다. 몸을 녹일 수 있는 뜨끈한 조명이 없으면 손님도 발길을 끊습니다.

위의 사진 속 푸드 트럭에서는 어떤 음식을 팔까요? 빙수? 탄산음료? 아이스크림? 만약 이 아이템들을 팔겠다고 마음먹은 사람이 있다면 종일 일해봤자 매출 10만 원도 올리기 어려울 겁니다. 그럼 어떤 아이템이 어울릴까요? 핫도그? 떡볶이? 어묵? 팬케이크? 딩동댕~! 멀리서 이 푸드 트럭을 보면 먼저 따뜻한 음식이 생각날 수밖에 없습니다. 여기에 맛있는 기름 냄새가 솔솔 풍기고, 철판 위에서 뒤집개 부딪치는 소리까지 들린다면 반은 먹고 들어갑니다.

조명을 다룰 수 있다는 건 묘수 중의 묘수입니다. 그래서 감히 제안합니다. 켈빈이 높은 전구와 낮은 전구를 모두 준비해 두세요. 계절을 타지 않는 아이템이라면 별 문제가 없겠지만 많은 업주들이 동절기와 하절기의 매출 차이 때문에 고민합니다. 장사 안된다고 손님 탓, 경기 탓, 연휴 탓하지 말고 과감히 조명을 바꿔보세요. 얼마나 재미난 아이디어인가요. 정기적으로 전구와 갓도 청소할 수 있는 건 덤입니다.

인간의 심리는 묘합니다. 자신을 방어하기 위해 무진 애를 씁니다. 추위 속에서 살아남기 위해 피하지방을 축적합니다. 반면 더위를 이기기 위해 체온을 스스로 조절합니다. 땀이 나는 이유입니다. 뇌는 오로지 나를 위해 24시간을 계산하고 에너지를 소모합니다. 당연히 한겨울에는 수술실 같은 분위기의 매장에 들어가는 걸 막습니다. 또 한여름에 뜨끈하고 끈적이는 가게에 가는 걸 방해합니다.

최고의 음식을 만드는 건 기본. 이렇게 열과 성을 다해 만든 음식을 최대한 많은 고객에게 선보이고 싶다면 기온에 맞는 분위기를 만드세요.

그게 살아남을 수 있는 지름길입니다.

KICK!

책에서 언급한 덕분일까요? 아니면 원래 인간의 본능일까요? 《장사는 전략이다》에서 언급했던 인간의 욕구에 딱 들어맞는 전구들이 쏟아져 나오고 있습니다. 스마트 전구, 이라이트, 앱 연동 스마트 전구, 밝기와 색 조절이 되는 매직라이트……. 가격은 개당 20,000~30,000원 꼴로 일반 전구에 비해서는 조금 비싼 것이 사실입니다. 하지만 이 녀석들이 불러들일 예비 고객들을 생각한다면 아낄 이유가 없다고 생각합니다. 대부분 애플리케이션으로 컨트롤이 가능합니다. 타이머를 설정해 분위기를 조절하는 상품도 있습니다. 그리고 무엇보다 일반 전구에 비해 고품질 조명을 제공합니다. 섬세합니다.

요사이 얼마나 사진이 중요해지고 있는지 아시죠? 그래서 빛의 퀄리티가 중요합니다. 호텔, 바, 스튜디오, 갤러리 등에 설치된 조명 기구 가격이 비싼 데에는 다 이유가 있습니다. 같은 상품이라도 더욱 화려하고 섹시하게 보이게 만드는 조명. 아무리 강조해도 지나침이 없습니다. 색 조절을 통해 다양한 분위기를 연출할 수 있다는 건 지루하고 단조로운 내 매장에 생명을 불어넣는 것과 다르지 않습니다. 심지어 최신 모델 중에는 매장이나 파티 음악과 조명을 동기화시키고 리듬에 따라 전구 색이 변하는 상품도 등장하고 있습니다.
음식이든 다른 상품이든 고객이 접하는 모든 대상은 조명을 받습니다. 고객은 상품을 찍고 그 사진을 SNS에 공유합니다. 그런데 만약 당신 매장의 조명이 상품과 어울리지 않는다면, 그래서 원래보다 훨씬 못나게 사진이 나온다면 어떨까요? 그 잘못된 사진이 인터넷에 떠돈다면 어떻게 될까요? 잠 못 이룰 만큼 억울한 일일 겁니다. 그러니 지금 당장 조명을 바꾸세요.
지금 바로 천정을 보시고, 전구 개수를 세어보시고, 당장 주문을 해 일부라도 바꿔보세요. 확 달라진 여러분의 매장과 상품을 만나게 되실 겁니다. 비주얼은 이렇게 강해지는 겁니다.

고객을 사로잡는 사진 3원칙

제 둘째 아들은 취업 준비생입니다. 참 많은 회사에 면접을 보러 다닙니다. 열심히 살아온 이 친구가 지원서를 준비하면서 가장 많이 신경을 쓰는 건 사진입니다. 실력이야 지난 십여 년 갈고닦은 것이니 하루아침에 무너질 리 만무하고 그나마 조금 더 돋보이고 싶은 마음에 프로필 사진에 참 많은 공을 들입니다. 사진 촬영에 있어서만은 여러분이나 저나 이 친구와 크게 다르지 않을 겁니다. 1년에 몇 번이나 남들에게 보여준다고 주민등록증 사진, 운전면허증 사진, 여권 사진……. 최선을 다해 촬영에 임합니다. 그러고 보니 사진은 인간 사회, 특히 거래에 있어서는 아주 큰 역할을 하고 있습니다. 우린 지금 비주얼 커뮤니케이션 시대에 살고 있다 해도 과언이 아닙니다. 거의 모든 소비는 비주얼에 의해 좌우됩니다.

비생비사.

비주얼에 살고 비주얼에 죽습니다.

빼어난 비주얼이 아니고서는 당최 살아남을 수 없는 비주얼 숙명의 시대에 살고 있습니다. 옷, 음식, 숙박 시설, 스마트폰, 약, 병원……. 전부 보고 판단합니다. 비주얼이 약하면 퀄리티도 약해 보입니다. 그런데 말입니다.

수백만 명에 달하는 자영업 오너들은 고객이 좋아하지 않는 사진을 내걸고 장사를 하고 있습니다. 고객이 전혀 좋아하지 않는, 군침은커녕 침이 바짝 마를 정도의 사진들을 바리케이드처럼 치고 있으니 고객이 문턱을 넘기 힘듭니다. 이 정도는 애교입니다. 아예 무엇을 팔고 있는지 전혀 보여주지 않는 집들도 부지기수입니다. 그래서 더더욱 입구가 멀게 느껴집니다.

사무치도록 슬픈 일입니다. 도대체 무슨 배짱인지 이해가 안 갑니다. 여러분이라면 상품도 제대로 보여주지 않는 상점에 들어가시겠어요? 어렵게 번 돈을 지불하는데 어떤 상품과 바꿀 수 있는지조차 가르쳐 주지 않는 사장과 과연 누가 신뢰를 갖고 거래를 할까요? 이렇게 여쭤보면 잘 압니다. 그런데도 가게 앞에 붙이지 않습니다. 사진을요. 고객들은 확인하고 또 확인하고 검색에 비교까지 하는데 말입니다.

그렇다면 고객들이 좋아하는 사진은 어떤 사진일까요?

첫 번째, 빛이 들어 있는 사진입니다.

음식이든, 상품이든, 공간이든 빛이 들어 있는 사진을 좋아합니다. 빛은 인간에게는 생명입니다. 빛이 없으면 불안해집니다. 공포나 스릴러 영화에서 감정을 극도로 끌어올리기 위해 자주 사용하는 방법이 바로 빛을 없애는 겁니다. 불이 꺼지고, 문이 닫히고, 빛이 없는 공간에 감금당하고…. 유인원 시절부터 학습된 내용입니다. 빛은 생명에 도움을 주는 좋은 것이고, 빛이 없으면 위험해진다는 경험을 통한 학습. 오죽했으면 빛이 있고 없음에 따라 성호르몬 분비량이 달라진다는 연구 결과까지 있겠습니까!

이런 인간의 본능을 300% 활용하시죠. 여러분의 공간과 상품에 빛을 들이세요. 피트니스, 헤어샵, 학원 등 같은 공간이라도 햇빛이 강렬하게 쏟아져 들어오는 곳이 훨씬 더 매력적으로 받아들여집니다. 창문을 통해 들어오는 빛을 최대한 활용하세요. 커튼을 열어젖히는 광고 속 여배우처럼 내 공간에 빛을 담고 사진에 기록하세요.

음식도 빛이 반사되는 부분이 많으면 많을수록 먹음직스러워 보입니다. 사진 속에서 느껴지는 온도 때문에 그렇습니다. 그리고 밝고 어두운 부분의 차이가 생기면서 음식의 입체감이 살아나기 때문입니다. 그런데 네이버 이미지와 구글 이미지를 싹 다 뒤져도 그저 음식만 있지 빛이 흠뻑 담긴 음식 사진을 찾기가 어렵습니다. 아무도 가르쳐 주지 않아서 그렇습니다.

사진을 한번 볼까요? 첫 번째 스테이크 사진은 다소 칙칙하게 느껴집니다. 거의 빛을 찾을 수 없습니다. 반면 그 아래 스테이크 사진

빛이 반사되어 윤기가 흐르는 모습… 이런 사진이 붙어 있어야 주의를 끌고, 주목을 받고, 관심을 끌 수 있습니다.

은 반짝반짝 빛이 흘러내립니다.

두 번째는 온도입니다.

제발 기본은 합시다. 따뜻해야 할 음식은 따뜻하게, 차가워야 할 음식은 차갑게 보여주자고요. 따뜻해야 할 음식을 미지근하게 보여주지 마시고, 이가 시릴 정도로 시원해야 할 음식을 애매한 온도로 느껴지게 만들지 마시고요. 아래 사진 보시면 바로 반성하실 겁니다.

(좌측 이미지는 이해를 돕기 위해 보정한 이미지입니다.)

왜 이렇게 온도에 집중하는지 아세요? 온도가 고객의 뇌 속에서 향을 만들기 때문입니다. 온도가 없으면 향도 없습니다. 반면 음식에 온도를 실으면 갈비 향이, 부대찌개 향이, 복국 향이, 치킨 향이 스멀스멀 올라옵니다. 온도가 느껴지는 사진에서 향이 더 진하고 깊게 풍겨납니다. 향이 없으면 맛도 없습니다. 향이 없으면 전혀 맛을 느낄 수 없는 존재가 바로 인간입니다. 지금 당장 코를 막고 음식을 먹어

보세요. 맛이 제대로 느껴지지 않습니다. 그러니 고객에게 보여주는 사진에는 빛, 온도, 향이 담겨야 합니다. 음식뿐만이 아닙니다. 헤어샵, 피트니스 사진에서도 빛, 꽃, 화분, 식물이 포함되면 싱그러운 향이 도드라집니다. 그러니 프레임 안에 꼭 향을 담아주셔야 합니다.

세 번째 비밀은 움직임입니다.

꼼짝 않고 서 있는 사진보다 움직이는 사진이 더 끌리기 마련입니다. 인간의 뇌 속에는 거울이 있습니다. 눈앞에 보이는 걸 그대로 투영합니다. 여러분이 가만히 있는 음식 사진을 보여주면 그 상이 그대로 맺히고, 생동감과 에너지가 넘치는 사진을 보여주면 딱 그만큼 뇌 속에 비춰집니다. 광고 속에서 많이들 보셨을 겁니다. 그냥 김치찌개보다는 국물이 바글바글 끓는 사진 그리고 국자로 건더기를 푸짐하게 퍼올리는 사진. 이런 움직임이 있는 사진들이 고객에게 더 강력하게 꽂힙니다. 말로 설명을 하고 있지만 여러분 머릿속에는 이미 그림이 그려졌을 겁니다.

젓가락으로 들어올린 뜨거운 라면

손으로 꾸욱 누르자 흘러내리는 게장 속살

젓가락에 집혀 하얀 밥 위로 올라가는 촉촉한 고등어 등살

아삭아삭한 소리와 함께 쭉쭉 찢어지는 붉은 배추김치

온라인 쇼핑몰에 달랑 옷 사진 한 장 올리는 것보다 모델이 직접 옷을 입고 움직이는, 즉 포즈를 취하는 사진이 상품을 더 현실적이고 가치 있게 만들어 줍니다. 이와 같은 원리입니다.

제발 부탁입니다. 이제 아무 사진이나 쓰기 없기. 사진을 고를 때는 이 세 가지만 기억하기.

온도. 빛. 움직임.

어떤 사진이 매출에 더 도움이 되는지 설명해 드렸습니다. 이제 이 사진을 어떻게 걸어야 지나가는 사람을 손님으로 만들 가능성이 커지는지, 진짜 비밀을 털어놓겠습니다. 매출을 올리는 사진 부착 전략입니다.

부동산 중개업소 쇼윈도에는 아파트 사진이 걸려 있고, 식당 전면에는 음식 사진이 붙어 있고, 헤어샵 앞에는 디자이너들 사진이 진열되어 있습니다. 생각보다 '생각 없이 붙인 사진들'이 많습니다. 백이면 아흔아홉은 그냥 출력하고 그걸 그냥 부착합니다. 사진이 선명하게만 나오면 되는 줄 압니다. 하지만 아주 중요한 사실 하나를 놓쳤습니다.

볼륨감

사진의 두께가 얇으면 얇을수록 유리창에 들러붙습니다. 반면 두께가 두꺼우면 두꺼울수록 볼륨감이 살아납니다. 두툼한 판넬이나 골판지, 포맥스, 우드락 어떤 것이든 좋습니다. 두툼한 재질의 바탕면에 사진을 출력하거나 붙인 뒤 게시하면 그 두께의 100배 정도 강력한 인상을 줄 수 있습니다. 깊이 때문에 그렇습니다. 아래 사진을 보시면 그 효과를 확실히 체감할 수 있으실 겁니다.

출력 이미지가 부착면에 가까울수록 자극이 무뎌지고, 멀수록 더 또렷해집니다. 고객의 눈과 뇌에 가까워지도록 음식의 높이를 올리는 것과 비슷합니다. 전작에서 선물 드렸던 음식 높이 비결 덕분에 매출이 크게 올랐다는 메시지를 많이 받았습니다. 벽에 붙이는 음식 사

눈앞으로 바싹 다가오는 음식, 그 비밀은 볼륨감입니다.

진도 마찬가지입니다. 뇌, 눈, 심장에 가까울수록 자극이 강해집니다.

사진 자체도 중요하지만 한 수 위 선수들은 더욱 도드라지게 만드는 노하우를 알고 있습니다. 지금 당장 시도해 보세요. 사진 두께와 매출이 정비례한다는 사실을 직접 느끼게 되실 겁니다.

로고송으로 브랜드를 각인시키세요

브랜드의 인지도를 높이는 방법은 여러 가지입니다. 홍보 영화, PPL, CF, 라디오 광고……. 자금만 빵빵하다면 못 할 것이 없습니다. 그러나 밥장사하는 소규모 자영업자는 엄두도 못 낼 일입니다.

"빠라 빱빠빠~"

어느 브랜드의 코드인지 아시겠나요? 글자를 리듬으로 형상화할 수 있는 분들이라면 노란 로고를 떠올리실 겁니다. 바로 맥도날드의 브랜드 송입니다.

오디오 로고의 영향은 큽니다. 어디서 어떻게 듣던 그 브랜드가 뇌를 포박합니다. 애써 지우려 하지만 마음대로 되지 않습니다. 무의식에 각인된 인지는 이토록 강렬합니다. 그래도 부정하고 싶은 분들에게 드리는 선물!

"함께 즐겨요~ 피자~헛!"

"롯데~리아!"

자신도 모르게 글자를 좇으며 음이 마구 떠오르는 것을 발견하게 됩니다. 그러고 싶지 않아도 흥얼거리게 됩니다. 물론 압니다. 막대한 광고비를 들인 결과물이라는 것을. 그러니 우리도 활용하자는 겁니다. 전 세계 전문가들이 이미 다 입증해 놓은 사실이니까요.

일반적으로 녹음실에 의뢰하면 300만 원에서 500만 원을 부릅니다. 상당한 돈입니다. 늘 그렇듯이 주는 사람은 많다고 느끼고 받는 사람은 적다고 느낍니다. 하지만 효과를 한번 꼽아봅시다.

가장 먼저 내 휴대폰과 영업장 컬러링으로 쓸 수 있습니다. 현재 사용하고 있는 "안녕하세요? 대창 요리 전문점 압구정 대창입니다. 잠시만 기다려 주시면 안내해드리겠습니다." 같은 안내 서비스는 변별력이 전혀 없습니다. 제대로 연결됐다는 확인 이외에 어떠한 재미나 임팩트도 주지 못합니다. 대신 위의 '빰빠라밤~' 코드를 두어 번 반복해서 듣게 된다면 뇌리에 남게 됩니다. 이게 코드와 로고송의 매력입니다.

블로그에도 페이스북에도 배경 음악으로 넣어 반복적으로 들려주면 도움이 됩니다. 나의 브랜드를 기억시키기에 이만한 친구도 없습니다. 간판 글씨의 폰트는 머리를 싸매고 고민하면서 왜 코드는 만들지 않는 걸까요? 안타깝기 그지없습니다.

- 46cm 크기의 커다란 피자 (시각)
- 고소한 치즈 향 (후각)
- 바사삭! (청각)
- 뜨끈하고 묵직한 (촉각)
- 촉촉하면서도 감칠맛 나는 피자 (미각)

여기에 양념으로 "빰빠라밤~~ 빰빠라빰~~ 피자 킹~ "까지 붙는다면 금상첨화!

명심하세요. 정치인들이 선거 때만 되면 최근 가장 인기 있는 곡을 선거 로고송으로 계약하기 위해 목숨을 건다는 사실을. 얼마나 효과가 좋으면 그 짠돌이들이 로고송과 코드에 그렇게 돈을 쏟아부을까요.

KICK!

대한민국을 뒤집어 놓을 로고송을 만들고 싶었습니다. 한 번도 들어본 적 없고, 듣자마자 빵 터지고, 또다시 듣고 싶어지는 그런 로고송을 말입니다.
현재 대한민국에서 가장 주목받는 돼지고깃집 세 곳만 꼽으라고 미식가들에게 물어본다면 단연코 이 집이 손가락 안에 들어가지 싶습니다. 바로 제주덕구입니다. 제주에 미쳐 장가도 안 간 사장님이 제주를 가게로 옮겨왔습니다. 가게 전면에는 두 분의 돌하르방이 서 계시고, 문을 열고 들어가면 짙푸른 제주의 바다가 벽면을 채우고 철썩댑니다. 한라봉 주스에서부터 고사리까지 제주를 도배해 놓은 제주덕구. 이 브랜드의 로고송은 〈쇼미더머니〉에 내보내고 삶을 정도입니다. 식당은 음식으로만 승부 보는 곳이 아닙니다. 이제는 다중 감각의 시대. 더 재미있고, 더 짜릿하고, 더 기억에 남을 장면이 많아야 생존하는 그런 시대에 살고 있습니다. 자, 그런 의미에서 MCM entertainment! 제주덕구 로고송 부탁해요~~~

아래 가사와 함께
노래를 들어보세요!

1113번을 타 한 시간을 달려
23번으로 환승 도보 6분 거리 걸어
걸어가다가 저기 저 맛집 냄새가
날 이끄는 하남 맛집 제주덕구
제주 오겹 목살 먹으면 너도 제주덕후
마무리로 김치말이국수 한 그릇 먹고
아무리 살 빼야 해도 배 터지게 버억
비주얼 봐봐 이거 완전 미쳐 허억

제주덕구 가려면 1113번 한 시간
가는 길이 너무 지쳐 그랬어
하지만 입구에서 고기 냄새 날 미치게 한다
지친 몸이 바로 풀려 빨리빨리 고기 구워
구운 고기 먹을 때마다 행복도가 천장 뚫어
고기 기름 쫙 섞인 볶음밥
한입 먹고 뻗어버려 볶음밥과 결혼 준비해
나랑 결혼해줄래?

요즘 내 취미는 맛집 찾아 댕기기
주위를 둘러보면 카페처럼 생긴 한집
내 코를 유혹하는 매력적인 향이 나길래
제주덕구에 홀린 듯 들어가버렸다
여긴 분명 하남인데 제주인 줄 착각해버리기
고기 먹고 정신줄이 나가버리네
사이드까지 맛있을 수가 있다니
직원들까지 잘생긴 제주덕구 옵서예

“바사삭!” 소리가 돈을 불러옵니다

며칠 전 전화를 받았습니다.

“선배님~ 뉴욕에서 사업을 하는 지인이 한국에 들어와 있는데… 출국 전에 선배님을 꼭 만나고 싶어 합니다. 상의드리고 싶은 일이 많다고 하는데요.”

음식 관련 프로그램 제작으로 유명한 SBS 그룹의 옥근태 프로듀서였습니다. 제가 보유하고 있는 전국 맛집의 판권이 상당하다 보니 연락을 한 모양입니다. 요는 이랬습니다. 감독의 소개로 나온 사업가는 뉴욕에서 부동산 관련 비즈니스를 하고 있다. 최근 K-FOOD가 엄청난 인기를 끌고 있으니 제자들 브랜드들을 소개시켜 달라. 맛집들을 미국으로 진출시키고 싶다. 이 얼마나 흥분되고 감사한 제안입니까? 거나하게 한잔들 걸치고 주말 저녁 기쁜 마음으로 귀가했습니다.

안마의자에 앉아 늘 그렇듯 “다른 채널에서는 뭐 하니” 묻고는 아들 녀석들을 원격 조종했습니다. 마침 SBS 케이블 채널에서 옥 감독이 만든 〈강호대결 중화대반점(이하 중화대반점)〉이 재방 중이었습니다. 〈냉장고를 부탁해〉나 〈집밥 백선생〉이 레시피 소개에 집중한 프로그램이었다면 〈중화대반점〉은 눈으로, 귀로 즐기는 초미디어적 차별화 프로그램이었습니다. 이 전략은 과녁에 제대로 적중했습니다. 매회 현란한 불 쇼와 칼 쇼를 선보이는 〈중화대반점〉은 화려합니다. 대가들이 집중하는 모습도 상당히 흥미진진합니다. 중식의 4대 천왕으로 불리는 이연복, 여경래, 유방녕, 진생용 사부들이 보여주는 40년 공력은 모니터를 보고 있는 것만으로도 침이 줄줄 흐르게 합니다. VR 기기를 쓰고 스튜디오를 돌아다니는 듯한 착각에 빠지게 됩니다.

갑자기 엉뚱한 생각이 떠올랐습니다.

"막내야. 리모컨 좀 줘봐, 어서!"

볼륨을 줄였습니다. 좌우에서 아들 녀석들의 원성이 대단합니다. 멀쩡히 보고 있던 축구 채널 빼앗긴 것도 억울한데 소리까지 줄이다니…침묵이 흐릅니다. 아내와 아들 녀석들에게 물었습니다.

"어때, 저 요리들이 맛있게 느껴지니?"

2~3초간 모니터를 쳐다보던 둘째가 한마디 던집니다.

"확실히 느낌이 다른데요. 맛도 맛이지만 감이 잘 안 오는데요. 축구 경기 소리 끄고 보는 것 같아요. 그런 의미에서 아부지, 채널 돌리면 안될까유?"

그랬습니다. 치지직. 샤샤샥. 챙챙. 쉬이익. 촤르르. 탁탁. 쿵. 쨍그랑. 후루룩. 바사삭……. 음소거와 함께 맛도 달아나버렸습니다. 놀라운 사실을 발견했습니다. **소리가 없으면 맛을 느낄 수 없다.** 반대로 소리가 있으면 맛을 더 느낄 수 있다 이겁니다.

당연한 소리라고요? 진심으로 그렇게 생각하세요? 그런데 당신은 왜 무음이시죠? 상추를 씻고, 무를 썰고, 돈가스를 튀기고, 김치전을 부치고, 탕을 끓이고, 밥 짓는 소리를 왜 고객들에게 들려주지 않느냐는 말입니다. 이 당연한 사실을 알면서도 실행에 옮기지 않은 건 분명 실수입니다. 반면 이 글을 읽으면서 무릎을 탁 치는 분이 계신다면 그분은 고수가 될 자격이 충분하십니다.

모양이나 색깔이 맛을 느끼는 데 정말 중요한 역할을 한다는 사실은 이미 밝혀진 바. 하지만 소리가 매출을 올릴 수 있다는 사실은 아직 모르는 사람이 많습니다. 청각도 분명 맛에 영향을 미칩니다. 2010년 이탈리아와 영국의 공동 연구진은 감자튀김을 먹을 때 바삭거리는 소리를 들려주면 더 맛있다고 답하는 것을 확인했습니다(《조선일보》기사, 〈요리의 과학 '3.2도의 마법' 그릇을 3.2도 돌렸더니 시누이가 외쳤다 "언니, 밥 더 없어요?"〉 참조). 꼭 이 기사가 아니더라도 우리는 예상할 수 있습니다. 소리로 얼마든지 먹고 싶게 만들 수 있다는 것을. 별로 어려운 일이 아닙니다. 효과음을 모으세요. 아주 간단하게 편집을 한 뒤 라디오의 조미료 광고처럼 틀어놓으세요. 매장의 음악과 겹칠 수 있으니 기왕이면 외부가 좋겠습니다. 인터넷에서 3~4만 원짜리 스피커 하나 주문해서 내 가게 앞을 지나다니는 행인들에게 들려줍시다.

뿅. 치이익. 뚝딱뚝딱. 솨아아. 달그락달그락. 뺑. 칙칙칙칙……

튀긴 음식이라면 무엇이든
맛있을 거라는 생각을
소리로 증명하다!

병뚜껑 따는 소리 하나만으로
행인의 관심을 끌 수 있다.

KICK!

2010년대에는 scent marketing이 대단했습니다. 향으로 고객의 잠재의식을 건드려 제품과 브랜드에 호감을 느끼게 만드는 마케팅 기법. 오죽했으면 햇볕에 말린 빨래에서 나는 그 향을 만들어 대형 할인마트 세제 코너에 스프레이로 뿌려댔겠습니까!

전 세계가 향에 취해 있을 때 발 빠른 마케터들은 뇌과학자들과 손을 잡았습니다. 그리고 고민했습니다. 후각만큼이나 강한 자극이 무엇일까? 그렇게 시작된 것이 바로 auditory marketing, 즉 청각 마케팅입니다. 2020년대는 단언컨대 소리로 승부를 거는 도전이 아주 많아질 겁니다.

이론적 근거도 뒷받침되어 있습니다. 감각 기관별 정보 수용량을 보면 시각 83%, 청각 11%, 이어서 후각, 촉각, 미각 순입니다. 인간의 감각이 이러한데 우린 여태 아무 생각 없이 맛, 맛, 맛만 주장해 왔던 겁니다. 아무도 보지 않고,

듣지 않는 환경에서 말이죠.

LG 디오스 김치 톡톡 광고 기억나시죠? 김치가 익을 때 유산균이 터지는 소리가 난다. 이걸 차별화 포인트로 삼았었죠. 요즈음은 전기 자동차가 난리입니다. 이 친구는 소리가 약합니다. 부아아아앙~ 가솔린 자동차들이 가진 매력 중 한 가지가 빠진 상태이니 아무래도 심심합니다. 이를 놓칠세라 마케팅 선수들이 묘수를 찾아냈습니다. 화면 속 가득 낙엽이 떨어지는 소리를 채웁니다. 이내 등장한 전기 자동차. 낙엽을 밟으며 질주합니다. 바스러지는 소리는 보너스. 먹방도 빼놓을 수 없죠. 고성능 마이크를 통해 전해지는 음식 먹는 소리가 공복을 괴롭힙니다.

이런 걸 응용해야지요. 가만히 있으면 손해 아니겠습니까?

1. 통화 연결음을 '뚜뚜뚜뚜' 에서 여러분 메뉴가 연상되는 소리로 바꿔주세요. 02 **** ****. "치이이익~ 보글보글… 안녕하세요? 장전 등심입니다."

2. 전화로 예약을 하든 네이버로 예약을 하든 예약한 손님들에게 여러분 매장의 대표 메뉴를 만드는 과정을 보내드리세요. 치지직, 바글바글, 톡톡, 후르릑, 와그작…… 소리가 도드라지는 동영상을요.

3. 매장 안 모니터에도 요리 만드는 동영상을 틀어주세요. 클래식을 틀어야 하는 파인 다이닝 레스토랑이 아니라면 이 요리 소리가 얼마나 매출을 올려주는지 확인하게 되실 겁니다.

4. 우연히 여러분을 찾게 된 고객들이 제일 먼저 보는 것은 네이버 플레이스, 인스타그램, 페이스북, 틱톡, 유튜브, 구글일 겁니다. 특히 국민 대다수가 사용하고 있는 네이버 플레이스 첫 화면을 반드시 섹시한 소리를 동반한 동영상으로 바꿔주세요.

소리는 스며들어야 합니다. 소리는 그림을 떠올리게 해야 합니다. 소리가 여러분 매장을 유명하게 만들어 드릴 겁니다. 매출 상승은 기본이고요.
당신도 얼마든지 만들 수 있습니다. QR코드 영상 속의 소리들을 참조하시고 용기 내어 만들어 보세요. 가게 앞을 지나가는 행인들의 발목을 사로잡을 겁니다.

5초 안에 시선을 사로잡아라!

스마트폰이 이렇게 강력해질 줄 몰랐습니다. 블랙홀처럼 주변 것들을 삼켜버렸습니다. 똑딱이 디카와 mp3 플레이어가 종적을 감춘 건 오래된 일이고 녹음기는 얼마 남지 않은 흥신소에서나 쓰고 있습니다. 9시 뉴스를 보세요. 디지털 녹음기를 들고 한마디라도 더 듣기 위해 취재원을 쫓던 기자들 손에 이제는 스마트폰이 들려 있습니다.

손글씨가 아날로그 감성을 자극한다고 반짝 인기를 끌고 있지만 가공할 만한 기능으로 무장한 다이어리 애플리케이션이 하루가 멀다 하고 쏟아져 나옵니다. 가죽으로 감싼 다이어리를 선물하던 문화도 사라지고 있습니다. 내비게이션 업체들은 문을 닫았습니다. 비싼 돈을 주고 사지 않아도 휴대폰 하나면 됩니다. 지도, 만보계 등 인간과 밀접한 관계를 맺어왔던 사업군이 하나둘 멸종하는 중입니다. 소비자 가격이 꽤 나갔던 아이템일수록 타격이 큽니다.

그 한복판에 캠코더가 있습니다. 불과 10년 전까지만 해도 6mm 테이프가 대세였습니다. 촬영한 원본을 디지털로 컨버팅해 파일을 만듭니다. 이걸 프리미어 같은 편집기에서 자르고 붙이는 작업을 합니다. 자막과 음악을 넣은 후 완성 파일을 송출했습니다. 분명 복잡하고 난이도가 높은 작업입니다. 한 3분쯤 되는 홍보 영상을 만들라치면 1천만 원 넘는 비용이 들었습니다. 자영업자로서는 부담되는 가격입니다. 그래서 번듯한 홍보 영상 하나 가질 수 없었습니다. 혹시 방송에라도 출연했으면 모를까 매장에 걸린 모니터에 우리 집 자랑을 넣고 싶어도 방도가 없었습니다.

하지만 이제는 다릅니다. 스마트폰으로 마음껏 영상을 찍을 수 있고 얼마든지 활용할 수 있는 시대입니다. 그리고 자영업자들이 그리도 꿈꾸는 홍보 마케팅의 중심에 동영상이 있습니다. 유튜브부터 인스타그램, 틱톡까지, 동영상은 매체의 중심입니다. 이러한 시대에 동영상을 활용하지 못하는 브랜드는 도태될 수밖에 없습니다. 자극은 더 큰 자극을 부르는 법. 포토샵으로 리터칭된 사진도 이제는 신물납니다. 늘 비슷하고 단조롭기 때문입니다. 움직이게 만들어야 효과가 커집니다. 치즈가 주욱 늘어지고, 떡볶이가 바글바글 끓고, 불판 위의 삼겹살과 등심이 치지직 소리를 내줘야 침이 고입니다. 예비 고객의 흥미를 이끌지 못하면 끝장입니다.

50인치 TV를 활용해 주력 메뉴를
먹음직스러운 동영상으로 보여줍시다.

동영상의 중요성은 알겠는데 어찌 활용하는지 모르시겠다고요? 여러분이 좋아하는 네이버도 유튜브도 페이스북도 영상을 올리는 데 비용이 들지 않습니다. 공짜란 얘깁니다. 내가 이 자리에서 이토록 맛난 음식을 팔고 있다는 사실을 알려야 고객이 한달음에 오지 않을까요?

적극적으로 알리는 자만이 최후에 웃습니다. 거의 모든 포털은 콘텐츠를 원합니다. 그래서 퀄리티가 엉망인 영상도 저작권이 나에게 있다면 업로드에 아무런 문제가 생기지 않습니다. 지금 당장이라도 네이버와 유튜브에 검색해 보세요. 네모난 창에 '한국형 장사의 신'이라고 쳐보세요. 2015년부터 '장사의 신'이라는 타이틀로 제작한 수백 개의 동영상이 올라옵니다. 저작권은 저와 CBS 〈노컷뉴스〉가 공동으로 가지고 있습니다. 그래서 아무런 제약 없이 검색 엔진에 걸립니다. 반면에 저작권이 공중파 방송국에 있다면 아무리 내 집이라 하더라도 방송 출연한 내용을 만나기 어렵습니다. 각 회사의 이해관계가 얽혀 있어 제아무리 〈수요미식회〉에 나왔다 하더라도 웹상에서는 그 동영상의 원본을 찾아보기 어렵습니다.

이 책은 해답을 주는 교과서이자 참고서입니다. 영상을 제대로, 가장 쉽게 만들고 올리는 방법을 털어놓을 작정입니다. 나머지도 값어치가 뛰어나지만 이 장만 제대로 흡수하고 소화시키면 책값의 300배는 뽑을 수 있으니 눈을 부릅뜨고 집중합시다.

최근 개인이 제작한 동영상의 퀄리티가 점점 더 높아지고 있습니다. 고무적인 현상입니다. 전문가들이 독점하던 영상의 세계에 게릴라들이 등장하기 시작했습니다. 팁과 킥을 바탕으로 꼭 필요한 정보들을 콕콕 짚어내는 재주가 탁월합니다. 하지만 정작 핵심을 놓치는 경우가 허다합니다. 핵심을 끌어내지 못하면 그 다음은 없습니다. 잊지 마세요! 동영상은 도입부 5초에서 승부가 난다는 사실을.

이유가 있습니다. 주목도가 모니터의 사이즈와 반비례하기 때문입니다. 일반적으로 TV의 경우 10대는 10분. 20대는 20분… 50대 이상은 1시간 가까이 집중이 가능합니다. 그래서 〈가요무대〉나 〈6시 내 고향〉의 시청률이 떨어지지 않는 겁니다. 젊은 세대는 더 큰 기회비용이라도 놓칠세라 리모컨을 연방 눌러댑니다.

그런데 모니터의 사이즈가 휴대폰처럼 작아지면 정반대의 현상이 일어납니다. 젊을수록 집중력이 높아집니다. 게임의 학습 효과 덕분입니다. 10대는 한 시간이고 두 시간이고 몰입합니다. 지나치다 싶을 정도입니다.

다행인 건 외식업이 꼭 10대와 20대만을 대상으로 하는 것은 아니라는 겁니다. 30대 이상의, 소비력이 어느 정도 안정된 타깃을 동영상으로 잡을 수 있다면 승산이 있습니다. 미식을 즐기고, 여유가 생긴 중장년 세대들의 시선을 짧은 시간 안에 잡지 못하면 수많은 영상들과 함께 묻히고 맙니다. 그래서 도입부 5초가 정말 중요합니다.

영상에는 몇 가지 기본 원칙이 있습니다.

1. 흔들리면 안 된다.

2. 초점이 나가서도 안 된다.

3. 오디오가 지나치게 커서도 안 된다.

글에도 문법이 있듯이 영상에도 문법이 있습니다. 지금부터 설명드리는 내용은 30년 가까이 프로듀서와 디렉터 그리고 외주제작사 대표로 있으면서 쌓아온 것이니 믿고 따라 해보시면 아주 큰 재미를 느낄 수 있으실 겁니다.

상당수의 자영업 오너들이 지나가는 사람들에게 내 브랜드를 노출시키기 위해 배너를 설치합니다. 없는 것보다는 낫습니다. 하지만 영상 문법을 배워보면 이 얼마나 헛된 짓인지 금방 눈치챌 수 있습니다.

보통 텔레비전에서 만나는 영상들의 1초는 몇 장의 이미지로 이루어져 있을까요? 수업 시간에는 그림까지 그려가면서 설명이 가능하지만 지면에서 시간을 끌었다가는 당장 책을 덮으실 테니 일단 정답부터 말씀드리겠습니다. 일반적인 영상은 30장, 좀 고급스럽게 보이는 동영상은 24장의 사진이 다다다닥 붙어 만들어집니다. 간단히 설명하자면 매장 앞에 1초의 동영상을 틀어놓는 것과 달랑 사진 한 장 걸어놓는 것과는 하늘과 땅 차이라는 겁니다. 1초라는 시간이 짧게 느껴지실지 모르겠지만 영상을 전공한 저희 같은 사람들은 똑딱, 1초 사이에 웃음도 눈물도 역사도 넣을 수 있습니다. 그러니 매초에 여러분의 생각과 철학 그리고 컨셉을 넣을 수 있도록 훈련이 되어야 합니다.

자, 시작합니다. 뭐든지 처음이 제일 어렵습니다. 첫 줄, 첫 커트, 첫 장면. 다음 순서를 따르시면 아주 훌륭한 동영상 콘텐츠를 제작하실 수 있습니다.

1. SEXY

2. FRESH

3. SKILL

4. PLATE

먼저 가장 섹시한 장면이 필요합니다. 지글지글, 보글보글, 치이이익… 보는 이로 하여금 양 볼에 침이 고이게 만들 수 있는 그런 장면이 3~4초 필요합니다. 그래야 5초 안에 채널이 넘어가지 않습니다. '에게, 고작 3초?' 하실지 모르겠습니다만 얼마나 긴 시간인지 지금 바로 느껴보시죠.

똑 딱 똑 딱 똑 딱

여러분이 책을 읽는 속도까지 고려해서 배치한 시간입니다. 이 시간 안에 극강의 매력을 발산해야 합니다. 치즈가 주우우우욱 늘어나고, 간장게장의 속살이 쭈우우우욱 밀려나오고, 고등어의 등심이 뚝 떼어 들어올려져야 합니다. 그래야 고객의 뇌에서 반응이 일어납니다. '우와, 맛있겠다.' 아무 생각 없이 생선 비늘 벗기고, 칫솔로 꽃게 겨드랑이 닦고, 비닐에서 치즈 벗기는 장면 백날 넣어봐야 효과 없습니다. 첫 3초에 초집중하세요. 도저히 고개를 돌릴 수 없게요.

두 번째는 신선함을 보여주면 됩니다. 충격이 채 가시기 전에 인간의 욕구 중 두 번째로 중요한 안전을 건드리는 겁니다. 쏴~ 쏟아지는 물에 채소를 씻고, 쌀을 씻고, 고기를 씻고, 갓 삶아 낸 메밀면도 씻고, 물방울이 튀겨 카메라 렌즈를 가릴지언정 씻고 담그고 헹구세요.

이제 쐐기가 필요합니다. 현란한 개인기. 세계적인 스타들은 각기 다른 개인기를 가지고 있습니다. 입이 떡 벌어지게 만드는 초강력 스킬. 중국집이라면? 그렇죠. 웍질. 재료를 넣고 볶는데 불이 화아아아악 오르는 모습. 일식집이라면? 딩동댕. 기다란 사시미로 생선살을 신중하게 저미는 모습. 고깃집이라면? 짝짝짝. 손에 칼을 감싸 쥐고 포정처럼 뼈와 살을 가르는 모습. 이런 장면들 다 머릿속에 있으시죠? 그렇게 여러분의 스킬을 보여주세요.

자, 이제 대단원의 막을 내려야죠. 바로 플레이팅입니다. 빈 접시에 돌돌 만 파스타를 올리고, 빈 대접에 육수를 쭈루루룩 따르고, 빈 공간에 요리를 쓰윽 밀어넣는 겁니다. 그냥 곧이곧대로 보여주는 것보다 설렘과 흥분이 훨씬 커집니다. 이렇게 영상 문법에 따라 영상을 촬영하고, 순서대로 편집하면… 프로 뺨친다는 말을 듣게 됩니다.

팁 하나 더. 유튜브에 올라오는 광고를 자주 보세요. 우리에겐 그

유명한 빅 모델은 없지만 대한민국 최고의 전문가라는 분들이 어떻게 영상을 제작하고 있는지 많이 보면 볼수록 도움이 됩니다. 이런 콘텐츠가 뇌에 쌓이고 쌓이면 한순간 밖으로 확 쏟아져 나오니 걱정 마시고 보고 또 보세요. 가르쳐 드린 영상 문법 잊지 마시고요.

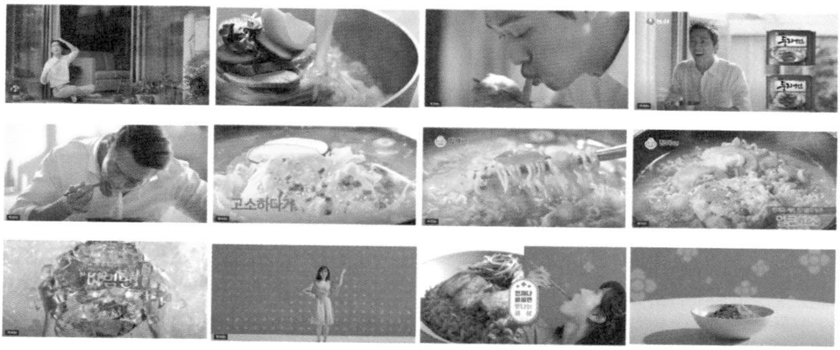

(출처: 농심, 오뚜기, 팔도 공식 유튜브 채널)

고객은 칼로리 높은 사진을 좋아한다

지방 강연 덕분에 버스 터미널을 자주 찾습니다. 전국 안 가본 곳이 없을 정도입니다. 늘 시간에 쫓기다 보니 끼니를 건너뛰는 경우가 많습니다. 저주받은 장 때문에 승차 전 음식을 섭취하는 경우는 없습니다. 곯은 배를 움켜쥐고 하차하면 메뉴부터 고릅니다. 짜장면도 좋고, 라면도 좋고, 만두도 나쁘지 않습니다.

생존형 평론가가 끼니를 때우기에 터미널 내 식당만큼 좋은 곳도 없습니다. 맛은요? 음… 글쎄요…. 하지만 공복 상태로 3시간씩 강연할 자신은 없으니 눈 질끈 감고 터미널 내 식당들을 스캔합니다. 순전히 감을 믿거나 쇼윈도에 붙은 사진에 의존하는 수밖에 없습니다. 여남은 집이 쪼로록 횡대를 이루고 있습니다. 자, 오늘은 어떤 메뉴로 점심을 해결할까?

김밥이 보입니다. 처음 보는 브랜드입니다. 사진 속 밥이 뻑뻑해 보입니다. 속재료를 볶은 흔적도 없고…. 실제로 테이블에 오르는 음식과 사진 속 이미지가 분명히 다를 것이라는 사실은 여러분도 알고 저도 압니다. 하지만 인간은 그렇습니다. 뇌가 허락하지 않으면 절대로 몸이 움직이지 않습니다. 만취 상태에서 해장하는 것이라면 모를까 맨정신으로 떡하니 걸려 있는 사진을 외면하기란 쉽지 않습니다. 왜? 눈으로 봤으니까요.

비빔밥 위에 올라 있는 계란프라이가 먹음직스럽습니다. 이거다 싶은데 채 썬 생채소가 고개를 디밉니다. 삐이익~ 감점! 무나물도 당근도 기름을 넣고 볶은 것이 제격인데 아쉽습니다.

바로 옆의 사진은 정말 가관입니다. 분명 순두부라고 적혀 있는데 흘러내리는 계란 말고는 식별이 불가능합니다. 육개장 같기도 하고 잡탕찌개처럼 보이기도 합니다. 참 좋아하는 메뉴인데…. 북창동 순두부나 정원 순두부 정도는 아니어도 흉내는 내야 군침이 도는데 말이죠… 아쉽습니다. 패스!

돈가스 간판이 걸린 쪽으로 걸음을 옮깁니다. 지방에서 먹는 돈가스라, 캬아~ 낭만적이지. 크림 스프까지 내주는 '옛날 돈가스'라면 더 좋겠다. 조심스레 사진 쪽으로 시선을 이동합니다. 어라! 돈가스 색깔이 허옇습니다. 튀기다 만 꼴입니다. 해표 식용유에 노르스름하게 튀긴 돈가스라야 그 값어치를 하는데. 게다가 가니쉬라고는 엉성하게 채 썬 양배추가 고작입니다. 요 모양으로는 제 지갑을 열 수 없습니다. 만약 이 녀석으로 제 소중한 공복을 채우면 내장들이 반란을 일으킬 것이 틀림없습니다. 우르르 쾅쾅. 장 속의 좋은 유익균들을 한 번에 몰아낼 가능성이 농후한데… 참 내, 돈가스까지 배신을 하

오, 주인장님. 이 낡은 사진을 보고 도대체 어떤 메뉴를 고르라는 겁니까?

다니. 가슴이 아픕니다. 시간의 압박도 강렬합니다.

반복되는 일이지만 이즈음에서는 초조해집니다. 그래, 대한민국 샐러리맨의 1등 점심, 김치찌개로 잠정 결정을 내리고 두리번거립니다. 명조체로 커다랗게 적은 '찌개'라는 글자가 눈에 안깁니다. 그렇지, 김치찌개가 없을 수 없지. 가게 문을 열려는 순간, 보지 말았어야 했는데 허여멀건한 돼지고기 덩어리가 시선을 강탈합니다. 미칠 노릇입니다. 기본만 해도 적당히 공깃밥 말아서 꾸역꾸역 밀어넣고 싶은데 하필 돼지 녀석이 거기서 훼방을 놓는지 모르겠습니다. 전혀 섹시하지 않은 모양과 색깔입니다. 왜 포토그래퍼는 고기 반 비계 반을 택하지 않았을까? 설마 터미널 내 식당이라고 무시한 건 아니겠지.

사진은 고객들 보라고 찍는 겁니다. 그것도 돈을 주고 말입니다. 물론 압니다. 시골 터미널에서 식당 운영하는 분이 유명 포토그래퍼가 운영하는 전문 스튜디오를 찾을 일이 많지 않다는 사실을요. 그렇지만 이건 해도 너무합니다. 아예 글로만 적어놓던가. 괜히 돈 들여 코팅된 사진을 붙여놓고서 손님 들어오지 못하게 막는 구실이나 하고 있으니 안쓰러워 못 보겠습니다. 없는 것보다는 낫다고 생각한 모양인데 뇌를 전혀 모르고 하는 소리입니다. 뇌는 엉성한 이미지에는 반응도 하지 않을 뿐더러 지독하게 인색해집니다. 이 친구는 철저하게 생존을 위해 존재합니다. 즉 칼로리가 높은 음식과 이미지에만 적극적으로 반응합니다.

고로 기름이 줄줄 흐르는 사진을 붙여야 합니다!

이런 돈이 되는 훌륭한 연구를 한 이들이 있습니다. 바로 미국 필라델피아의 모넬화학감각센터MCSC. monell.org 연구소입니다. 이곳에서 근무하는 음식 심리학자 마샤 펠챗Marcia Pelchat은 인간이 고칼로리 음식에 유혹받는다고 주장합니다. 굶어 죽는 것을 피하기 위해 자연스레 고칼로리의 음식과 이미지에 민감하게 반응하도록 훈련돼 왔다는 겁니다. 또한 고칼로리 음식과 저칼로리 음식을 볼 때 뇌에서 각기 다른 부분이 반응한다는 사실도 밝혀냈습니다. 레몬을 보면 양 볼에 침이 고이고, 갈비를 굽는 모습을 보면 위가 요동치는 것과 비슷한 반응입니다. 하나만 기억합시다. 고칼로리 음식은 뇌를 즐겁게 만듭니다.

간단한 테스트를 한번 해볼까요? 맥도날드나 버거킹 하면 어떤 이미지가 떠오르세요? M자 로고? 삐에로? 세트에 끼워주는 장난감? 공

맛에 자신 있다면 군침 돌게 만드는 음식 사진을 큼직하게 출력해서 가게 전면에 붙여놓으세요.
(육대장 포항양덕점, 자니로켓 신세계강남점)

복인 인간에게 가장 강렬한 이미지는 아마 뜨거운 철판 위에서 패티가 춤을 추는 모습일 겁니다. 토마토나 양파를 써는 장면보다 패티가 웨이브를 하는 컷을 길게 편집하는 이유도 다 여기에 있습니다. 인간이 좋아하는 고칼로리 이미지이기 때문입니다. 그 어떤 브랜드, 어떤 메뉴도 다르지 않습니다.

치킨 광고는 한술 더 뜹니다. 수억 원을 지불해 모신 아이돌 스타보다 기름에 튀겨지고 있는 치킨에 더 많은 시간을 할애합니다. 왜냐고요? 그야 칼로리가 높은 치킨 이미지와 호감도가 높은 아이돌을 적절히 믹스하는 게 매출에 도움이 되니까요.

복잡하게 생각할 필요 없습니다. 맛에 자신이 있다면 과감하게 기름이 줄줄 흐르는 사진을 최고 해상도로 촬영해서 출력하고 붙이세요.

- **백반집이라면 기름이 좔좔 흐르는 하얀 쌀밥과 고기 반찬을**
- **중국집이라면 불 위에서 덤블링하는 튀긴 고기를**
- **김밥집이라면 볶아서 반짝반짝 윤이 나는 속 재료와 기름 바른 김을**
- **초밥집이라면 하얀 마블링이 선명한 참치 뱃살 초밥을**
- **고깃집이라면 마이야르 반응이 일어난 노릇노릇 익은 고기를**
- **곱창집이라면 곱창이나 대창에서 곱이 줄줄 흐르는 모습을**
- **쌀국숫집이라면 사태살보다는 차돌박이가 듬뿍 올라간 사진을**

가능하면 큼직하게 전면에 붙이세요. 손님 보고 오지 말라고 애원해도 소용없습니다. 그는 반드시 들어옵니다. 이미 당신의 덫에 걸리고 말았을 테니까요.

제2의 간판, 네이버 플레이스

자, 이번 장은 읽기 전에 심호흡을 하셔야겠습니다. 온라인 마케팅을 공부하지 않은 사장님들께는 좀 충격적인 이야기가 들어 있거든요.

여러분이 그토록 간절히 만나고 싶어 하는 고객들은
여러분을 어디에서 만날 수 있을까요?

물론 제 발로 알아서 찾아와 준 고객들이라면 여러분 매장에서 만날 수 있습니다. 그러면 다른 고객들은 어디서 여러분과 여러분 브랜드를 만날 수 있을까요? 굳이 몇 줄 띄우도록 하겠습니다. 생각할 시간이 필요하실 겁니다.

1초

2초

3초

4초

5초

매장 앞? 신문? 잡지? 방송? 인스타그램? 페이스북? 틱톡? 이렇게 답을 하신 분들이라면 장사의 신이 되실 자격이 충분하세요. 그럼에도 현실은 냉정합니다. 아주 많은 사람들이 여러분과 여러분의 브랜드 그리고 업장의 위치를 모릅니다. 파는 상품은 더더욱 모르고요. 알리지 않으면 알 수 없습니다. 모르면 올 이유가 없고요. 그런 의미에서 전투적으로 여러분을 알려야 합니다. 예비 고객들이 가장 많이 모여 있는 곳을 알아낼 수만 있다면 이야기는 쉬워집니다.

오픈서베이의 〈소셜미디어·검색포털 트렌드 리포트 2021〉에 따르면 네이버 이용률은 74.8%로 압도적인 1위이고 구글이 15.8%로 그 뒤를 따르고 있습니다. 또 어떤 발표에서는 네이버 60%대, 구글 30%대 후반이라는 결과도 보입니다. 결국 1위 네이버와 2위 구글만 잡으면 거의 다 장악한다는 소리가 됩니다.

자, 그럼 가장 영향력이 큰 네이버를 분석해 봅시다. 물건을 사려는 사람, 지식이 필요한 사람, 남의 사용 후기가 필요한 사람, 무엇인가 비교하고 확인하고 싶은 사람 대부분이 네이버로 몰립니다. 이래서 다들 네이버 네이버 하는 모양입니다. 지역 소상공인들을 위한 플레이스, 전국의 쇼핑몰 판매업자들을 위한 스마트스토어 그리고 온라인에서 팔고 있는 거의 모든 상품의 가격 비교를 가능하게 만드는 네이버 쇼핑 서비스에 판매를 희망하는 사업가들이 구름떼처럼 몰려듭니다. 하지만 예비 고객 모두가 여러분 상호를 직접적으로 검색할 가능성은 크지 않습니다. 물론 방송에 나오거나 누군가 영향력 있는 인물이 직접 언급을 하면 상호를 바로 검색하겠지만 일반적으로는

강남 맛집

하남 삼겹살

월미도 맛집

광주 맛집

강동구 순댓국

이렇게 광범위한 검색 키워드를 사용할 가능성이 아주 큽니다. 그런데… '쩝쩝삼겹살'처럼 내 상호를 검색하면 내 가게가 바로 나오지만 '마포 고깃집'과 같이 동네 키워드를 넣어 검색하면 몇 페이지 뒤에서야 겨우 내 가게를 찾을 수 있습니다. 제 책을 읽는 독자들이 대략 4~5만 명 정도인데 이 중 20~30% 정도만 그나마 지역 키워드로 검색이 가능합니다. 이 숫자를 확 올려보도록 하겠습니다. 바로 '식당'이라는 키워드입니다. 이 단어를 네이버 플레이스 검색 키워드에 넣어야 검색될 가능성이 커집니다. 그리고 지금 이 순간 또는 요즘 인기를 끌고 있는 유행어들이 만약 내 브랜드와 관련이 있다… 그러면 망설이지 말고 키워드를 수정하세요.

우린 오늘부터 촘촘한 그물을 만들 겁니다. 고객들의 생각을 미리 읽고 그들이 원하고 찾을 만한 키워드와 콘텐츠로 나의 플레이스를 채울 겁니다. 자, '동네+메뉴'는 누구나 원하는 키워드이기 때문에 경쟁이 그만큼 치열합니다. 연간 매출이 100억 원인 브랜드도 가지고 싶어 하고, 1억인 매장도 내 것으로 만들고 싶어 합니다. 게다가 자금력이 있는 회사들은 광고비도 살벌하게 씁니다.

그러면 우리는 어떻게 해야 네이버 상위에 노출될 수 있을까요? 아주 많은 사람이 여러분의 브랜드를 찾으면 네이버와 구글은 여러분 브랜드를 더 높게, 더 많이, 더 자주 보여줍니다. 많이 찾는 인기 브랜드니까요. 또 있습니다. 네이버에게 도움이 될 만한 브랜드를 상위에 배치해 줍니다. 네이버에 직접적으로 돈을 지불했거나 동영상, 이미지 등 여러분 브랜드와 관련된 콘텐츠가 아주 많거나 영향력이 강한 인플루언서들이 많이 언급했거나… 이런 브랜드를 주로 앞줄에 세워줍니다. 이 로직을 활용할 수 있는 방법이 있습니다.

여러분 매장을 찾은 사람들에게 부탁하세요. 네이버 검색 한 번만 해달라고요. 기왕이면 저장과 공유도 눌러달라고요. 리뷰까지 써주면 큰 선물을 드리세요. 여러분 브랜드를 유명하게 만들어 준 분들이니까요.

하루에 50명씩만 검색해줘도 한 달이면 1,500명

일 년이면 18,250명

일주일에 하루씩 쉰다고 쳐도 15,500명

일단 한번 해보세요. 서울, 광주, 목포, 정읍, 청주, 대구…… 어지간한 지역에서는 다 통했던 노하우니까요. 어디 어디 맛집 검색하면 저의 제자 1,800명이 운영하는 약 3,000개 매장이 거의 다 상위에 올라오는 이유가 바로 이겁니다. 최선을 다해 고객이 검색할 수 있도록 선물도 드리고, 친절도 베풀고, 제대로 된 접대도 해드리고 온갖 장치들을 다 동원해 네이버 플레이스 지수를 높입니다. 이걸 다 가르쳐주면 어떡하냐고 지탄을 받을지도 모르지만 이게 그리 쉬운 일이 아닙니다. 장사하려면 재료 준비해야지, 요리해야지, 서빙해야지… 여기에 검색 유도까지 하는 건 이만저만 힘든 일이 아닙니다. 그래도 해야 삽니다. 안 하면 도태됩니다. 자, 여기까지가 반입니다.

이제 정말 중요한 반이 남았습니다. 최선을 다해 검색은 하게 만들었는데… 플레이스를 보고도 안 오면 어떻게 하죠? 온갖 개인기를 동원해 유입은 시켰는데 구매로 전환이 안 되면 어쩌냐 이 말입니다. 여러분도 그런 경험 있으시죠? 어딘가 정보를 입수하고 네이버 검색에 들어갔는데… 어라? 별거 없네. 뭔가 특별한 걸 원했는데 정말이지 찾아갈 엄두가 나지 않을 때가 있습니다.

사장님들 중 엉망진창인 플레이스를 가지고 있는 분들이 아주 많습니다. 고객과 만날지도 모르는 첫 장소인데 마치 금방 압수수색을 마친 집마냥 너절하고 어수선합니다. 이 사실조차 모르고 계신다면 심각한 일이고, 알면서도 손을 안 대고 계신다면 크게 혼나셔야 합니다. 오프라인 매장에 들어섰는데 거미줄이 쳐 있고, 귀신 나올 것처럼 고요하고, 온기도 전혀 못 느끼겠다면 그 자리에 머무르시겠어요? 모르긴 몰라도 2~3초 둘러보고는 바로 돌아서 나오실 겁니다. 온라인도 매한가지입니다. 사람이 득실득실했던 흔적도 많고, 깔끔해 보이고, 생기가 넘쳐흘러야 관심이 갑니다. 마음이 움직이고 오래 머물고 싶어집니다.

이 내용을 명료하게 정리해 볼까요? 사지 않을 이유는 싹 다 치워버리고 사야만 할 이유로 꽉꽉 채워주세요. 사고 싶게 만드는 방법, 간단합니다.

1. 가게 외관 말고 상품과 서비스를 보여주세요.

제발 부탁이니 간판집이거나 외국 브랜드가 아니라면 플레이스 첫 페이지에 간판 사진과 매장 입구 사진은 지금 당장 내려주세요. 고객이 먹는 건 음식이지 간판이 아닙니다. 바로 아래에 위치 정보 다 있으니 못 찾을 위험은 없잖아요. 무엇을 파는지 알아야 가든지 말든지 할 거 아닙니까? 인테리어가 끝내주는 카페나 모텔 또는 그런 종류의 업장이 아니라면 먹지도 못하는 간판, 침샘도 자극 못하는 현관 사진 말고 고객이 살 상품을 먼저 보여주세요.

2. 고객에게 꼭 필요한 것을 보여주세요.

고객이 지금 어떤 걸 필요로 하는지 모르겠으면 '이런 분들에게 반드시 필요한 상품입니다' 하고 소상히 가르쳐 주세요. 용도를 가르쳐 드리란 말입니다. 접대용인지, 데이트용인지, 회식용인지. 스치듯 만난 예비 고객이라도 내 매장을 방문하게 만들고 싶다면 필요를 설명하면 됩니다. 그냥 수건도 여행용이라고 설명해 주면 여행을 가려는 사람들이 '아, 이건 나에게 필요한 상품이구나!'라고 느끼게 됩니다.

3. 이제껏 보지 못한 것들을 맨 먼저 보여주세요.

이래서 최초가 필요합니다. 낙지를 넣은 최초의 순댓국, 랍스터를 올린 최초의 피자, 어복쟁반 그릇에 최초로 돼지고기를 올린 돈복쟁반, 로제 소스로 비벼 먹는 최초의 비빔밥 등 이제껏 고객들이 단 한 번도 누려보지 못했던 상품과 서비스를 보여주세요. 이런 새로운 이미지들로 플레이스를 가득 채운 다음 지켜보세요. 고객이 오는지 안 오는지. 인간은 욕망덩어리입니다. 신상이라면 사족을 못 씁니다. 간단히 테스트해 볼까요?

삼겹살 vs 사겹살

누군가 오겹살에서 한 겹을 제거해 사겹살이라 이야기하면 궁금해집니다. '어, 뭐지? 그런 부위가 있었어?', '엥? 위스키랑 잘 어울린다고?'

최초는 괜히 만드는 게 아닙니다. 고객들이 궁금해하라고 만드는 겁니다. 고객이 구경만 하지 않고 매장까지 찾아와서 그토록 애를 써서 번 돈을 지불하게 만들기 위함입니다.

4. 당장이라도 사고 싶을 만한 미끼를 던져놓으세요.

콘텐츠도 중요합니다만 당장 눈에 보이는 특별 혜택이 톡톡히 효자 역할을 합니다.

"지금 당장 예약하시면 하우스 와인 한 잔 드립니다."

"오늘 방문 고객에게는 5,000원 상품권 선물합니다."

"매주 월요일 매장을 찾아주시는 고객들에게 로또 선물 드립니다."

아이쇼핑하러 잠깐 들른 고객들을 도망가지 못하게 할 결정적 한

방이 필요합니다. 유입에서 전환, 기억하시죠? 네이버 플레이스에 쿠폰 기능이 생기기 전, 저희는 새 소식 쓰기 코너에 쿠폰을 선물로 올렸습니다. 이제는 다들 쿠폰을 제공하고 있지만요.

5. 정말 애를 쓰고 있구나 하는 증거들을 플레이스에 게시하세요.

네이버 플레이스에는 새 소식 쓰기 기능이 있습니다. 매일 매 순간 여러분의 콘텐츠를 올릴 수 있는 기능입니다. 그냥 놔두지 마시고 여러분이 노력하고 있는 모습을 동영상으로 찍어서 올려주세요. 읽고 있는 책, 연구하고 있는 프로젝트, 공부하러 다니는 모습, 브랜드를 지키기 위해 애쓰고 있는 모습을 다양하게 올려주세요. 고객은 노력하지 않는 사장님보다 노력하는 사장님을 더 좋아합니다.

6. 제발 동영상으로 올리세요.

현재 대한민국 전체 소비자의 약 43%를 차지하는 MZ세대, 즉 25세부터 39세는 젖병을 떼면서부터 아니, 태아 시절부터 동영상과 살아왔습니다. 단순 이미지를 넘어서서 살아 움직이는 영상에 흠뻑 빠져 있습니다. 차고 넘치는 SNS 속 영상 중 입맛에 맞는 콘텐츠를 취사선택하느라 스마트폰과 동거합니다. 안타깝게도 기성세대는 이 사실을 완벽하게 이해하지 못하고 있습니다. 아직도 배너 한 장 떡하니 걸어놓고 고객들이 마구 찾아와 주기를 학수고대하고 있습니다. 아무도 관심 없는 식재료의 효능 이야기를 제대로 된 이미지도 없이 글로만 설명하려 듭니다. 동영상 1초는 30장의 스틸 이미지로 만들어집니다. 만약 10초짜리 지글지글대는 영상을 노출시킬 수만 있다면 그건 배너 300장을 걸어놓는 것에 버금갑니다. 오프라인 매장만이 아닙니다. MZ세대의 아지트인 SNS에서도 마찬가지입니다. 왜 유튜브, 틱톡 그리고 인스타그램 릴스가 이토록 주목받고 있는지 이젠 좀 아시겠죠? 오늘부터 우리 모두 PD가 되어 동영상 세상으로 빠져봅시다. 네이버 플레이스, 구글, 인스타그램, 페이스북, 틱톡에 여러분의 동영상이 도배되는 그날을 기대하며!

戰

전략 6

고객 유인 2

略

친절하게 설명하는 가게가 살아남는다

좋다고 말하면 고객은 믿지 않습니다

제 수업을 들으러 오신 분들 중 마이크 제조 사업을 하는 분이 계셨습니다. 매사 진지한 분이었어요. 딱 엔지니어 스타일. 어떻게 하면 마이크를 차별화, 고급화할까 고심하던 모습이 선합니다. 하루는 제게 이런 고민을 털어놓았습니다.

"정말 최고의 마이크를 개발했는데… 어떻게 하면 잘 팔릴까요?"

마이크에 미친 이 사내는 코팅, 디자인, 수음 장치, 배터리, 충전, 방수, 투습, 공명…… 모든 요소를 거의 완벽에 가까운 수준으로 끌어올렸다고 자신했습니다. 이야기를 듣고 있던 저는 정말 궁금해졌습니다. 도대체 이 마이크를 왜 만든 걸까? 이유나 명분이 있나? 아니면 그저 자신과의 싸움에서 이기기 위해서 마이크를 이렇게 열심히 만든 걸까?

"음… 그나저나 누구를 위한 마이크인가요?"

선뜻 대답이 나오지 않았습니다. 인내심을 가지고 기다렸습니다. 하지만 한참 눈을 꿈뻑이던 대표님에게서 나온 대답은 그리 인상적이지 않았습니다.

"마이크가 필요한 모든 분들요."

언제든 어디서든 내 마이크를 소개할 수 있게만 해줘라. 노래방, 운동회, 연습장, 훈련소, 강의실, 바닷가, 구조대, 경찰서…… 시간과 장소를 가리지 않고 내 마이크는 빛을 발할 것이다. 딱 이런 느낌이었습니다.

"그럼 고민할 필요 없으시잖아요. 직접 가져가서 테스트 해보면 되겠네요."

한번 생각해 봅시다. 여러분이 이 마이크 제조 회사의 사장님이 되어 위의 장소들을 방문한다고 칩시다. 그분들이 레드 카펫을 깔아 놓고 여러분을 환대할까요? 아니면 속된 말로 잡상인 취급할까요? 그중에는 정말로 여러분의 마이크가 필요한 분들도 분명 계실 겁니다. 그런데 홍보라는 냄새가 나면 귀를 닫고, 눈을 돌리고, 자리를 피하려 애를 씁니다.

고객은 홍보는 싫어하지만 정보는 좋아합니다.

팔리는 물건은 반드시 살 사람이 있는 물건입니다. 살 사람이 없으면 절대 팔리지 않습니다. 그러니 살 사람을 위한 상품을 개발해야 합니다. 무엇인가 팔고 싶다면 늘 사람을 먼저 생각하세요.

참 많이 쓰이는 표현이 하나 있습니다. 장사는, 그리고 사업은 돈이 아니라 사람을 남기는 거라고. 전 이런 해석을 합니다. 나와 거래한 사람을 내 곁에 오래도록 머물게 만들고 싶다면 그 사람이 당신을 찾아야만 할 이유를 만들어 주세요. 그의 고민을 해결해 주고, 그의 고통을 없애주세요. 마이크도 스마트폰도 라면도 만두도 똑같습니다. 도대체 누가 쓰면 좋은지, 어떻게 좋은지, 어떤 편익을 만들어 주는지 가르쳐 줘야 그제서야 '아, 나한테 하는 이야기인가 보다' 하고 관심을 갖습니다. "우리 거 좋아요. 우리 상품 훌륭해요."라고 자랑하면 도망갑니다.

그러니 앞으로는 "난 다른 사람들이 아닌 당신을 위해 이 상품을 만든 거다.", "당신이 쓰면 훨씬 효과가 좋을 거다. 그러니 망설이지 말고 내 제품 써봐라." 이래야 그나마 구경이라도 할 가능성이 커집니다.

"마이크 상자에 왼손잡이용이라고 적어보세요."

얼음처럼 굳어진 사장님의 얼굴이 지금도 생생합니다. 대한민국에는 왼손잡이용 마이크가 없습니다. 전 세계적으로도 아마 없을 겁니다. 가위나 골프채는 있는데 마이크는 왼손잡이용이 없습니다.

제가 하필이면 영·호남 가르듯이 오른손잡이, 왼손잡이를 나눈 이유는 타깃을 좁히기 위해서였습니다. 하도 훈련을 하다 보니 이제 자동으로 구획이 나누어집니다. 남녀, 낮과 밤, 아이와 어른, 학생과 일반인…… 시장의 반을 가르고 "자, 이 상품은 왼쪽에 계신 분들을 위해 만든 겁니다."라고 마이크에 대해 친절하고 자세하게 설명해주면 그제야 '내 이야기구나' 합니다. 그래서 나누는 겁니다.

멀쩡히 있던 감기약을 데이 앤 나이트로 갈랐습니다. 이렇게 구분해주면 나이트용 감기약을 낮에 먹기 참 어려워집니다. 잠자리에 들면서 데이용을 먹기도 찜찜합니다. 인간은 이런 존재입니다. 불편한 걸 못 버팁니다. 그래서 누구나 쓸 수 있는 마이크를 가른 겁니다. 말로는 "뭐 어때?" 할지 모르겠지만 오른손잡이들은 왼손잡이용 마이크를 쓰면 노래방 점수가 덜 나올지 모른다고 지레짐작할 겁니다. 훈련병들 앞에서 연설 중 설득력이 떨어진다고 엄살을 부릴지도 모릅니다. 면접관 앞에서 시험이라도 치러야 하는 입시생이라면 왼손잡이용이 아닌 일반 마이크가 내 입시를 완벽하게 망칠 거라고 두 손으로 얼굴을 포갤지도 모릅니다.

그럼 찾아가야지요. '왼손잡이용 마이크를 만들었으니 이제 가만히 있어도 돈이 벌리겠군.' 이런 안이한 생각을 했다가는 도태됩니다. 평범한 마이크보다 더 안 팔릴지도 모릅니다. 운동화 끈 고쳐 매고 찾아가야 합니다. 왼손잡이들이 가장 많이 모여 있는 카페, 동호회, 커뮤니티로. 그리고 당당히 제안하셔야죠. 당신들을 위해 개발한 마이크다. 이런 사장 본 적 있냐? 난 그대들의 편이다. 당신을 각별히 사랑하고 아낀다. 그래야 최소한 왼손잡이들은 평범한 마이크를 바이러스 보듯 하게 만들 수 있습니다. 그리고 나서 조곤조곤 성능 이야기를 해야 먹힙니다.

왜 그 많은 상품과 서비스가 제대로 안 팔리는지 아세요? 정확히 누구한테 하는 소리인지 가르쳐 주지 않으니 다들 나 몰라라 하는 겁니다. 나에게는 해당이 안 되는 줄 알고 말입니다. 트로트용, 대학생용, 남성용, 여성용…… 용도는 얼마든지 만들 수 있습니다. 팔리는 이유는 이렇게 만드는 겁니다. 대한민국 국민 모두에게 팔려는 무모한 도전은 이제 그만하시고 아주 작은 카테고리에서라도 꼭 1등을 해보세요. 왼손잡이용까지 만드는 회사인데 트로트용 마이크 못 만들겠습니까! 가격요? 특별한 분들을 위한 마이크인데… 10,000원만 더 받으세요. 더 좋아하실 겁니다.

이 시간부로 상품이 아니라 상품을 살 사람 먼저 찾기.
약속!

제발, 고객이 원하는 걸 파세요

삼성동에는 사람 살리는 요리를 만드는 달인이 한 분 계십니다. 맛을 그리는 게 특기인 그이는 사람 살리는 재료로 만든 소스로만 양념을 합니다. 그만큼 조심스럽습니다. 그녀가 늘 주장하는 내용이 있습니다.

"내 식으로 사람을 사랑하는 건 아무 의미 없다. 그 사람이 원하는 방식대로 사랑해 주어라."

너무나 근사한 표현이라 한동안 스마트폰의 바탕 글귀로 사용했습니다. 상대는 원하지 않는데 본인이 최고의 가치라 여기며 다이아몬드를 선물하는 것이 무슨 의미가 있을까요? 파트너는 따듯한 말 한마디가 필요한데 상품권을 선물하는 것과 진배없습니다. 중요한 건 받는 사람의 기분입니다. 그가 행복해야 내가 전달하는 게 의미가 있습니다. 모든 인간의 공통점이기 때문일까요? 드라마 소재로도 자주 등장합니다. 내가 좋아하는 방식과 상대가 좋아하는 방식이 달라 겪는 갈등.

저는 외식업에 이 명제를 적용하고 싶습니다. **장사는 연애다.** 내 식으로, 내 스타일로 아무리 정성을 넣어 조리를 해도 고객이 원하는 음식이 아니라면 가치를 인정받지 못합니다. 겉으로는 감사하다 할지 몰라도 돌아서면 이맛살을 찌푸릴 게 틀림없습니다. 심하게는 못난 놈이라고 비웃을지도 모를 일입니다.

간혹 잘나가는 외식업체 사장님들을 싸잡아 비난하는 이들을 만납니다. 요리도 아니라며 딴죽을 거는 전문가도 있습니다. 하지만 이렇게 쓰디쓴 소리도 감내해야 하는 게 사장님들입니다. 대중의 집중을 한몸에 받고 있는 그들은 이 시간에도 국민 대부분이 좋아하는 음식을 찾고 있을 겁니다. 고객의 입맛을 비교하고 분석해서 그들이 가장 좋아하는 맛을 찾아내는 게 그들의 특기입니다. 이게 장사의 핵심입니다. 본질이고 전부입니다. 주인이 아닌 고객이 좋아하는 걸 팔아야 할 의무가 있습니다. 고객에게 사랑받고 싶어서 다들 노력하지 않으세요? 그들의 지갑을 열기 위해 그 열악한 주방에서 열 몇 시간씩 사투를 벌이고 있지 않으신가요?

좀 솔직해집시다. 당신은 그런 피 터지는 노력을 경주하면서 남이 발견한 해답에 대해서는 전혀 너그럽지 않습니다. 그야말로 '내가 하면 로맨스 남이 하면 불륜'인 격입니다.

고객의 니즈는 아이템에 따라 천양지차입니다. 한우에서 바라는 건 기름 맛입니다. 드라이에이징이 아무리 진화된 형태의 숙성육이라 우겨도 반향이 크지 않습니다. 이미 십수 년간 마블링의 매력에 푹 빠져 있는 육고기 마니아들에게 드라이에이징 숙성육은 그저 치즈 맛 고깃덩어리에 불과합니다. 게다가 비싼 값을 치르고 사먹는 한우에서 치즈 맛을 즐기고자 하는 사람은 그리 많지 않습니다. 매스컴에서 흥분하며 떠드는 것에 비하면 그 영향력도 미미합니다. 만약 드라이에이징이 고객이 원하는 맛이었다면 이미 빽다방만큼 업소가 늘었어야 맞습니다.

소수가 즐기는 맛은 소수의 전유물입니다. 고객을 가르치면서 끌고 갈 수는 없습니다. 고객의 혀와 내장을 설득하는 게 그리 만만한 일이 아닙니다. 돼지고기도 크게 다르지 않습니다. 비계 반 살코기 반 붙어 있어야 구이든 찌개든 명함을 내밀 수 있습니다.

KICK!

한 가지 조언해 드리자면, 더할 것을 찾기 전에 뺄 것을 찾으세요.
고객이 좋아하는 맛을 찾는다는 건 어찌 보면 기본에 가장 충실해진다는 소리와 같습니다. 괜히 튀어보겠다고 이것저것 갖다붙일 게 아니라 판매를 방해하는 요소를 빼내는 것. 이게 바로 장사고 사업입니다.

가지고 싶고, 사고 싶게 만들어 주세요. 그러면 저절로 팔립니다. '싶다'라는 표현이 두 번이나 등장합니다. '싶다'는 내게 없을 때 나오는 간절함입니다. '가지고 싶다'? 내게 없으니까. '사고 싶다'? 아직 경험해 보지 못했으니까. 그래서 대기업에서 상품 개발과 마케팅을 담당하고 있는 실무자들은 늘 두 가지만 찾습니다. 이 세상에 아직 없는 성능은 뭘까? 고객들이 아직 경험해 보지 못한 상품과 서비스는 어떤 걸까? 이런 배경이다 보니 신제품이 등장하면 바로 그 포인트를 물고 늘어집니다.

"이런 기능 처음이시죠?"
"아직도 모르세요?"
"아이 있는 집에 딱인데…."
"두 가지 소스 섞은 줄 모르셨다고요?"
"느껴보세요. 드신 날과 안 드신 날의 차이."

없는 걸 건드리는 건 인간의 욕구와 밀접한 관련이 있습니다.

생존 욕구, 안전 욕구, 사회적 욕구, 지적 욕구, 미적 욕구.

이제껏 없었던 상품과 서비스를 만들되 이 다섯 가지 욕구를 결부시키면 강력하게 더 가지고 싶어집니다.

20% 증량으로 푸짐함을 살렸습니다.
당신의 건강을 위해 지방을 제거했습니다.
벌써 10만 가정에서 선택하셨는걸요.
전문가 집단이 만든 마리아주입니다.
세상 그 어떤 것과 견주어도 밀리지 않는 패키지 디자인.

여러분의 상품을 위 기준에 맞게 다시 재단해 보세요. 고객 입에서 이런 소리가 나올 겁니다.

"어머, 이거 내가 찾던 바로 그 상품이네. 딱 내 스타일이야. 웬일이니!"

고객은 이벤트도 의심한다

띠리리리리 띠리리리리~

휴대폰이 울립니다. 꼼짝도 하기 싫습니다. 격렬히 움직이기 싫습니다. 도대체 몇 시야? 고개만 살짝 돌려 짝눈으로 휴대폰을 흘겨봅니다. 1시 15분. 이런, 언놈이야! 두 눈으로 초점을 맞춥니다. 어라? 후배 녀석인데… 이만하면 끊을 만도 한데…. 200g이 조금 안 되는 이 녀석을 귀까지 옮기는 데 꽤 시간이 걸립니다. "형님. 통화 괜찮으세요?" 평상시 같으면 죄송하다며 말을 꺼냈을 녀석인데 이상합니다. 순간적으로 뭔가 잘못 돌아가고 있다는 느낌이 목소리를 타고 넘어옵니다.

"머리 아픈 일이 생겼어요."

전화를 건 후배는 대치동에서 꽤 이름을 날리고 있는 김밥집 사장입니다. 착한 재료와 매력적인 손맛으로 단시간에 학원가를 휘어잡았습니다. 그에게 적이 생긴 겁니다. 바로 옆에 듣도 보도 못한 브랜드가 매장을 열었답니다.

'드디어 올 것이 오고 말았네….'

자유 경쟁 시대니 법적으로 문제가 있는 건 아닙니다. 단, 최소한 이런 마음은 반드시 뜯어고쳐야 합니다. '시장은 어차피 나누어 먹는 거고 내가 들어가면 최소한 30~40%는 뺏어오지 않겠어?' 물론 맞는 말입니다. 어차피 자본주의 사회는 제로섬이니까요. 흥하는 자가 있으면 딱 그만큼 패하는 자가 있기 마련입니다. 그래서 기존 브랜드는 수성하느라 에너지를 소모하고 신규 브랜드는 그걸 빼앗아 먹으려 목숨을 겁니다. 조금이라도 돈이 벌린다 싶으면 한 달 굶은 하이에나 마냥 덤벼듭니다.

"얼마나 화가 나던지 50% 할인 시작했어요. 사흘 전부터 개시했는데 손님이 쓰나미처럼 몰려와요. 하루 종일 김밥 싸느라 손목이 빠질 지경이에요."

목소리가 가느다랗게 흔들리고 있었습니다. 이렇게 쉽게 감정을 드러내는 녀석이 아닌데 꽤나 부아가 치민 모양입니다. 저는 후배의 이야기를 들으며 단어 하나하나를 분석하기 시작했습니다.

첫째, 감정이 격앙된 상태입니다. 이럴 때는 악수를 두기 쉽습니다. 세심히 관찰하고 치밀하게 분석할 겨를이 없습니다. 밥장사는 오로지 식재료와 고객에 집중해야 하는데 지금은 경쟁 브랜드만 보일 겁니다. 접객을 하는 중에도, 김밥을 싸는 와중에도 시선은 자꾸만 옆집으로 쏠리게 됩니다. 단골이었던 고객이 옆집으로 들어가면 심한 배신감까지 느끼기 마련이고요. 하지만 고객에게는 선택할 권리가 있으니 뭐라 할 수는 없습니다. 쥐가 나겠지만 머리를 굴려야 합니다.

둘째, 50% 할인입니다. 반값! 셉니다. 20~30% 정도로는 기를 죽일 수 없겠다 싶었던 모양입니다. 그래서 반값 할인을 설계했겠지요. 3,500원에 먹던 프리미엄 김밥을 1,750원에 먹을 수 있다면 저라도 당장 택시를 탈 겁니다. 고객의 심리는 그렇습니다. 이런 조건이면 평상시보다 주문량이 늘게 마련입니다. 2인분 살 거 3인분 과소비하는게 인지상정입니다. 고객은 신이 납니다. 그 비싸고 맛난 김밥을 반값에 먹을 수 있으니까요. 하지만 업주 입장에서는 노마진에 피로만 쌓입니다. 지치기 십상입니다.

셋째, 고객이 쓰나미처럼 몰려옵니다. 어라. 후배의 매장은 작은데? 그럼 동선이고 뭐고 다 꼬여버려 컴플레인으로 이어질 텐데…. 안 봐도 그림이 그려집니다. 아차! 한겨울이지. 밖에서 대기하는 줄이 보통이 아닐 겁니다. 기다리다 먹는 밥이 맛있다고는 하지만 도가 지나치면 짜증이 나기 마련입니다. 그것도 눈이 쌓인 겨울 한복판이라면 말해 무엇할까요. 반값에 살 수 있다는 희망을 안고 기다릴 때 가장 필요한 게 뭘까? 긴급 처방이 필요했습니다.

"너 오픈하고 지금까지 김밥 얼마나 팔았니?"
"글쎄요…."

정적이 흐릅니다. 계산 중인 모양입니다.

"하루에 평균 500인분 잡으면 석 달 좀 넘었으니까…."
"메모 가능하니? 피곤하더라도 내일 일어나자마자 디자인 사무실로 가. 그리고 내가 일러주는 대로 맡겨."

50,000인분 판매기념
168시간 감사이벤트
50% 할인!

할인 이벤트에는 합당한 이유가 필요합니다. 그냥 아무 때나 마구잡이로 덤벼서는 승산이 없습니다. 아니, 귀신같이 약아진 소비자들에게 무시당하기 쉽습니다. 일반적으로 반값 세일을 하면 고객들은 딱 두 가지만 생각합니다. '유통기한이 다 되었나? 아니면 제품에 하자가 있나?' 좀 더 셈이 빠른 고객은 이리 생각합니다. '50%에 팔아도 남는 게 있겠지.' 이쯤 되면 안 하느니만 못합니다. 그래서 고객도 행복해지고 업주도 속내를 들키지 않을 묘수가 필요합니다. 이게 설득 커뮤니케이션의 기본입니다. 한 줄 한 줄 복기해 봅시다.

흥하는 자가 있으면 패하는 자가 생기기 마련. 한 글자라도 더 고객을 설득할 수 있는 자가 승자가 됩니다.
(대치동 정성한줄)

1. 50,000인분 판매 기념

홈쇼핑에서 물건을 파는 쇼호스트들이 목에 핏대를 세우고 강조하는 포인트가 누적 판매량입니다. '○○○인분 돌파', '○○○세트 기록 경신'……. 하도 들어 국민 모두가 익숙합니다. 설득은 익숙함에서 출발합니다. '50,000인분.' 그렇겠네. 이 집 소문난 집이잖아. 민사고, 외고 엄마들이 사먹인다는 그 김밥이잖아. 매스컴에도 여러 번 나왔고 애들도 줄 서서 사먹던데 그 정도는 팔렸겠다. 나도 몇 번 사먹었는데. 그럼 기록 달성에 일조를 한 셈이니 자격이 있어. 반값에

잔칫상 받을 자격이 있단 말이야. 암튼 잘되는 집은 뭐가 달라도 다르다니까. 이렇게 고객 스스로 구매를 위한 당위성을 부여합니다.

2. 168시간 감사이벤트

11월 24일부터 30일까지 일주일 한정이라 적었습니다. 7일이면 긴 시간입니다. 그런데 달랑 '일주일'이라고 적으면 별 감흥이 없습니다. 물리적으로는 같은 시간이지만 소비자들은 구체적인 시간을 원합니다. 그래서 '168시간'이라고 적으라 했습니다. 인간은 숫자에 약합니다. 이걸 이용하고 싶었습니다. 어떤가요? 일주일 세일과 168시간 세일. 시간 단위가 작아지면 예비 고객은 쫓깁니다. '오늘이 26일이니 한 나흘 남았나?' 여유롭게 생각하던 이들도 96시간밖에 남지 않았다고 하면 조급해집니다. 마케팅 선수들은 이런 디테일을 빼놓지 않습니다.

전화를 끊으며 당부했습니다.

"줄이 길면 손님들 힘들어. 의자랑 보온통 준비해. 그냥 녹차 말고 옥수수차나 둥굴레차면 좋겠어. 화이팅, 지치면 끝장이다!"

새로 론칭한 분들에게는 미안한 말씀이지만 이 50,000인분 감사이벤트 덕분에 후배는 대치동 최고의 김밥이라는 자리를 수성할 수 있었습니다.

일곱 가지 참기름

아주 귀한 선물이 들어왔습니다. 정읍에서 수업을 들은 누님 수강생 한 분이 직접 농사를 짓고 짠 참기름을 한 병 보내주셨습니다. 상자를 열고 포장을 벗기자 예의 '소주병스러운' 참기름 병이 모습을 드러냅니다. 조심스레 뚜껑을 열고 코로 가져갑니다. 캬~ 한국인이라면 정신 못 차릴 냄새입니다. DNA와 학습은 참 무섭습니다. 향만 맡았는데도 눈앞에 요리 몇 가지가 지나갑니다.

갓 지은 하얀 밥 위에 고추장 한 숟가락 척 올리고 막 부친 계란프라이 슬쩍 덮은 뒤 참기름 한 바퀴 쭈우욱~

팔도 비빔면 삶아서 대접에 넣고, 양념 비빔장 두른 다음 참기름 한 바퀴 쭈우욱~

묵나물 불려 삶은 뒤 물기 꼭 짜고, 간장 먼저 두른 다음 참기름 한 바퀴 쭈우욱~

이 책은 최신 SCENT BOOK MAKING TECHNOLOGY로 제작되어 이 페이지를 읽는 동안 참기름 향이 분사됩니다. (이 이야기를 믿고 코에 지면을 대는 분이 계시지는 않겠죠?)

그런데 말입니다. 굳이 이런 귀찮은 동작을 하지 않아도 여러분은 이미 진한 참기름 향을 느끼고 계십니다. 민감한 분들 중에는

참 기 름

이 세 글자만 봐도 전비강이 자극되는 분도 계실 겁니다. 인간의 뇌는 신비합니다. 상상하길 좋아합니다. 글이나 이야기를 그림으로 그리는 습관이 있습니다. 덕분에 한 글자 한 글자 도미노처럼 연쇄적으로 연상을 합니다. '연쇄연상러'라고나 할까요? 태어나 한 번도 들어본 적 없는 녀석이라면 모를까, 단 한 번이라도 경험해 본 대상에 대해서는 여지없이 응용력이 발휘됩니다. 향이 나고, 요리가 떠오르고, 머릿속이 온통 참기름 생각으로 가득해집니다.

그런데 말입니다. 이런 강력한 선험도 새로운 제안에는 여지없이 무너지고 맙니다. '참기름? 당연히 이렇게 써왔지.'라고 했는데 갑자기 한 번도 들어본 적이 없는 매력적인 제안을 받으면 뇌가 큰 충격을 받습니다. 그리고 그림을 그리기 시작합니다.

'샐러드용 참기름'

순식간에 머릿속에 주방이 펼쳐지고, 샐러드 채소들이 세척되어 찢기고, 다채로운 샐러드 위로 참기름을 뿌리고 있는 자신을 발견하게 될 겁니다. 나에게 해가 되지 않는다면 제안받은 대로 코딩이 시작됩니다. 이렇게 완성된 로직은 바꾸기가 쉽지 않습니다. 병에 '샐러드용 참기름'이라 적혀 있으면 이 녀석은 엑스트라 버진 올리브오일처럼 신선하고 차가운 재료들과 조합해야 한다는 의무감이 들어 뜨끈한 계란프라이에 뿌리기 어렵습니다.

이게 제안의 힘입니다. 길을 내주는 것과 같습니다. 이 길이 아니면 자칫 손해 볼지도 모른다는 생각이 들도록 참신하고 흥미로운 제안이 필요합니다. 고객을 가르치고 싶고, 물건을 팔고 싶다면요.

자, 그럼 여러분이 참기름 회사의 대표가 되어 경쟁자들과는 아주 색다른 제안을 해보세요.

비빔밥용 참기름, 빈대떡용 참기름, 찌개용 참기름, 나물용 참기름, 국수용 참기름, 프라이용 참기름, 냉국용 참기름……

여러분이 이 글의 서두에서 경험했던 그 자연스럽고 무시무시한 연상을 고객들도 하게 될 겁니다. 밥에 두르고, 프라이팬에 두르고, 보글보글 찌개에 넣고, 나물과 함께 조물조물 무치고, 잔치국수며 비빔국수에 참기름을 쭈우욱 두르는 그림을 그리게 될 겁니다. 아주 잘 파는 사람, 즉 최고의 마케터는 잘 쪼개는 사람입니다.

장소를 쪼개고 (업소용 참기름, 가정용 참기름)

성분을 쪼개고 (탄수화물용 참기름, 단백질용 참기름, 나트륨용 참기름)

연령을 쪼개고 (유아용 참기름, 중장년용 참기름)

용도, 즉 쓸모를 쪼갭니다. (전용, 나물용, 냉면용, 비빔밥용, 무침용)

어떻게 이런 아이디어를 내냐고요? 여러분도 얼마든지 할 수 있습니다. 제일 가까이 있는 주위 사람들을 모델로 생각하시면 됩니다. 아빠, 엄마, 동생, 아내, 직원, 사촌, 학생…… 이분들에게 각별한 애정을 가지고 있다면 여러분도 얼마든지 완벽하게 새로운 용도를 만들 수 있습니다. 최고의 마케터는 뜨겁게 사랑하는 사람입니다.

KICK!

당신의 상품을 무조건 팔리게 하고 싶다면 누가 사야 하는지 가르쳐 줘야 합니다. 팔리려면 사줄 사람이 있어야 하니까요. 그런데 살 사람이 망설인다면, 정확히 이럴 때 쓰는 거라고 자상하게 용도를 가르쳐 주세요.

그러면 얼마든지 팔리는 상품을 만들 수 있습니다.

네? 삼겹살집 하신다고요? 알겠습니다.

보쌈용 삼겹살	바비큐용 삼겹살	볶음용 삼겹살
캠핑용 삼겹살	회식용 삼겹살	유아용 삼겹살
부모님용 삼겹살	작업용 삼겹살	

백 원의 행복

동학농민혁명의 고장, 정읍에서 수업을 들은 사장님의 초대로 아주 특별한 오리불고기를 맛보았습니다. 전국에 내로라하는 오리집 주물럭은 거의 다 먹어봤는데 정말이지 대한민국에는 숨은 고수들이 참 많다는 걸 다시 한 번 느꼈습니다. 불판 위의 새빨간 주물럭 양념이 주황색으로 바뀌어 갈 때쯤 대표님이 쓱 물어보시더군요.

"막 비판 좀 해주세요. 은퇴한 남편이랑 둘이 운영하다 보니 정신이 없어요. 뭐가 어떻게 돌아가는지 알 수가 있어야지요. 맛도 그렇고 마음에 걸리는 거 있으면 전부 다 이야기해 주세요. 정신 좀 차리게요."

제가 두 분을 보고 막 웃었습니다. 너무 긴장하고 계셨거든요. 잠깐 다른 이야기 좀 해드릴까요? 정말 큰 부자가 되고 싶다면 뻔뻔해야 합니다. 단점, 약점, 부족한 점에만 자꾸 집중하면 주눅듭니다. 꽤 근사한 상품을 가지고 있는데도 시나브로 기운이 빠집니다. 제발 단무지라도 좋으니 전국 1등 할 최강의 상품을 최소한 하나는 만들어 달라고 부탁하는 이유도 여기 있습니다. 기 좀 펴시라고. 당당해야 고객이 긴장합니다. 주인장이 지나치게 겸손하면 고객은 절대로 고개를 숙이지 않습니다. 콧대도 좀 높고, 자부심도 좀 넘치고 그래야 고객도 긴장합니다. 아시겠죠! 오늘보다 딱 20% 더 뻔뻔해지기. 그래야 없던 실력도 나온다니까요.

"누님, 맛이 기가 막힌데요. 지금까지 먹었던 오리불고기 중에 베스트 10 안에 들어요. 그러니까 고민 그만하시고 이제 막 알리세요. 네이버 플레이스에도 동영상 올리시고, 인스타그램, 페이스북, 틱톡, 구글…… 고객과 만날 가능성이 있는 모든 채널에 누님 오리불고기 올리세요."

못 믿는 눈치였습니다. 그도 그럴 만하지요. 서울도 아니고 전라도에서, 그것도 인구수마저 얼마 안 되는 정읍에서 부부 둘이 매장을 운영하려니 얼마나 힘들겠어요. 연세도 있으신데….

"진짜 고칠 거 없어요? 그럼 하나만 더… 가격은 어때요? 재료비가 하도 올라 이러지도 저러지도 못하겠어요. 올리면 고객이 빠질 것 같고, 안 올리자니 벌어도 남는 거 없고…."

다른 건 다 웃어넘기는데 가격은 그게 잘 안 됩니다. 그만 비수를 꽂고 말았습니다.

“이거 그대로 주면서 가격만 올리실 거죠? 괜히 미안하니까 물가 상승률 어쩌고 하면서 출력물 한 장 붙이실 거죠? 그건 절대 아니라고 봅니다.”

다들 가격을 올리면 고객이 줄어든다고 생각합니다. 네, 맞습니다. 손 하나 까딱하지 않고 가격만 올리면 반드시 줄게 되어 있습니다. 마지막 방문 때 거래했던 계약 조건과 달라졌으니까요. 만약 가격을 올렸는데도 고객이 줄어들지 않게 만들려면 2년이고 10년이고 해오셨던 영업 스타일을 반드시 바꾸셔야 합니다. 그릇이든, 순서든, 색깔이든, 구성이든……. 그러지 않으면 고객은 계약 위반이라고 느낍니다. 조건은 같고 가격만 올라갔으니까요. 인지상정이지요.

“저 실행 정말 열심히 할 테니까 가격 좀 정해주세요.”

비장의 무기, **조건부 혜택**에 대해 설명해 드렸습니다.

“누님, 가장 많이 팔리는 건 오리불고기, 그럼 가장 많이 남는 건 어떤 메뉴에요? 그게 만약 닭볶음탕이라면 조건을 제시하세요. 오리불고기와 닭볶음탕을 주문하시면…”

말을 막으시더니 갑자기 주방으로 달려가 VIP용이라며 상추튀김을 가져오셨습니다. 이야기는 들어야겠고 기름은 끓고 있고… 많이 급하셨던 모양입니다. 전라도에서 상추튀김이라고 하면 오징어튀김, 김말이, 고구마튀김 같은 튀김을 상추에 싸서 먹는 걸 말하는데 이 집에서 내준 상추튀김은 말 그대로 상추에 튀김옷을 입혀 튀긴 '진짜' 상추튀김이었습니다.

"이거 딱이네요. 오리불고기와 닭볶음탕을 주문하시면 상추튀김 한 접시를 100원에 드리세요."

햄버거, 감자튀김, 콜라를 세트로 묶어 15% 정도 싸게 파는 건 이제 소비자들이 다 압니다. '어차피 받아야 할 가격에 할인가를 맞췄구나' 하고요. 이런 후진 방식을 벗어나 먼저 제안하는 겁니다. 싫은 사람은 안 사면 그만이고, 우리가 던진 제안이 마음에 든다면 당연히 주문을 하겠죠. 단, 우리 집 상추튀김이 전국 최초다, 주문과 동시에 튀긴다, 상추는 내가 텃밭에서 직접 기른 거다, 튀김 반죽에 초란을 넣었다, 그래서 튀김만 주문하면 한 접시에 7,000원이다. 이건 반드시 가르쳐 주셔야 합니다. 안 가르쳐 주면 고객은 모릅니다. 이게 얼마나 훌륭한 상품인지, 우리가 얼마나 고객들을 위해 애를 쓰고 있는지를요. 이런 근사한 제안을 하면 고객의 머릿속에는 계산기가 등장합니다.

'오리불고기 25,000원 더하기 닭볶음탕 25,000원 더하기 상추튀김 7,000원 하면 음… 57,000원인데… 튀김이 100원이니 세 가지 메뉴를 먹으면 50,100원이다…. 게다가 가격표를 보니 큼직하게 '상추튀김 7,000원' 이라고 적혀 있네.'

한 발 더 나가자면 '할인 혜택 6,900원'까지 적어주는 겁니다. 7,000원짜리를 100원에 먹을 수 있다. 산수 수준이니까 알아서들 판단하겠지. 이렇게 안이해지시면 안 됩니다. 얼마나 큰 혜택을 주고 있는지 또박또박 가르쳐 주세요. 고객에게 혜택이다 싶은 건 묻지도 따지지도 말고 가르쳐 주세요. 그래야 압니다.

2차로 넘어간 중식당에서도 '100원의 행복' 특강은 이어졌습니다. 이번에는 세트 메뉴와의 비교입니다.

"'탕수육과 양장피를 주문하시면…'이라는 단서를 다는 겁니다. 그리고 가격으로 혜택을 주는 겁니다. 만약 고객이 수락하면 손해 보지 않는 선에서 100원에 구매 가능한 메뉴를 제안해 주세요."

단, 이번에도 간단한 조건이 있습니다. 반드시 원래 가격을 적어주셔야 합니다. 만약 100원에 주문할 수 있는 메뉴가 정가 6,000원이었다면 꼭 적어놓으셔야 합니다. 그럼 고객의 뇌 속에서는 이렇게 계산이 됩니다.

탕수육 25,000원 + 양장피 25,000 + 짬뽕 국물 6,000 = 56,000원

그런데 마지막 메뉴를 100원에 준다 했으니

56,000원 – 5,900원 = 50,100원

자, 냉정히 생각해 봅시다.

기존의 상식적인 패키지 할인 표기 방식을 적용했다면…

~~56,000~~
25,000 + 25,000 + 6,000 = 50,100 (약 10% 할인)

약 10%의 할인 혜택을 본다고 판단할 겁니다. 내가 원래 지불해야 할 금액의 10% 정도를 깎아준다… 결과적으로 세 가지 품목에서 평균적으로 10%씩 할인을 받았다는 인상이 강해집니다.

하지만 100원의 행복을 누리게 만들어 준다면 앞선 두 가지는 할인 없이 온전한 상품으로 받게 되고 마지막 100원 품목에서 아주 큰 보너스를 받는다는 인상을 줄 수 있습니다.

이 가격 정책이 진가를 발휘하는 순간은 다품종 주문 때입니다. 고수익을 만들어 주는 상품들을 더 많이 팔고 싶을 때 효자 노릇을 톡톡히 합니다.

탕수육 + 양장피 주문 시 볶음밥 100원

탕수육 + 양장피 + 팔보채 주문 시 볶음밥/물만두 100원

탕수육 + 양장피 + 팔보채 + 유산슬 주문 시 볶음밥/물만두/짜장면 100원

고가의 상품을 주력으로 팔기 위한 전략이니 100원 상품은 아주 경쟁력 있는 녀석들로 배치해 보세요. 기분 좋은 결과를 맛보게 되실 겁니다.

맛집은 절대로 혼자 가지 않는다

한번 감동하면 반드시 누군가를 대동하고 다시 찾아갑니다. 인간의 심리는 묘합니다. 자랑하고, 공유합니다. 제대로 된 맛집은 고객이 기하급수적으로 늘어납니다. 1명이 2명이 되고, 2명이 4명이 되고, 4명이 8명이 됩니다. 그다음은 16, 32, 64, 128, 256……. 내 가게의 손님이 는다는 건 다른 업장의 고객 수가 줄어든다는 걸 의미합니다. 즉, 내 브랜드의 시장 점유율이 확대되는 겁니다.

어차피 비즈니스는 제로섬입니다. 그렇다면 산술적으로 딱 내가 확보한 고객 수만큼만 득이 될까요? 모르는 소리입니다. 고객이 늘면 나의 사기는 진작됩니다. 반면에 줄어든 숫자만큼 상대의 사기와 투지는 꺾이기 마련입니다. 그러니 증가한 10명의 고객은 단순한 의미의 10명이 아니라는 겁니다. 모든 건 상대적입니다. 100명에서 10명이 늘면 110명입니다. 상대는 100명에서 10명이 줄어드니 90명이 됩니다. 10명이 이동했을 뿐인데 상대와 나의 고객 격차는 20명이 됩니다. 110명의 고객과 90명의 차이는 생각보다 큽니다. 내 가게를 찾아주는 한 명 한 명의 고객이 소중한 건 이 때문입니다.

누가 봐도 티가 날 만큼 격차가 벌어지면 평가가 달라집니다. 20명이나 더 찾는 데에는 분명한 이유가 있을 것이라 믿어 의심치 않습니다. 그래서 고객이 몰리는 집에 가면 아주 작은 부분까지 성공 비결과 칭찬거리를 찾느라 바쁩니다. 수많은 고객이 인정하고, 최고의 미식가들과 권위 있는 방송 프로그램에서 극찬한 브랜드를 나 혼자 비판하기란 쉽지 않으니까요. 인간은 사회적 동물입니다. 소외되는 것을 가장 두려워하기에 동조합니다. 본인은 평양냉면 육수가 행주 빤 물처럼 느껴져도 본심을 감춥니다. 그러곤 이렇게 적습니다.

"평양냉면 4대 천왕 중 가장 진한 육향을 머금고 있다."
"양지와 간장의 조화로움이 목구멍은 물론 코를 간질인다."

반면 고객이 줄고 있거나 없는 식당에는 모두가 엄격한 심판의 잣대를 들이댑니다. 약간의 실수도 용납하지 않습니다. 《음식의 언어》를 읽어보신 분은 아실 겁니다. 긍정적인 표현은 추상적이고 모호하지만 부정적인 묘사는 구체적이며 다양합니다. 단순하게 맛이 없다, 불친절하다는 표현 정도로 끝나지 않습니다. "맥주 컵에서 오징어 썩는 냄새가 진동을 한다", "테이블이 3M 테이프처럼 접착력이 좋다"는 등 상세합니다. 이처럼 한번 헤게모니 싸움에서 밀리면 감당하기 어려워집니다.

고객이 증가 추세에 있거나 이미 상권을 장악한 집의 위용은 허리

케인처럼 무섭게 모든 걸 빨아들입니다. 미친 비주얼의 톡톡, 가이세키 오마카세 무니, 로맨틱 마술사 라망시크레, 파스타계의 에르메스 이국 등이 이에 해당합니다. 그렇다면 이들의 공통점은 무엇일까요? 내 가게를 방문한 사람이 한 번이라도 더 찾아오게 만드는 비법은 무엇일까요? 맛, 가격, 푸짐함, 서비스, 분위기…… 다 맞습니다. 하지만 좀 더 중요한 포인트가 몇 가지 있습니다.

일단 플레이팅이 아름답습니다. 같은 재료를 사용했음에도 오너의 미적 감각이 도드라집니다. 아름다운 음식에는 팬이 따르기 마련입니다.

다음은 요리를 풀어내는 방식입니다. 이야깃거리를 집요하게 끄집어냅니다. 당신이 지금 먹고 있는 음식이 얼마나 가치가 있는지 꼼꼼하게 설명합니다. '이탈리아 피렌체 스타일의 스테이크'나 '교토 요리의 진수를 가득 담은 스이모노' 같은 수식어로 고객을 포박합니다. 그리고 아주 은근하게 팬클럽을 등장시킵니다. 유명 연예인이나 문인 그리고 사회 지도층이 단골이라는 사실을 슬쩍 흘립니다. 설득 커뮤니케이션의 핵심을 꿰고 있습니다.

그중에서도 제일 빛나는 건 당당함입니다. 당당함은 누구에게도 밀리지 않는 전문성에서 나옵니다. 전문성은 지속적인 공부에서 나옵니다. 요리는 기본이고 식품영양학이나 마케팅, 심리학 그리고 역사까지 공부합니다.

자, 기왕 공부 이야기가 나왔으니 고객들의 방문을 유도해 단골도 만들고 수익도 극대화할 수 있는 가장 강력한 무기를 하나 소개해 볼까 합니다.

현대인은 호모 검색쿠스

맛있다는 소문은 어디서부터 출발할까요? 현대는 검색과 이미지가 지배하는 세상입니다. 모두가 스마트폰을 들고 정보를 채굴합니다. 검색에 걸리지 않으면 아무 소용이 없습니다. 물론 면사무소 뒤에 정말 맛있는 집이 있다는 사실도 압니다. 하지만 입소문으로 퍼지기에는 상당한 시간이 걸립니다. 지금은 구석기 시대가 아닙니다. 어떻게 하면 '검색하는 인간들' 눈에 띌지를 고민해야 하는 세상입니다. 막대한 비용을 지불하면서 바이럴 마케팅 업체를 동원할 수 없다면 내가 그 역할을 대신해야 합니다.

하루 30분이면 충분합니다. 매일 내 가게와 요리 사진을 20장씩 찍어 블로그와 SNS에 올리세요. 동영상을 추가하면 그 효과는 배가 됩니다. 그래야 검색에 걸릴 가능성이 1%라도 올라갑니다. 글재주가 없고 글감이 부족하다면 그 녀석들과 대화를 나누세요.

"배추야~ 주방에서 밤새 춥지 않았어?"
"프라이팬이 오늘 스트레스를 받은 모양입니다. 자꾸 재료를 태우네요."

식재료와 본인의 요리를 끔찍이 아끼는 오너로 비칠 겁니다. 글을 쓰는 데 있어 대상을 의인화하는 건 상당한 기술입니다. 고객의 의심병을 풀어주는 데 이만한 스킬도 없습니다. 아주 비싼 노하우입니다. 그러니 당장 시도해 보세요.

검색 포털에는 카테고리라는 것이 있습니다. 블로그가 전부가 아니란 소리입니다. 사이트도 있고, 이미지도 있고, 카페도 있고, 동영상도 있습니다. 경쟁업체들이 이미 블로그 카테고리를 장악하고 있어도 상관없습니다. 점점 더 약아지는 '검색하는 인간'들은 시나브로 블로그를 의심하기 시작했습니다. 순수하게 접근하는 편이 더 유리합니다. 단, 조건이 있습니다. 매일 올려야 효과가 있습니다. 딱 한 달만 해보세요. 네이버고 인스타고 이미지와 동영상 카테고리는 당신의 재료들과 요리로 그득해질 겁니다. 소소한 재미와 맛난 음식은 자극을 만듭니다. 사진에 반응하는 '검색하는 인간'은 공유하고 싶어 안달이 납니다. 그리고 금맥을 찾아낸 광부마냥 어깨가 으쓱해서 지인들에게 메시지를 날릴 겁니다.

"겁나게 맛있어 보이는 한정식집 '개발'했는데 저녁 같이할래?"

고객을 설득하는 글이 필요합니다

"설득하고 싶으세요?
그렇다면 설득하고 싶은 사람 마음에 들어야 합니다."
"인간은 칭찬에 아주 약합니다."
"당신 상품을 자랑하지 말고,
그 상품으로 고객이 무엇을 할 수 있는지 보여주세요."
"당신의 욕망이 아니라 고객의 욕망을 해소해 주세요."

80~90년대만 해도 자영업 오너들은 글 쓸 일이 그리 많지 않았습니다. 비하하는 소리가 아닙니다. 제 이야기이기도 하니까요. 하지만 어느 순간부터 여기저기 글을 쓰지 않으면 버티기 힘든 세상이 되어 가고 있습니다. 네이버 플레이스에 올려야 하는 매장 소개글은 물론이고 새 소식 쓰기, 고객들의 리뷰에 답글 달기, 온라인 쇼핑몰에 채워야 하는 상세페이지, 딜리버리 플랫폼에 올려야 하는 브랜드 이력서, 맘카페 프로모션을 위한 이벤트 안내문……. 채널이 많아지고 소

통할 수 있는 창구가 많아질수록 글 쓸 일도 따라서 늘어갑니다.

자, 오늘은 생각나는 대로 적는 '그냥' 글쓰기 말고 고객을 나의 편으로 만드는 '설득용' 글쓰기를 소개합니다. 기본적인 원칙 몇 가지를 먼저 보여드리겠습니다.

1. 홍보하지 말고 고객에게 정보를 주세요.

2. 내 자랑을 하기보다는 고객의 문제를 해결해 주세요.

3. 고객은 여러분 사정에 관심 없습니다. 오로지 돈을 지불하는 본인 생각만 합니다.

4. 경쟁업체에 비해 얼마나 더 누릴 수 있는지 꼼꼼하게 가르쳐 주세요.

5. 절대로 죽어도 가르치려 들지 마세요.

6. 뭐 하지 마라. 뭐도 하지 마라. 자꾸 금지하지 마세요.

소개글이든 댓글이든 여러분의 글로 고객이 행복해져야 합니다. 그렇지 않으면 글을 쓸 이유가 없습니다. 아무리 잘난 척을 해도 고객은 전혀 반응하지 않습니다. 그러니 글을 보는 순간 반드시 혜택이 생긴다는 인상을 줘야 합니다. 비법은 주어에 있습니다. 당신의 욕망이 아니라 고객의 욕망을 풀어주세요.

"숙성했습니다." ✕

"숙성의 묘미를 즐기실 수 있습니다." ○

"최신 피트니스 설비." ✕

"이번 여름 벗게 해드리겠습니다." ○

"최신 에어리즘 소재." ✕

"얼마나 빨리 마르는지 확인할 시간이 없으실 거예요." ○

"국내 최초 대패 싸 먹는 김밥 개발." ✕

"대패에 김밥을 싸 먹는 짜릿한 경험을 하게 되실 겁니다." ○

"SRT는 빠릅니다." ✕

"애인을 5분 더 일찍 만나실 수 있습니다." ○

"광고를 잘합니다. 사진을 잘 찍습니다." ✕

"정산 때마다 매출이 오르는 걸 느끼실 겁니다." ○

"남자가 흘리지 말아야 할 건 두 가지입니다." ✕

"시원하게 볼일 보고 가세요. 저희가 한 번 더 청소하겠습니다." ○

"당신이 잠든 사이에도 육수는 끓고 있습니다." ✕

"기름을 두 번 걷어낸 저칼로리 고단백 육수입니다." ○

"일요일은 쉽니다." ✕

"휴무 인증샷을 찍어오시면 20% 할인해 드립니다." ○

"편한 자리에 앉으세요." ✕

"끝에서 두 번째 자리가 제일 시원합니다." ○

"매일 살균 소독하는 수저입니다." ✕

"고기는 나무젓가락, 채소는 티타늄 젓가락을 사용하세요." ○

"2시간 끓인 헛개차입니다." ✕

"드신 날과 안 드신 날의 차이, 직접 느끼실 겁니다." ○

"하루 세 번 스팀 청소하는 테이블입니다." ✕

"냅킨을 깔지 않으셔도 됩니다. 살균 소독 끝~~~~" ○

설득용 글쓰기 노하우 이제 눈치채셨죠?

주어가 고객이면 만족이 커지고
주어가 나면 불만이 커집니다.

강요하지 말고 보여주세요

고객은 기본적으로 교육당하는 걸 싫어합니다. '내 돈 내고 사먹으면서 굳이 설교까지 들을 필요는 없잖아.'라고 생각합니다. 그래서 가끔은 지나친 배려와 친절이 고객의 이맛살을 찌푸리게 합니다.

내게 중요한 가치라고 다른 사람에게도 가치 있으란 법은 없습니다. 뭔 말인고 하니, 현재 제게 가장 필요한 건 뱃살을 빼주는 기계와 탈모를 방지하는 약입니다. 그런데 170cm에 60kg밖에 나가지 않는 홀쭉이들은 뱃살을 빼는 기계가 필요 없습니다. 마찬가지로 모자 속에 구겨 넣어도 차고 넘치는 풍부한 모발을 보유하고 있는 행복한 분들에게 탈모 방지약은 아무짝에도 쓸모가 없습니다.

가치란 이런 겁니다. 그래서 가치는 강제하는 것보다 설득하는 게 더 효과적입니다. 특히 판매에 있어서는 말입니다. 당장 내게는 불필요한 가치지만 설득력이 있다면 선물용으로라도 구매할지 모릅니다.

인간은 늘 정보에 굶주려 있습니다. 많은 정보를 받아들이고 이를 분석해 기회비용을 최소화하려 노력합니다. 하지만 분명 한계가 있습니다. 아예 정보 채집 활동을 포기하는 소비자도 있고 지나친 정보를 태생적으로 거부하는 부류도 존재합니다. 심리학자들이 명쾌하게 정리했습니다. 10개를 강조하려고 하면 1개도 전달되지 않는다고. '건강한 식재료'라는 키워드를 반복적으로 강조하면 고객은 의심합니다. '정말 건강하다면 굳이 여러 번 반복할 필요가 있을까?' 한발 더 나아가 '식당에서 건강한 식재료를 쓰는 건 당연한 거 아니야?', '구린내가 나는데….'라고 생각할 수도 있습니다.

또 있습니다. 매장에서도 현수막에서도 그리고 전단지와 SNS에서도 맛있다는 걸 반복적으로 주장합니다. 제 페이스북에도 이런 글이 수없이 올라옵니다. 도저히 맛이 상상도 안 가는데 자화자찬하며 맛있다고 난리입니다. 그저 사진 여러 장만 자주 올리면 된다고 믿는 모양입니다. 한술 더 떠 왜 맛있을 수밖에 없는지 전달하고 가르치려 애를 씁니다. 돼지고기를 200여 시간 드라이에이징했으니 맛은 보장한다는 등, 본인이 연구, 개발해 만든 면이 지상 최고라는 등, 유명 고깃집의 숙성 방식보다 자신의 것이 한 수 위라는 등…. 그러나 그 주장은 객관적이지도 않고 심지어 재미도 없습니다. 결국 세련되지 못한 주입과 일방적 훈수는 고객이 도망가는 결과를 초래합니다. 팔로우를 끊게 만드는 가장 효과적인 방법이라는 사실을 전혀 모르는 모양입니다. 이런 악몽을 꾸지 않으려면 지속적이고 은근한 설득이 선행되어야 합니다.

1. 내 요리에 사용하는 식재료를 찾아 나서는 구체적인 여정

(2022년 5월 10일, 버크셔 K 농장 탐방)

2. 예비 고객이 예측할 수 있는 디테일한 메뉴 개발 과정

(최고의 맛집 메뉴를 분석하며 본인이 직접 개발하는 과정에서 겪은 시행착오)

3. 플레이팅 하나만 보더라도 쉽게 이해되는 인지도 높은 이미지

(나주 종갓집 부각, 명인 해물 보쌈김치)

4. 본인이 완성한 메뉴에 대한 냉정한 평가

(평양냉면 4대 천왕의 맛과 내가 개발한 냉면의 비교 분석 10가지)

이런 구체적인 근거도 없이 내 것이 최고라고 주장하는 것은 바보나 하는 짓입니다. 왜 최고인지 반드시 밝혀야 합니다. 식재료에서부터 조리법, 담음새 그리고 객관적 평가에 이르기까지. 그래야만 고객이 공감합니다.

"아~ 이 사장님은 정말 집요한 구석이 있어. 신메뉴 개발한다고 하면 한 달이고 두 달이고 전 세계를 뒤진다니까. 재료에 대한 이해도 깊고, 무엇보다 고객을 모시려는 마음가짐이 참 마음에 들어. 당장이라도 달려가서 먹어주고 싶다니까."

동감해야 감동할 수 있습니다. 서로 같은 감정을 가질 수 없다면 절대 구매행위로 이어지지 않습니다. 가끔, 아주 가끔 자부심이 지나쳐 본인의 색깔을 잃고 이런 악수를 두는 이들도 있습니다.

"이 동네에서 이런 고급스러운 메뉴는 무리야. 고객 수준이 따라줘야 말이지. 쯧쯧쯧."

본인의 콘셉트를 좋아하지 않는 고객을 비난의 대상으로 분류하는 겁니다. 24시간 가치를 분석하는 고객의 뇌는 그리 만만하지 않습니다. 바로 약점을 파악하고 감점을 부여합니다.

"이 집은 주인이 잘난 체하고 가르치려 드니 10점 감점이야."

빼앗긴 점수는 도로 가져오기 어렵습니다. 그래서 단 한 번의 실수로도 70점, 80점짜리 식당으로 추락할 수 있는 겁니다. 손님을 가르치려 드는 것이 평가절하의 중요한 요소가 될 수 있다는 사실을 간과한 결과입니다. 다들 아시겠지만 점수는 고객이 주는 겁니다. 심사위원을 가르치려 드는 선수는 없습니다. 그런 선수는 매장당하기 십상입니다.

여러분이 외식업자라면 이 이야기가 공포로 다가올 겁니다. 제 주위에도 이 가격에 이런 훌륭한 음식 내주는 건 자신밖에 없다고 고객을 깔보는 오너들이 꽤 됩니다. 이런 스타일들은 고객이 물으면 설득하지 않고 가르칩니다. 제가 매니지먼트를 하는 브랜드라면 이리 충고하고 싶습니다. 이미 존재하는 메뉴들을 더 잘 이해시키고 더 높은 점수를 받을 수 있도록 디테일해지라고 말입니다.

소셜 미디어는 가치 창출에 중대한 역할을 합니다. 일상의 소소한 노력들이 가치로 전환되는 곳이 바로 소셜 미디어입니다. 그러니 내가 가진 가치에 제3자가 공감할 수 있도록 재미와 정보를 차곡차곡 쌓아주세요. 밑바닥 뻔히 보이는 내공을 과시하지 말고 여러분의 진짜 진정성을 보여주자고요.

설득의 핵심, 권위를 모셔옵시다

꽤 많은 자영업자들이 대기업과 프랜차이즈 때문에 골머리를 썩고 있습니다. 대형 상권을 피해 뒷골목으로 숨어들었건만 장사 좀 된다는 소문이 돌면 여지없이 곁으로 파고듭니다. 특히 베이커리와 카페가 심합니다.

지인 중 한 명이 유기농 호밀빵을 콘셉트로 빵 가게를 운영하고 있습니다. 비전 있는 아이템입니다. 단, 상대적으로 소득 수준이 높은 고객층을 대상으로 해야 하기에 타깃층이 좁은 건 사실입니다. 그래도 아이디어와 성실로 나름 입소문이 났습니다. 그 덕에 매출도 높은 편이고요.

그런데 최근 고민이 하나 생겼습니다. 지척에 '쌀로 만든 건강빵'을 판매하는 프랜차이즈 브랜드가 문을 연 겁니다. 능숙한 화장발에 밀린 탓일까요? 매출이 많이 줄어 스트레스가 이만저만이 아닙니다. 어쩔 수 없는 일이라는 걸 압니다. 시장은 나누게 마련이니까요. 유사 아이템이 상권에 들어오면 그만큼 영향을 받습니다. 대부분은 콘셉트가 비슷한 탓이라고 치부합니다. 그러나 단순히 콘셉트 때문인지 아니면 소비자들에게 호소하는 소구력의 차이인지 곰곰이 분석해볼 필요가 있습니다.

그렇다면 조직력을 갖춘 프랜차이즈 업체와 차별화될 수 있는 방법은 무엇일까요? 프랜차이즈는 개인 브랜드보다 기동력이 떨어집니다. 규모가 비슷하다면 속도전에 집중할 필요가 있습니다. 그리고 라이벌 브랜드를 넘어설 수 있는 경쟁력이 필요합니다. 지금 당장 '나만의 디테일 100'을 적어보세요. 상대보다 경쟁력 있는 요소 100가지를 적는 겁니다. 이걸 적으면 나의 장점이 그대로 드러납니다. 머리에 쥐가 날 정도로 힘든 작업인 줄 잘 압니다. 그래도 이 '사점'을 넘어서야 합니다. 그래야 근육이 됩니다. 물렁살이 근육이 되려면 타들어가는 고통을 감내해야 하듯이….

지금까지 베이커리는 마이너스 마케팅에 집중했습니다. 설탕, 첨가제 등이 없다는 내용을 강조하는 것이 그것입니다. 고객의 부정적 선입견을 최소화하기 위한 자구책이었습니다. 하지만 이 트렌드는 급격히 변화하고 있습니다. 정반대인 플러스 마케팅으로 이동 중입니다. 뺀 것보다는 넣은 것에 집중하는 게 세계적인 추세입니다. 유기농, 친환경, 원시 곡물, 원당 등 고객이 호감을 느낄 수 있는 요소를 적극적으로 접목시키고 있습니다.

단, 모호한 접근은 오히려 외면당하기 쉽습니다. 만약 호밀빵을 전면에 내세우고 싶다면 왜 호밀을 넣었는지, 또 호밀을 먹으면 어떻게 좋은지, 우리 몸에는 어떤 영향을 미치는지 목숨 걸고 알려야 합니다. 당신의 힘만으로는 부족합니다. 좋은 줄 알지만 그 내용을 당신의 입으로 설명하면 신뢰가 떨어집니다. 그래서 필요한 게 **권위**입니다.

당신보다 훨씬 더 사회적으로 인정받고 있는 전문가의 주장과 근거를 끌어오는 것, 즉 권위를 모셔오는 것이 설득의 핵심입니다. 생각해 보세요. 일개 동네 빵집 사장의 주장과 대학 교수의 주장 중 어느 쪽을 더 신뢰할 수 있을까요? 좋은 방법이 하나 있습니다. 호밀에 대해 긍정적으로 언급한 박사나 호밀의 우수성을 임상 실험한 교수를 찾으세요. 그리고 분명하게 출처를 밝히세요.

'팻다운'이라는 음료를 기억하시나요? 통통한 병에 담긴 노란 음료. 이 신비의 음료를 개발하는 데 어마어마한 연구개발비가 들었다는 후문이 있습니다. 그러나 그 시작은 처참했습니다. 론칭 당시 분명 훌륭한 다이어트 음료임에도 판매가 이루어지지 않았습니다. 개발진과 마케터들이 간과한 게 있었습니다. 이놈의 음료가 도대체 어디에 어떻게 좋은지 설명이 부족했던 겁니다. 지체 높은 권위자의 설명도 없었습니다. 재도약하기 위해 CJ가 찾은 건 바로 한국체육대학원. 팻다운이 단순한 다이어트 음료가 아닌 운동과 함께하는 피트니스 음료라는 점을 강조했습니다. 8주 피트니스 프로그램은 이렇게 탄생했습니다. 그리하여 콘셉트는 '체중을 감량해주는 음료'에서 '체지방 감소 피트니스 음료'로 갈아타게 되었습니다. 결과는 대성공.

이것이 바로 설득의 핵심인 권위의 힘입니다.

대한민국 사람이라면 알 만한 전문 교육 기관에서 테스트를 했다. 그런데 결과가 좋다. 이걸 전면으로 내세웠는데 사지 않으면 그건 고객이 이상한 겁니다. 여러분도 만약 고객을 설득하고 싶다면 그들이 위축되고 고개를 끄덕일 만한 권위를 찾아보세요. 매출이 줄었다고 머리를 싸매고 누워 있을 일이 아닙니다. 돌파구를 찾지 못하면 6개월도 지나지 않아 문을 닫아야 할지도 모릅니다. 대신 고려할 사항이 하나 있습니다. 가져다 쓸 권위가 호감이 있어야 합니다.

지금 여러분이 시장을 나눠 먹기 위해 죽자고 덤비는 대형 프랜차이즈 업체와 경쟁해야 하는 상황에 놓여 있다 칩시다. 그렇다면 당신의 가장 강력한 무기인 유기농과 호밀에서 단서를 찾아봅시다. 의외로 간단합니다. 당장 구글로 갑니다.

자, 이렇게 찾으면 됩니다.

세계적인 권위, 유기농, 호밀……

불과 1분도 지나지 않아 당신 눈앞에는 틀림없이 이 분이 등장할 겁니다. '세계적 유기농 권위자인 브리티시콜롬비아 대학 아트 봄케 Art Bomke 교수.' 이분을 적극 활용하자는 말입니다. 매체와의 인터뷰에서 그가 유기농 곡물에 대해 찬양한 문장들이 있다면 크게 출력해서 유리창이나 벽에 붙여줍시다. 홈쇼핑에서도 툭하면 슈퍼푸드 운운하며 스티븐 프랫Steven Pratt 박사와 그의 저서를 활용하지 않던가요. 효과가 없다면 그 비싼 시간을 외국인 교수한테 할애할 리 없습니다.

규모가 작으면 그만큼 빠를 수 있습니다. 최대의 장점입니다. 망설이지 말고 지금 당장 엉덩이를 의자에서 떼고 움직이세요. 검색도 하고, 인용구도 찾고, 인쇄물도 맡기러 나갑시다. 그러는 사이에 당신은 타 업체를 능가하는 경쟁력을 갖추게 될 겁니다.

비단 베이커리만이 아닌 한식, 양식, 중식, 일식, 모든 곳에 권위를 가져와 활용할 수 있습니다. 그냥 국수와 미쉐린 스타 식당과 콜라보한 기름국수, 분명 다르게 느껴지실 겁니다.

원산지, 생산자, 조리법 그리고 마리아주

여기저기 프랑스어 '마리아주'라는 단어가 자주 등장합니다. 소믈리에나 셰프들 그리고 기자들의 사용 빈도가 높습니다. 와인과 요리에만 활용되는 단어가 아니라는 것을 설명하기 위해 사전의 힘을 좀 빌리겠습니다.

mariage[maʀjaːʒ]

1. 결혼, 혼인, 결혼식, 결혼생활 (=noce)

2. [비유] 결합, 배합, (20세기) (정당·기업의) 연합

3. [카드놀이] 매리지(같은 패의 킹과 퀸의 짝 맞추기), 매리지 게임

다들 이해하셨으리라 믿습니다. 왜 마리아주라는 고상한 단어를 가져다 붙였는지. 식재료와 조리법의 신비로운 결합은 고객의 호기심을 자극합니다. 이 자극은 기대감으로 발전합니다. 구매 행동과 매

출 상승에도 도움을 줍니다.

예전에는 식재료에 대해 크게 고민하지 않고도 장사를 할 수 있었습니다. 국내산을 사용하든 수입산을 사용하든 거짓말만 하지 않으면 별반 문제될 일도 없었습니다. 간혹 국내산으로 둔갑하는 외국산 식재료로 인해 문제가 발생했지만 잠시 시끄럽다가 대수롭지 않게 잊혔습니다. 이렇게 잠잠하던 외식시장에 비상이 걸렸습니다. 기내식 납품업체에서 발견된 불량 식재료와 국내산 육우와 수입육을 한우로 속여 팔던 이들이 단속망에 걸려들었습니다. 급기야 원산지 표시제라는 어마어마한 족쇄가 채워졌습니다.

은근슬쩍 단속을 피하던 유통업자 예닐곱 명이 구속되고 나서도 관행은 깨지지 않았습니다. 그 후로 완장을 찬 단속반들이 식재료 보관 창고와 외식업소에 들이닥치는 모습이 자주 뉴스에 등장했습니다. 식재료 변혁 2단계의 성과였습니다.

너도나도 당당히 원산지를 밝히자 생각지도 못한 결과가 도출됐습니다. 이제는 소비자들이 둔감해진 겁니다. 엎친 데 덮친 격으로 경기가 악화되면서 식재료 차별화 전략은 그 힘을 잃었습니다. 이 와중에 발 빠른 대기업과 외식업 중견 업체들을 중심으로 생산자 표시가 시작되었습니다. 너나 할 것 없이 벤치마킹 팀을 일본과 미국 그리고 유럽으로 파견했습니다. 뉴욕의 딘앤델루카Dean & DeLuca, 하와이의 홀푸드마켓Whole Foods Market 등이 주요 공략 대상이었습니다. 자신의 농장에서 환하게 웃는 생산자들의 사진은 충분히 매력적이었습니다. 들판에서 소의 등을 어루만지는 마이클, 배 위에서 연어를 들어

올리는 샘, 닭과 달걀을 품에 안은 수잔……

이후 F&B 선진국들의 콘셉트와 이미지를 응용한 마케팅이 한국의 식료품 매장과 대형 할인마트를 융단 폭격했습니다. 고객의 반응은 뜨거웠습니다. 관심이 쏠리자 영세한 자영업자들도 이 움직임에 동참하고 싶어 했습니다. 자연스레 원산지는 물론이고 생산자와 요리의 마리아주까지 고려해야 하는 복잡한 상황에 놓이게 되었습니다.

자본력으로 무장한 대형 업체들은 연구개발팀이 있으니 큰 문제가 아닙니다. 억울한 건 홀로 뛰어야 하는 영세한 자영업자들입니다. 어디서부터 어떻게 시작해야 하는지 알 길이 없습니다. 배울 곳도 없고 참고할 만한 서적이나 자료도 턱없이 부족합니다.

마리아주를 우리말로 표현하면 궁합 정도라고나 할까요? 이 마리아주라고 하는 것은 단순한 조화가 아닙니다. 고객이 납득할 만한 논리적 근거도 제공해야 합니다.

목탄 향과 구운 오크 향의 프랑스 보르도 와인과 영국산 체다치즈의 마리아주가 코와 혀를 자극합니다.

이 정도 되면 고객은 고개를 끄덕이게 됩니다. 생소한 표현과 이국적 이미지 그리고 마리아주라는 단어가 주는 주체할 수 없는 고급스러움에 주눅이 듭니다. 혀로 맛보기 전에 머리가 감동해야 합니다. 메뉴판의 설명을 한 자 한 자 읽어 내려가며 연상하게 만들어야 성공입니다. '프랑스 와인에서 나무 향이 난다 이거지! 고운 입자가 씹히는 체다치즈와 궁합이 잘 맞는다…. 아하!' 경험이 있어도 좋고 없어도 그만입니다.

고객은 오너가 자신감 있게 밀어붙여야 기가 죽습니다. 그래야 수긍하고 나가떨어집니다. 굳이 자기 돈 주고 밥 사먹겠다는 사람을 이렇게까지 몰 필요가 있겠냐고 물을 수도 있습니다. 제 대답은 "예스"입니다. 물론입니다. 고객은 자신이 뭘 원하는지 정확히 모르는 경우가 많습니다. 그래서 고객을 리드Read하고 리드Lead할 필요가 있는 겁니다.

부천시 원미구 중동에서 아버지와 함께 중국집을 운영한다는 30대 후반의 아들이 연락을 했습니다. 인건비 부담이 하도 커서 지금의 배달 시스템을 벗어나고 싶다고요. 자료를 요구하자 하루도 지나지 않아 답장이 왔습니다. 메뉴가 너무 뻔했습니다. 이해가 되지 않습니다. 짜장면, 짬뽕, 볶음밥, 탕수육, 유산슬, 양장피, 만두…… 도대체 무슨 배짱으로 1만여 개가 넘는 중국집에서 대동소이한 메뉴를 내는 걸까요? 이유를 물으면 백이면 백 같은 대답이 돌아옵니다.

"다들 아는 메뉴잖아요. 주문하기 쉬워야죠."

이렇듯 차별화가 안 되니 배달 앱에서조차 눈에 띄지 않는 겁니다. 여러분의 고객은 이미 <맛있는 녀석들>, <줄 서는 식당>, <토

요일은 밥이 좋아>, <먹을텐데>, <백반기행> 등에 노출되어 반 전문가가 된 지 오래입니다. '다 거기서 거기 아니겠어?'라는 안이한 생각부터 버려야 살아남습니다.

시각을 약간만 상향 조정해 볼까요? 그것도 원산지와 생산자, 마리아주까지 고려해서요. 만약 원산지와 생산자, 마리아주의 도입이 만만치 않다면 요리의 유래나 역사를 동시에 활용하는 방법도 있습니다.

그런 의미에서 제가 가장 좋아하는 메뉴는 '양주揚州 볶음밥'입니다. 새우볶음밥이나 삼선볶음밥처럼 예측이 가능한, 뻔한 네이밍이 아닙니다. 재료의 속살이 드러나지도 않습니다. 고객에게 궁금증을 유발합니다. 누군가 물어오면 냉큼 대답해 주세요.

"중국 장쑤성江蘇省에 위치한 양저우揚州라는 도시에서 유래된 볶음밥이에요. 채소, 고기, 해산물을 5mm 크기로, 두께는 다르게 잘라 조리하는 볶음밥의 원조입니다. 아직 안 드셔보셨다면 강력 추천합니다."

동네 중국집에서 뭔 이런 설명이 필요하냐고요? 고객이 자리를 박차고 매장을 나갈지도 모른다고요? 아이고. 아무도 기대하지 않는 그저 그런 중국집에서 탈피해 신분 상승하는 방법을 알려드리는 겁니다.

메뉴판을 읽든, 수화기로 설명을 듣든 고객은 당신의 설명에 따라 이미지를 그립니다. 마치 최면에 걸린듯 궁금해합니다. '과연 어떤 맛일까?' 기대감만큼 큰 식욕 증진제는 없습니다. 양주라는 단어에 홈빡 빠지게 됩니다. '아니 지금까지 먹은 건 진짜 볶음밥이 아니란 말인가? 원조라 이거지?' 아직까지 이런 자세하고 친절한, 호기심을 불러일으키는 설명은 본 일이 없을 겁니다. 이미 설득당한 뇌는 약간의 소금과 파, 간장 그리고 굴소스의 차이에도 맛을 다르게 느낍니다. 당신의 음성과 정보가 고객의 미각 수용체를 짜릿하게 자극했기 때문입니다.

음식은 혀가 아니라 뇌로 먹는다는 사실! 이런 관점에서 메뉴를 리뉴얼해서 제안했습니다.

짜장 → 300도로 볶은 북경 스타일 짜장면

짬뽕 → 불 맛이 강렬한 사천성 얼큰 짬뽕

탕수육 → 광둥성 암퇘지로 튀긴 탕수육

유산슬 → 하남성 스타일 초 세밀 유산슬

양장피 → 심양 공무원이 가장 좋아하는 양장피

경험하셨나요? 이 새로운 메뉴를 읽어가면서 당신의 뇌가 이미지와 맛을 그리고 있다는 사실을. 단어와 단어 사이를 누비며 스스로 연상 작용을 진행하고 있다는 사실을. 이러니 아무것도 설명하지 않는 것보다 백 배는 유리해집니다.

단, 맛이 있어야 합니다. 실컷 뇌 운동을 시켜놓고 누구나 내놓을 수 있는 엉성한 음식을 내놓는다면 의미가 없습니다. 북창동을 뒤지

맛있는 중식과 다양한 백주의 마리아주, 거기에 〈무간도〉의 스토리텔링까지 더해졌습니다. 고객은 음식 속으로 완전히 몰입하게 될 겁니다. (몽중식)

세요. 중식 재료의 달인들이 당신을 도울 겁니다. 뻔한 한국 짬뽕에 뭔가 특별함을 섞고 싶은데 추천해 달라고 하면 베테랑 가이드처럼 안내해 줍니다. 중국산 재료를 원산지까지 밝히며 당당히 쓸 수 있으니 이 어찌 기쁘지 않겠습니까! 환상적인 마리아주를 위해 '황비홍'을 섭외했다 하세요. 또는 신비로운 마리아주를 위해 트러플 오일을 사용했다 하세요.

또 한 가지 스킬은 스토리텔링을 메뉴에 도입하는 겁니다. 역사 속 인물을 불러와 요리와 오버랩시켜 가치를 상승시켜 보세요. 정통성을 부각시키기 위해 온갖 애를 쓰는 럭셔리한 차이니즈 레스토랑처럼 말입니다. 독자분들 중 중국집을 운영하시는 분들을 위해 몇 가지 아끼던 메뉴를 내놓겠습니다. 먼저 가져다 쓰시는 분이 임자입니다.

- **중국 3대 악녀이자 까탈스러운 미식가 측천무후도 깜짝 놀랄 대련 새우완자탕**
- **1920년대 상하이 무역상들이 끼고 산 꽃게 튀김**
- **청나라 이씨 가문의 정통 면 요리, 베이징 볶음국수**
- **쓰촨의 포청천, 정보정이 사랑한 꽁빠오지띵**

뭔가 있어 보이는데 상대적으로 원가는 덜 들어가는 재료들로 만들어 보았습니다.

어차피 수입 냉동 제품 쓴다고 찜찜해하고 거북해할 거면 차라리 대놓고 솔직하게 드러냅시다. 요리명과 마리아주를 고려하면서요. 네? 마리아주를 한 마디로 정리해 달라고요? 당신이 정한 맛있게 먹는 법입니다.

KICK!

한식 응용편도 얼마든지 가능하겠습니다.

- 천북 이형자 할매 마늘 듬뿍 굴밥 (차별화)
- 서산댁 우럭 장어 젓국 (고급화)
- 매실 명인 홍쌍리 매실청으로 재운 돼지갈비 (마리아주)
- 영광 법성포 14번 중매인 굴비 정식 (권위와 신뢰)

戰

전략 7

매장 운영

略

사장다운 사장이 살아남는다

왜 우리 가게만 손님이 없을까?

외면할수록 고객에게 버림받는 다섯 가지 이유

세월호, 메르스 등의 맘모스급 위기를 정면으로 맞은 이후 꽤 많은 시간이 흘렀습니다. 거기에 코로나라는 엄청난 폭탄까지 터지고 말았습니다. 도무지 회복될 기미가 보이지 않는 불경기 앞에서 영세한 외식업계 대표들은 한탄합니다. "왜 우리 가게에만 손님이 없을까?" 발버둥을 쳐도 소용없습니다. 휴일과 공휴일은 도대체 왜 이리 많은 걸까요? "아이고, 월급쟁이들은 좋겠네." 푸념도 이어집니다. 어이가 없으면 헛헛한 웃음만 나오는 법. 울다 지치면 눈물이 마른다는 소리가 있습니다. 이제는 더 버틸 힘이 없습니다. 그래서 카운터에 서서 애꿎은 손님 탓만 하며 밖을 응시합니다. 그래 봐야 답이 없다는 걸 알지만 가슴이 답답해 견딜 수가 없습니다.

맞은편 주꾸미집은 미원을 삽으로 퍼 넣는다는데 왜 저리 손님이 많은 거야? 이 동네 고객들 수준이 이렇다니까. 내 눈에 뭐가 씌었던 게야. 허구한 곳 놔두고 왜 하필 이 동네를 선택했냐고! 미치고 팔짝 뛸 노릇입니다.

이런 상황에서 나는 아무 잘못 없다고 우기시는 분들을 위해 몇 가지 짚고 넘어가려 합니다. 뒤돌아보고 반성하자는 의미니 책을 던지기는 없습니다.

1. 맛이 없다

대부분 우리 음식은 수준급이라고 생각합니다. 도대체 어떤 기준에서 이런 똥배짱이 나오는 건지 정말 궁금합니다. 맛은 상대적인 것인데 어느 집과 비교해 맛있다는 소린지 모르겠습니다. 물론 자신감을 가지고 음식을 내는 것은 좋습니다. 하지만 고객들의 입맛을 욕하기 전에 진짜 내 음식이 수준급인지 파악해 볼 필요가 있습니다. 돈이 좀 들더라도 시장 조사는 꼭 필요하다는 소리입니다. 단, 다른 업소를 방문하고도 트집만 잡으면 아무 소용이 없습니다. 장점을 최소한 8가지는 찾으려고 노력하세요. 훈련이 되어 있지 않다면 작은 수첩을 마련하세요. 1번부터 8번까지 해답을 찾으면서 시식을 해보세요. 어느덧 시각이 바뀌고 있음을 느낄 겁니다. 남의 장점을 찾지 못한다면 절대로 나의 장점도 찾아낼 수 없습니다.

본인이 선택한 아이템으로 1등 할 자신이 없으면 1등이 되는 법을 배우면 그만입니다. 어차피 부족한 걸 채워가는 것이 인생! 최고의 맛을 찾기 위해 위장 취업마저 불사하는 업주도 있습니다. 이런 열정을 가지고 있는 분들은 공통점이 있습니다. 절대 우리 집 음식이 최고라고 생각하지 않는다는 겁니다. 자신과의 싸움 속에서 100% 메밀면도 탄생했습니다. 남들도 뻔히 아는 다시마 멸치 육수 대신 불에 구운 파와 무를 넣어 응용도 합니다. 가장 기본은 고객이 좋아하는 맛을 찾는 겁니다. 그것도 평균적으로 좋아하는 맛을 찾는 게 중요합니다. 내가 맛있다고 하는 건 소용이 없습니다. 내 음식을 사먹을 이들의 입맛에 맞추는 게 중요합니다. 그래야 기꺼이 돈을 지불합니다.

자, 힌트를 얻었다면 시작해 봅시다. 오징어 전문점이 목표라면 줄을 서서 먹는 집들의 공통점을 뽑읍시다. 그리고 우리 집 레시피와 비교합니다. 이 과정에서 나의 약점이 드러나면 과감하게 수정합시다. 원가는 생각하지 않기. "대박집은 장사가 잘되니 산지직송이 되고 결국 좋은 재료를 쓸 수밖에 없는 거 아니겠어?" 이런 변명은 하지 마세요. 자신의 판단을 합리화하는 게 인간의 본성입니다. 하지만 냉정해질 필요가 있습니다. 자신만의 독창적 레시피를 갖기 위해 반복해서 문제를 풀어보는 것이 유일한 해답입니다.

2. 가격이 비싸다

대부분 가격을 책정할 때 기준이 모호합니다. '남들 다 이 가격에 파니까 별 문제없지 않겠어?' 그렇게 안심합니다. 하지만 고객의 입장은 다릅니다. 가격을 평가할 때 고려하는 사항이 많습니다. 음식, 인테리어, 분위기, 플레이팅, 밑반찬, 서비스 등 많은 항목들을 복합적으로 분석해 점수를 줍니다. 이 항목들 중 하나라도 부족하면 비싸다는 쪽으로 기웁니다. 역사와 전통을 자랑하는 노포에서는 주눅이 들어 판단이 흐려집니다. 비싸다고 느끼지만 '다 그럴 만한 이유가 있지 않겠어' 하며 한발 물러섭니다. 반면 같은 가격을 받는 신생점이 있다면 상황이 역전됩니다. '오픈한 지 얼마 안 된 거 같은데 이 가격을 받는다고?' 뭔가 꺼림칙한 느낌에 찬찬히 뜯어보기 시작합니다. 훨씬 더 좋은 재료와 시간 그리고 인건비를 투자했어도 점수에 인색해집니다. 이런 까닭에 가격 책정에도 전략이 필요합니다.

30년 전통과 1년 경험은 차이가 큽니다. 이 사실을 고객들도 압니다. 인정할 수 있는 범위 내에서 가격을 책정하는 것이 현명합니다. 족발을 예로 들면 장충동의 원조집이 5만 원을 받는다고 해서 이제 막 개업하는 나도 5만 원을 받을 수는 없는 일입니다. 굳이 창업주가 이 가격을 받고 싶다면 뭔가 특별한 선물을 마련해야 합니다. 목동 오목집의 무한리필 해물전골처럼 고객이 공감할 만한 혜택을 펼쳐 놓지 않는다면 외면당하기 십상입니다.

그러니 납득할 만한 수준에서 얄밉도록 치밀한 가격을 제시해야 합니다. 설득이 가능한 수준은 이렇습니다. 가격만 놓고 보자면 10~15% 내린 수준이 합당합니다. 즉, 당신이 장사 초보라고 생각한다면 42,500원~45,000원 선이 저항감이 덜합니다. 여기에 펄펄 끓는 계란찜이라도 한 뚝배기 내놓는다면 고객은 충분히 지갑을 열 겁니다.

고객의 무의식 속에 자리 잡고 있는 가격 저항선은 그리 만만한 것이 아닙니다. "저 집은 이유 없이 비싸기만 해."라는 손가락질을 피하고 싶다면 그들의 심리를 분석하고 파헤쳐 볼 필요가 있습니다. 권리금, 임대료, 인테리어 비용은 고려하지 않냐고요? 하얀 띠가 이것까지 따지고 드니까 당신 집에만 손님이 없는 겁니다.

3. 더럽다

최소율의 법칙이라는 것이 있습니다. 독일의 화학자 유스투스 폰 리비히Justus von Liebig 선생이 만든 이론입니다. 같은 조건에서 키운 작물의 크기가 왜 다른지 처음 밝힌 분이십니다. 식물의 크기는 부족한 영양분에 의해 결정된다는 사실을 입증했습니다. 이후 많은 학자들과 마케터들이 이 이론에 살을 덧붙였습니다. 이해를 돕기 위해 물통 그림도 적극 활용했습니다. 높이가 1m인 판자 아홉 장과 60cm인 판자 한 장을 가지고 물통을 만들면 물은 아무리 애를 써도 60cm 높이밖에 채워지지 않는다는 설명과 함께.

이를 외식업에 적용해 봅시다. 아무리 훤칠한 매니저가 영화 세트 같은 매장 내에서 훌륭하게 서빙을 해도, 미쉐린 가이드 별 세 개짜리 주방장이 만든 음식이 나와도, 바퀴벌레 한 마리면 끝입니다. 그 좋은 스펙들이 한 방에 무너집니다. 고객은 최소율만 기억하기 때문입니다. 똑같은 프랜차이즈 지점들이라 하더라도 수저통의 숟가락에 세제 자국이 남아 있으면 그 매장은 거기까지인 겁니다. 딱 그만큼만 인정받습니다. 기껏 길어 담은 물이 줄줄 새는 것을 지켜볼 수밖에 없습니다.

여러분의 매장으로 들어가 볼까요? 새벽같이 장을 보고, 직원들을 다독여 음식을 만들어 내고, 매장 청소까지 마쳤습니다. 손님들이 몰려옵니다. 그런데 한 손님이 물컵을 바꿔달라고 합니다. 고춧가루가 묻어 있습니다. '딱 한 번의 실수일거야.' 라고 너그럽게 이해해 주는 손님은 없습니다. 당신의 수준을 고춧가루 묻은 컵에 맞춰 평가합니다. 화장실의 싸구려 휴지도 마찬가지입니다. 초등학교 시절 중간고사나 기말고사를 치를 때 한 과목을 망치면 평균 점수가 왕창 내려가는 것과 같은 이치입니다. 절대 회복할 수 없습니다.

그러니 손님을 받기 전에 반드시 최종 점검을 하세요. 점호에 임하는 일직 사령관처럼 엄격하게 체크하고 또 하셔야 합니다. 파리 한 마리, 앞치마의 떡볶이 국물 한 방울이 당신의 점수라는 사실을 잊지 마세요.

4. 불친절하다

프랑스에서 유명 레스토랑을 방문한 일이 있었습니다. 인지도가 높은 곳이었는데, 두어 달 전에 예약하지 않으면 식사를 할 수 없는 명소라고 했습니다. 인테리어부터 집기 하나하나, 격식 있는 서비스까지 어느 하나 흠잡을 데가 없었습니다. 그런데 소믈리에도 웨이터도 얼굴에서 웃음기를 찾아볼 수 없었습니다. 안내를 한 지인에게 물었습니다. 프랑스 스타일이냐고. 그렇답니다. 완벽에 가까운 식사 대접이 목적이지 웃음을 파는 게 목적은 아니랍니다. 다들 그렇게 생각한답니다. 일리 있는 이야기입니다. 그런데 한국인인 저에게는 2% 부족한 만족이었습니다.

한번 생각해 봅시다. 테이블에 올린 단품 요리를 설명하면서 씨익 웃어주는 게 그리 어려운 일일까요? 이리하면 격식이 떨어지고 맛이 반감하는 걸까요? 절대 그렇지 않다는 데 한 표 던집니다. 물론 친절이라는 것이 웃음만으로 판단할 수 있는 것은 아닙니다. 좋은 식재료를 사용하는 것도 친절이고, 정성을 다해 요리를 만드는 것 또한 친절입니다. 거의 모든 외식업체 관계자들은 자신이 꽤 친절하다고 생각합니다. 뚜렷한 기준도 없이….

친절로 고객을 감동시키고 싶다면 매뉴얼이 필요합니다. 가장 먼저 친절하다는 인상을 받는 건 인사입니다. 아무리 일이 급해도 손님과 눈을 마주치며 인사를 건네야 합니다. 장사가 안되는 집일수록 인사에 둔감합니다. 환하게 웃을수록, 큰 목소리일수록 고객은 친절하다 느낍니다.

메뉴판 하나도 친절해야 합니다. 달랑 설렁탕, 김밥, 돼지갈비…… 국내산, 수입산…… 이리 적어놓으니 별 감흥이 없는 겁니다. 자세할수록 만족도가 높아집니다. 한우면 어느 지방인지, 김과 쌀은 어디 걸 사용하는지, 몇 시간이나 숙성한 돼지갈비인지 구체적으로 밝힐수록 신뢰가 생깁니다. 주문을 받을 때 전문 지식을 가지고 한

번 더 상세히 설명한다면 손님은 자신의 선택을 후회하지 않습니다. 단, 지나치면 문제가 됩니다. 불친절과 친절 그리고 과친절을 비교해 볼까요? 돼지갈비의 출신을 물어봅시다.

"돼지갈비유? 국내산이쥬. 우린 그짓말 안 해유."

"보성에서 녹차 먹여 키운 돼지에유. 70시간 숙성시킨 원플러스 돼지유."

"아따, 우리 돼야지 허벌나게 맛있어부러. 테레비 봉께 비타민 B1, B2가 잔뜩 들어가꼬 피로회복에 좋다고 안 헙디요? 글구 타우린도 겁나게 많이 들었당께. 기나저나 워서 오신겨? 서울?"

첫 대답도 답답하지만 마지막도 만만치 않습니다. 실제 당해본 사람은 압니다. 뭔가 마구 자랑하고 싶은데, 고객과의 커뮤니케이션 라인을 구축하고 싶은데 주체를 못하고 설명이 이어집니다. 짜증을 부르는 특효약입니다. 적당한 선에서 자랑하고 싶은 내용의 70%만 꺼내놓아야 손님은 불편해하지 않습니다. 설득 심리학자들의 명언이 다시 한번 떠오릅니다.

"열 가지를 다 전달하려고 하면 아무것도 전달할 수 없다."

참, 주문한 메뉴는 반드시 복명복창하세요. 실수는 줄이고 신뢰는 키우는 최고의 노하우입니다.

5. 엉뚱한 고집을 부린다

얼마 전 커피숍에서 쫓겨난 일이 있습니다. 고사 직전의 자영업자를 도와주러 나선 길이었습니다. 썩 내키지 않았지만 그이가 안내하는 카페로 들어갔습니다. 인테리어며 분위기는 나쁘지 않았습니다. 한 아주머니 일행을 지나 구석 자리로 안내받았습니다. 손님은 달랑 한 테이블이었는데 너무 소란스러웠습니다. 한술 더 떠 개 한 마리가 바닥을 누비고 있었습니다. 자리를 멀찍이 옮기며 양해를 구하는데 주인장 표정이 안 좋았습니다. 본인이 안내한 자리를 마다하고 옮긴 탓일까요, 테이블 위에 놓여 있던 가게의 짐을 옮겨달라고 한 탓일까요? 이런 표현까지 쓰기는 싫은데 구시렁대는 폼이 가관이었습니다. 내 돈 주고 먹으면서 이런 대접을 받아야 하나 싶었지만 참았습니다. 그런데 또다시 일격이 날아듭니다.

"도대체 뭐가 시끄럽다는 건지 이해를 못하겠네…."

참았어야 했는데 맞받아쳤습니다.

"중요한 이야기 때문에 왔는데 너무 시끄러워서 그랬어요. 그리고 매장이 지나치게 소란스러워서 자리를 옮긴 거면 오히려 사장님이 미안해해야 하는 거 아닌가요?"

우리 집은 그런 손님 필요 없으니 나가달랍니다. 제게 코칭을 부탁한 대표님께서는 안절부절못하셨지만 미련 없이 나왔습니다. 곰곰이 생각해 봅니다. 자신만의 고립된 공간이 필요하다면 손님을 안 받으면 그만 아닌가요? 그리고 음식을 파는 곳에서 반려견을 풀어놓을 거라면 적어도 쇼윈도에 안내는 해 두어야 하지 않을까요? 우리 커피숍에는 강아지가 있다고요. 최소한 행인을 붙잡아 손님으로 만들고 단골로 유치하고 싶으면 기본은 하란 소리입니다.

모든 건 손님 탓이고 내 잘못은 없다는 식의 고집은 결국 업주에게만 손해입니다. 겉으로는 웃을지 모르지만 손님은 그런 집에 절대 재방문하지 않습니다. 호기심에 찾은 손님들이 불편을 느껴 하나둘 떠나가는데도 이런 이들은 무엇이 문제인지 알아채지 못합니다. 아니, 이런 이야기조차 듣고 싶어 하지 않습니다.

왜 당신 집만 손님이 없냐고요? 위의 글들을 꼭 다시 읽어보길 바랍니다.

생존의 마지노선, 매출 목표

답답한 일입니다. 자영업자의 대부분은 자신의 연봉을 잘 모릅니다. 설령 목표를 세웠다 하더라도 그게 마음대로 되지 않는다며 한숨을 쉽니다. 이상하게도 오픈을 하고 나면 감각이 쉽게 무뎌집니다. 인내심도, 열정도, 관찰력도. 물론 24시간 집중을 하는 것이 쉬운 일은 아닙니다. 하지만 최소한 업무 시간만큼은 내가 얼마짜리인지 되뇌어야 합니다. 그래야 긴장의 끈을 놓지 않습니다. 고수와 하수의 차이는 여기서 드러납니다. 내가 얼마짜리인지 아는 사람과 그렇지 않은 사람. 당신은 얼마짜리 사장님인가요?

대부분의 샐러리맨들은 연봉 1억을 꿈꿉니다. 이것을 일당으로 나눠봅시다. 꽤 의미 있는 일이니 함께 계산을 따라와 보세요.

1억 원을 365일로 나눕니다. **273,972.60274원**이 됩니다. 하루 27만 원 정도가 내 주머니에 꽂혀야 합니다.

주말은 쉬고 싶으시다고요? 그럼 52주만큼의 토요일과 일요일인 104일을 뺍시다. 다시 계산기를 꺼내 1억 원을 261일로 나눕니다. **383,141.76245원**. 월요일부터 금요일까지 하루에 약 38만 원씩 현금이 들어와야 합니다.

매일매일 무조건 이 액수만큼 통장에 입금이 되면 연봉 1억 원이 됩니다. 샐러리맨의 경우가 그렇단 말입니다. 자영업자의 경우는 단지 노동력만을 파는 것이 아니니 이것저것 따질 것이 많습니다. 투자금도 회수해야지, 감가상각비도 계산해야지, 게다가 그 무시무시한 세금은 또 어떤가요. 그래서 1주일에 토요일, 일요일 이틀을 쉬기가 쉽지 않습니다.

좋습니다. 주말 중 하루는 쉬기로 하고 365일에서 52일만 뺍시다. 313일간 매일 32만 원 정도의 이익(매출 - 비용)을 거두어야 이 계산의 등식이 성립합니다. 말이 쉬워 32만 원이지 이 정도의 금액을 '인 마이 포켓' 하고 싶다면 얼마나 매출을 올려야 할까요? 수익률을 20%(아주 너그럽게 잡은 액수입니다.)로 잡고 계산해 봅시다. 일 매출 160만 원을 올려야 목표 달성이 가능합니다. 이 금액도 세전이냐 세후냐에 따라 또 달라집니다.

장사의 고수들이야 별 문제없지만 영세 자영업자들에게는 언감생심 그림의 떡입니다. 명절도 있고, 휴가도 있고, 장마에 자연재해까지 끊이지 않는 한반도에서는 더더욱 그러합니다.

200만 원 가까운 매출을 1년 내내 흔들림 없이 올리려면 대단한 각오가 필요합니다. 정말 달성하고 싶다면 당장 목표 매출과 수익 그리고 스케줄 표를 카운터 옆에 붙이세요. 손님이 볼까 걱정된다면 주방 벽에 붙여도 상관없습니다. 강연할 때마다 권유해 드립니다. 그러지 않으면 답이 없다고 협박을 한 적도 있습니다. 보험회사 사무실의 막대그래프처럼 표를 붙여놓고 매일매일 기록하세요. 그간 써먹던 변명은 통하지 않습니다. 연휴가 많아서, 전염병이 발병해서 손님이 준다면 떨어진 만큼 올리기 위해 발악이라도 해야 합니다.

대부분은 '나만 힘든 게 아니겠지' 위안하며 골목을 어슬렁거립니다. 동네 가게 주인들과 눈이 마주치면 가벼운 목례로 답을 하고 매장을 은근슬쩍 엿봅니다. 우리 집과 별반 다르지 않다. 그럼 그렇지! 가슴을 끌어내리며 빙긋 미소 짓습니다. 이러니 다들 망하는 겁니다.

앞으로 매출이 떨어지면 분석하고, 연구하고, 대박집을 견학하면서 스스로를 채근하세요. 나는 일반 장사꾼들과는 다르다는 생각으로 덤비셔야 합니다. 1일 매출 목표 160만 원을 달성하지 못했다면 내일 새벽에라도 현수막을 들고 나가세요. 교차로도 좋고, 고가도로 위도 좋습니다. 내 브랜드와 음식을 알리기 위해 목숨을 거세요. 비용은 현수막 2만 원 그리고 약간의 기름값이면 족합니다.

제 매니지먼트 소속으로 들어온 화덕피자 브랜드도 그랬습니다. 두 팔을 걷어붙이고 같이 거리로 나섰습니다. 새벽바람이 폐 속으로 타고 들어왔습니다. 느낌이 좋았습니다. 쭈뼛대며 망설일 여유가 없습니다. 둘은 말없이 울트라맨 마스크를 쓰고 현수막을 흔들었습니다.

창피하지 않냐고요? 제 외식 패밀리를 살릴 수만 있다면 비키니도

입을 수 있습니다. 딱 1분만 참으면 인생이 행복해질 수 있습니다. 나서기가 어렵지 막상 추운 새벽 고가에서 2~3시간을 떨고 나면 오기가 생깁니다. 이렇게까지 애를 쓰는데 성공하지 못한다면 말이 안 되지!

강철이 단련되듯 그렇게 강해지는 겁니다.

KICK!

10원도 들지 않는 일이니 당장이라도 매출 목표를 세우세요.
달성하지 못했다면 원인을 분석하고 돌파구를 모색하세요. 어영부영 넘어가지 마시고요.
제 소속 멤버들 중에는 그날 매출 목표를 달성하지 못하면 귀가하지 않고 매장에서 슬리핑백을 꺼내놓고 잠을 청하는 이도 여럿 있습니다.
남들은 돈독이 올랐다고, 심하다고 손가락질하지만 제 생각은 다릅니다.
그런 강인한 다짐이 있기에 매일매일 발전하는 겁니다.

KICK!

위에서 언급한 1일 매출 160만 원을 올리려면 객단가를 15,000원으로 잡고 하루 100인분 이상 팔아야겠죠. 점심에 한 바퀴, 저녁에 두 바퀴 돌린다고 계산을 해 보면 1회전당 33인분꼴. 4인석을 꽉꽉 채워 합석시킬 수 없는 일이고 보통 4인 테이블에 2.8명 정도 앉는다고 계산해보면… 테이블이 10~11개 정도 필요하겠네요. 혹시 여러분이 예비 창업자이거나 한 번 실패한 경험이 있는 분이라면 반드시 이 계산을 해보셔야 합니다. 그래야 욕심내지 않고, 임대 평수도 계산하고, 월 임대료도 책정할 수 있으니까요. 기가 막힌 자리 나왔다는 소개자의 사탕 같은 유혹도 능력과 비용을 고려해 듣든지 말든지 해야 합니다. 1일 160만 원 매출 목표인데 월세 600만 원씩 내야 하는 곳에 들어가면 또 틀어지고 말 테니까요.

당신은 혹시 사나운 개를 키우고 있지 않으신가요?

구맹주산狗猛酒酸

개가 사나우면 술이 시어진다는 뜻입니다. 송나라 때의 일입니다. 술을 빚는 재주가 좋은 장사꾼이 있었습니다. 친절하고 정직하게 운영했지만 손님이 오지 않았습니다. 결국 팔리지 않은 술은 매번 시고 말았죠. 답답한 마음에 장사꾼은 마을 어른 양천을 찾았습니다. 그를 바라보며 양천이 물었습니다.

"자네 집의 개가 사나운가?"

"예. 그렇습니다."

"어른들이 아이들을 시켜 술을 사오게 하는데 자네의 개가 사나우면 들어갈 수가 없지. 안 팔리니 당연히 술이 시어질 수밖에…."

《한비자》〈외저설우外儲說右〉에 나오는 이야기입니다. 정치에 빗

대어 간신배가 있으면 어진 신하가 오지 않는다는 뜻으로 풀이하기도 합니다. 시사하는 바가 커 오래전 중국의 이야기를 끌어왔습니다.

장사가 시원찮은 업주들과 상담할 때면 저는 꼭 이렇게 질문합니다.

"혹시 대표님 가게에 손님을 들어오지 못하게 하는 무언가가 있지 않을까요?"

대부분은 망설이며 대답을 머뭇거립니다. 이 해답을 하나하나 찾아가는 것이 바로 매니지먼트입니다. 사나운 개를 치우지 않으면 고객은 발을 돌립니다. 지금부터 여러분 업장에 있는 사나운 개는 무엇인지 찬찬히 뜯어봅시다.

첫 번째, 상호와 간판.

한겨울에 '물회'라고 적힌 간판을 보면 방한복을 입고 냉동 창고에 들어가는 기분이 들 겁니다. 희석시켜야 합니다. 따뜻함이 느껴질 표현과 이미지 그리고 쇼잉showing을 준비하세요. 간판 갈이를 하는 한이 있더라도 '물회 전문점'이 아니라 '물회와 황탯국이 정말 맛있는 집'이나 '용대리 김황태 할머니에게 직접 전수받은 성남 유일의 황탯국집' 등의 설명을 붙이세요. 매장에 붙어 있는 싸구려 이미지들도 전부 다 갈아엎으셔야 합니다. 남들도 다 쓰는 이미지로는 죽어도 나를 차별화할 수 없습니다. 검색만 열심히 해도 훌륭하고 좋은 이미지는 차고

글자만 가득한 메뉴판과 맛있는 음식을 보여주는 메뉴판, 어느 쪽에 더 호감이 가시나요? 메뉴를 어떻게 보여줄지 고민해야 합니다.

넘칩니다.

간판 갈이 가격 때문에 고민하시는 분들에게 한 말씀 드리고자 합니다. 동절기 메뉴는 10월부터 시작됩니다. 그리고 11월, 12월, 1월, 2월까지 무려 5개월이나 이어집니다. 날 수로 계산하면 150일 정도. 사이즈와 재질에 따라 다르지만 100만 원으로 잡고 가격을 나눠보면 하루에 대략 6,700원. 그러니까 하루 한 그릇 가격이면 간판을 갈 수 있다는 겁니다. 정체성이 흔들리지 않겠냐고요? 어느 정도는 일리가 있습니다. 하지만 막연히 대박을 기대하며 20~30% 가까이 떨어진 매출을 보고만 있을 수는 없습니다. 겨울이라고 건물주가 임대료를 깎아주는 것도 아니니까요.

투자하세요! 그래야 그만큼 뽑을 수 있습니다. 하루 6,700원. 황탯국 9,000원, 마진율을 20% 잡으면 세 그릇 반 정도 더 팔면 됩니다. 만약 못 믿으시겠다면 아래의 두 문장을 비교해 보세요.

영덕 물회 vs 성남에서 물회와 황탯국이 가장 맛있는 집

여기에 펄펄 끓는 황탯국 사진이나 동영상이 돌아가는 50인치 모니터를 설치한다면 설득하기는 더 쉬워집니다. 효과를 극대화하고 싶다면 빈대떡이나 전을 부치는 입간판을 쇼윈도 바로 앞에 배치합시다. 기왕이면 손님상에 황탯국을 낼 때 색색의 산적도 두 덩어리 곁들여 주세요. 우리는 고객이 좋아할 일만 할 겁니다.

매니저인 제가 <뮤직뱅크> 무대 바로 앞까지 끌어다 줄 수는 있지만 무대 의상을 입고 대신 무대에 올라갈 수는 없습니다. 자, 이제는 여러분 차례입니다.

두 번째, 검색.

예비 고객들이 포털 사이트에 들어가 맛집을 검색하는 건 길을 찾고자 함이 아닙니다. 확인하기 위함입니다. 그 지역을 대표하는 맛집이 어느 곳인지, 매스컴에 소개된 집이 정말 제대로 된 집인지 미리 방문한 고객들의 반응을 통해 검증하는 과정입니다. 특히 돈을 지불할 가치가 있는지 면밀히 검토합니다. 그래서 점찍어 둔 식당의 설명에서 '가성비'라든가 '원주민이 다니는 집', '로컬 맛집'과 같은 표현을 발견하면 안심합니다.

그들의 눈은 매섭습니다. 실패하지 않기 위해 눈에 불을 켭니다. 분위기, 맛, 양, 친절까지 살핍니다. 포장된 이미지는 아닌지 따져봅니다. 도중에 악플이라도 발견하는 날에는 땅이 꺼져라 한숨을 쉽니다. 검색에 들인 그간의 노고가 수포로 돌아가기 때문입니다. 이래서 평판이 안 좋은 포스팅도 관리할 필요가 있습니다. 안 좋은 리뷰가 있다면 내용을 검토하고, 사실이라면 사과의 쪽지를 보내세요. 정말 죄송하니 환불이라도 해드리겠다는 내용으로 진심을 담아서요. 블로거도 사람입니다. 대개의 경우는 용서하고 포스팅을 내려줍니다.

감정으로 다가서면 백전백패. 분노를 감추지 못하고 악플에 악플로 대응하면 상당수의 누리꾼은 이를 즐깁니다. 휘말리지 마세요. 굳이 온라인상에 사나운 개를 키울 필요는 없습니다. 도가 지나친 무뢰한을 만나게 되면 포털 사이트에 명예 훼손으로 신고하면 됩니다. 자기 앞마당에서 싸움이 일어나는 것을 좋아할 이가 누가 있을까요? 시스템도 잘 갖춰져 있습니다. 문제가 되는 부분을 자세하게 설명하면 그만입니다. 버튼 몇 개 클릭하면 포털이 다 알아서 해결해 줍니다. 익명의 아이디 뒤에 숨어 키보드를 휘갈길 때는 좋았겠지만 명예 훼손, 법적인 책임 등을 운운하는 메일을 받게 되면 쫄기 마련입니다. 단, 정말로 억울할 때 이 방법을 사용해야 합니다. 일말의 여지라도 둔다면 사나운 개는 곧 미친개로 변합니다.

세 번째, 바로 당신의 태도입니다.

저는 이렇게 생각합니다. 업무 시간에는 오너로서 모범을 보여야 한다고. 나 혼자 밥 먹고, 나 혼자 놀고, 내 맘대로 일 시키고, 나 혼자 잘난 척하고. 나 혼자 화내고, 나 혼자 엉뚱한 짓을 하는데 말없이 따라와 줄 내 편은 절대 없습니다. 경찰에 신고하지 않는 게 다행이라고 생각해야 합니다. '모든 건 내 탓이다.' 그리 여겨야 합니다. 공휴일이 많은 것도, 천둥 번개가 내리치는 것도 다 내 탓이라고 생각해야 문제를 해결할 수 있습니다.

혹시 지금 이 순간에도 사나운 개가 당신의 매장 앞을 가로막고 있다면 어서 치우세요. 망설이지 말고 단호하게 없애야 살아남습니다. 장애물이 없어야 고객이 들어올 수 있습니다.

외식업은 아이디어도 맛있어야 한다

정말 많은 사람들이 제게 메일을 보냅니다. 무작정 도와달라고 합니다. 그 수가 하도 많아 답장을 못하는 경우가 많습니다. 이들 중 일부는 차마 입에 담을 수 없는 욕설과 함께 반복해서 메일을 보내기도 합니다. 마음 같아서는 클론을 만들어 다 도와드리고 싶습니다. 장사에 대한 철학, 아이디어, 식재료, 차별화 전략…… 모든 걸 다 드리고 싶습니다.

한번은 제가 받는 메일들의 유형을 분석한 적이 있었습니다. 결과는 아래와 같습니다.

1. 도무지 왜 장사가 안되는지 모르겠다.

2. 홍보를 하고 싶다.

3. 내가 지금 장사를 잘하고 있는 건지 확인해 보고 싶다.

4. 비전이 있는 아이템을 가르쳐 달라.

그동안 수많은 프로그램과 강연에서 외치고 또 외쳐온 내용이 있습니다.

제발 좀 외식업스럽게 행동하세요!

외식업에서 가장 중요한 것은 맛입니다. 분위기, 가성비 아무리 외쳐도 맛만큼 중요한 요소는 없습니다. 첫째도 맛, 둘째도 맛, 셋째도 맛입니다. 그런데 이 맛을 너무 가볍게 생각합니다. 몇 번의 테스트를 거치고 '아군'들에게 평가받고 나서는 우쭐해합니다. 틀렸습니다. 그건 당신이나 당신 가족, 혹은 당신에게 호감을 가지고 있는 사람들의 소수 의견에 불과합니다. 정확하지 않은 평가입니다. 고객이 좋아할 수 있는 맛을 찾아야 합니다. 절대 다수에게 사랑받을 맛을 찾아내는 것이 가장 중요합니다.

만약 돈가스라는 아이템이 하고 싶으면 〈먹을텐데〉, 〈줄서는 식당〉, 〈맛있는 녀석들〉, 〈토요일은 밥이 좋아〉, 〈또간집〉을 싹 다 뒤져서 리스트를 만드세요. 이걸 기준으로 하루에 서너 곳씩을 방문해야 변별력이 생깁니다. 이 약속을 지킬 수 있는 분이시라면 당장 내일부터 맛 칼럼니스트라는 타이틀을 쓰셔도 문제없습니다. 만약 열 군데로 리스트가 정리되었다면 방문하고 시식하고 메모하세요. 절대 단점을 찾아서는 안 됩니다. 살아남고 싶다면 장점을 찾아야 합니다.

이 세상에서 가장 어려운 일이 남의 장점을 찾는 겁니다. 단점은 쉽게 보입니다. 그래서 이러쿵저러쿵 비판을 늘어놓을 수 있습니다. 반면에 장점을 찾아내기는 정말 어렵습니다. 아는 만큼 보이기에 습자지 같은 얕은 지식과 정보로는 절대 홍하는 집의 매력을 찾아낼 수 없습니다. 그래서 반복적인 학습이 필요합니다.

벤치마킹은 괜히 다니는 게 아닙니다. 돌면서 각 매장의 장점을 찾아내고 오리지널보다 훨씬 고급스럽게, 격 있게, 차원이 다르게 진화시키고 발전시켜야 의미가 있습니다. 여러분들이 찾아내는 장점들의 교집합(공통점)이 바로 고객이 원하는 맛입니다. 안 먹으면 생각나고 틈만 나면 먹고 싶은 그런 맛, 즉 고객들이 좋아하는 맛들을 모으고 모아서 제공할 수 있어야 그들을 사로잡을 수 있습니다.

이를 위해서는 아이템을 선정할 때부터 타깃 오디언스를 설정해야 합니다. 아무나 들어오면 좋다고 생각하니 고객이 감동하지 않는 겁니다. 누구에게 무엇을 팔 것인지 명확히 설정하세요. 그들을 위해 온갖 신경을 곤추세우세요. 만약 30대 샐러리맨이 타깃이라면 그들의 라이프 사이클, 선호하는 색깔, 분위기, 소스, 반찬, 음료, 술 등을 냉정하게 분석하세요. 그래야 트릿한 집과 비교당했을 때 상상도 할 수 없는 격차를 만들어 낼 수 있습니다.

종일 구두를 신고 일을 해야 하는 이들을 위해 슬리퍼를 준비하세요. 이발소에서나 함직한 서비스를 도입해 보는 겁니다. 홀 직원이 다가와 이리 묻습니다.

"슬리퍼 가져다 드릴까요?"

그들을 이해하고 동감할 수 있어야 감동은 시작됩니다. 이처럼 외식업은 아이디어가 맛있어야 합니다. 어떻게 하면 고객이 맛에 집중하고 만족할 수 있는지만 연구하고 고민하세요. 외식업에서 승리하고 싶다면 1년 365일 하루 24시간 음식만 생각하세요. 그래야 관찰력도 상승합니다.

아이디어도 맛있어야 한다고 강조하는 데에는 이유가 있습니다. 오너의 생각이 맛있지 않으면 절대로 음식이 맛있을 수 없습니다. 고객이 맛있다고 느낄 수 없습니다. 사장의 뇌가 무미건조하고 까칠한

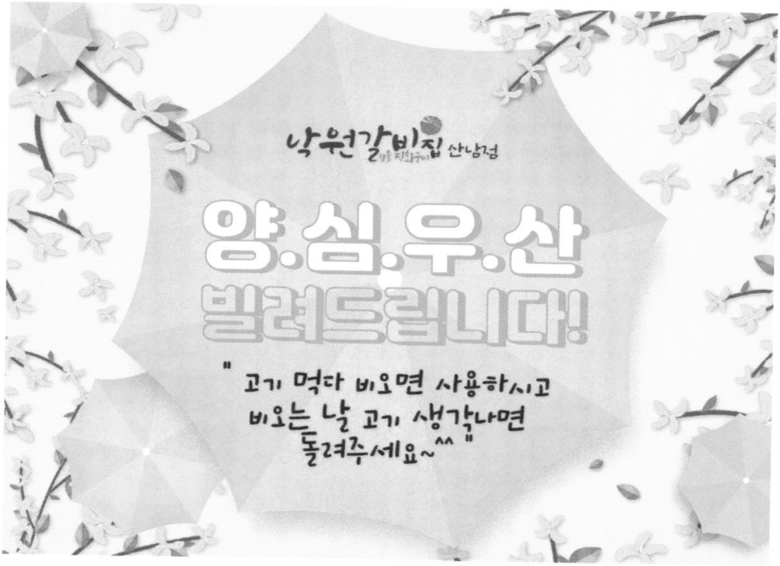

어떻게 하면 고객을 감동시킬 수 있을까요? 외식업은 아이디어도 맛있어야 합니다.

데 맛있는 생각과 음식이 나올까요? 답은 "노 웨이", 불가능합니다.

자, 본격적으로 훈련에 돌입해 볼까요? 아이디어가 맛있어지면 영업시간 하나도 이렇게 표현할 수 있습니다.

영업시간

"1분 1초도 허투루 쓰지 않겠습니다!"

11:00~15:00 점심 영업 → 임금처럼 모시겠습니다.

15:00~17:00 브레이크 타임 혹은 휴식시간 → 메뉴 개발 시간입니다.

17:00~22:00 저녁 영업 → 내 아이가 먹을 수 있는 음식만 내겠습니다.

물론 메뉴판도 바꿀 수 있습니다.

메뉴판

"자신 있게 추천합니다."

김치찌개 → 강순의 선생 레시피로 만든 돼지고기 듬뿍 김치찌개

된장찌개 → 강서구에서 가장 맛있는 된장찌개

비빔밥 → 7첩 비빔밥

부대찌개 → 세상에서 두 번째로 맛있는 부대찌개

슬슬 이해가 되시나요? 아이디어가 맛있어야 한다고 외치는 이유를. 보는 이를 설레게 만들어야 합니다. 먹기도 전에 맛있다는 인상을 줘야 합니다.

"이 집은 뭐랄까? 글자도 맛있어."

고객 모두에게 이 소리를 들을 때까지 아이디어를 맛있게 만드세요.

생각이 태도를 만들고
태도가 행동을 만들고
행동이 만족을 만듭니다.

KICK!

사람의 마음을 사로잡기 위해서는 여섯 가지가 필요합니다.
상호성, 일관성, 사회적 증거, 호감, 권위, 희귀성. (로버트 치알디니, 《설득의 심리학》, 2013.)

뭔가 내 브랜드를 발전시킬 아이디어를 내놓고 싶다면 이 여섯 가지 개념을 활용하면 좋습니다. 어차피 아이디어를 내는 이유가 고객을 설득하기 위함이니까요.

1. 상호성의 원칙

"호의는 호의를 부른다." 나의 호의가 상대방의 호의를 만들어 냅니다. 먼저 호의를 보여주세요. 쿠폰 열 장 찍으면, 즉 '니가 먼저 주면 내가 줄게'가 아니라 '오늘 너무 감사해서 준비한 거예요'하고 먼저 줘야 상대가 빚진 심리 상태가 되고 갚고 싶어 합니다. 그러니 테이크 앤 기브 하지 마시고 기브 앤 테이크 하세요.

2. 일관성의 원칙

"하나로 통하는 기대치를 만들어라." 인간은 말, 신념, 태도, 행동 등에서 일관성 있는 성격을 더 높게 평가합니다. 자연스럽게 평판도 좋아지고요. 말과 행동이 일관된 비즈니스맨은 도드라집니다. 다 아시잖아요. 말과 행동이 다른 오너들은 금방 사라진다는 걸. 일관성을 드러내는 좋은 방법이 있습니다. 약속을 정하세요. 반드시 이건 지키겠다. 이건 절대 하지 않겠다. 그리고 그 약속을 지켜내고 있다는 증거를 보여주세요. 이렇게 생긴 신뢰는 거래에서 결정적인 역할을 합니다.

3. 사회적 증거의 원칙

"다수의 행동이 선이다." 고민스럽고, 갈등되고, 불확실한 상황에서 결정을 내릴 때 고객은 타인의 행동에 영향을 받습니다. 쉽게 말해 유행을 따르게 됩니다. 대한민국 고등학생이 교복처럼 노스페이스 블랙 롱패딩을 입는 것도 이런 이유에서입니다. 그러니 많은 고객이 여러분 브랜드를 얼마나 좋아하는지, 좋은 리뷰들을 남기고 있는지, 이런 근거들을 바탕으로 여러분의 브랜드가 얼마나 대세인지 보여줄 필요가 있습니다. 텅텅 빈 집보다 30분씩 줄 서는 식당에 더 가고 싶어 하는 고객의 심리 잘 아시죠?

4. 호감의 원칙

"끌리는 사람을 따르고 싶은 이유." 신체적 매력, 나와 닮은 꼴 그리고 익숙함이 호감을 가져다 줍니다. 그러니 당신을 좀 아껴주세요. 좀 꾸미고 다니시고요. '금방 땀 날텐데 뭐…' 하고 스스로를 까만 티셔츠로 푸대접하면 주위 사람들도 당신을 그렇게 대합니다. 비밀 하나 가르쳐 드려요? 당신이 당신을 아끼고 사랑해 주지 않으면 그 누구도 당신을 아껴주지 않습니다. 당신의 브랜드도요. 하나 더, 당신의 생각과 마음, 행동이 고객들과 많이 닮아 있다는 사실을 주지시켜 주세요. "나도 그렇게 생각해", "내 말이", "어머 어머, 딱 내 스타일이네!" 가르쳐 주지 않으면 절대로 모릅니다. 고객은 낯선 것보다 익숙한 것에 호감을 느낍니다. 그러니 자주 부딪히세요. 단순하게라도 자주 노출이 되면 익숙함이 호감으로 승화합니다.

5. 권위의 법칙

"전문가에게 의존하려는 성향." 우리 모두 마찬가지입니다. 같은 건강 음료인데 세계적인 권위의 의사가 추천하면 넙죽 받아들이게 되어 있습니다. 그러니 애써 혼자서 다 해내려고 하지 말고 권위 있는 선생님의 레시피, 전문가의 소스, 프로들과의 콜라보를 통해 여러분 브랜드에 권위를 얹혀주세요. 면 하나도 그렇습니다. "맛있고 비싼 면 써요." 그러면 "엥? 설마요?"라고 하지만 "70년 전통의 대구 서문시장 박 사장님네 소면 씁니다."라고 하면 '와우!' 같은 반응이 나오게 되어 있습니다. 권위가 호감으로 연결되는 순간입니다.

6. 희귀성의 원칙

"부족하면 더 간절해진다." 언제 어디서나 고객은 돈 주고 살 권리가 있습니다. 자유가 있습니다. 그런데 이런 자유의지를 꺾어버리면 애간장이 타들어 갑니다. 생각해 보세요. 1시간을 운전해 찾아간 집에서 "죄송합니다. 재료가 다 떨어졌습니다." 이렇게 이야기하면 빈정이 확 상합니다. 아니, 어떻게 찾아온 길인데 재료가 없다니… 세상에 나 원 참. 반발심이 생깁니다. "그럼 몇 시에 와야 먹을 수 있다는 거예요. 정말." 소유 욕구가 더 커집니다. 이런 심리 상태를 제대로 활용하는 게 바로 한정 판매입니다. "하루 20인분 한정 판매.

더 이상 준비할 수 없어 죄송합니다."

오늘 저녁부터 당장 시작해 보세요. 사람을 설득하는 노하우 6가지가 먹히는지 안 먹히는지.

장사는 연애다

“애인이 맨날 똑같아요. 잘 씻지도 않고, 옷도 갈아입지 않고, 머리도 안 쓰고, 게을러요. 여기까지는 버텨보겠는데 10년째 똑같은 이야기만 반복해요.”

여러분이라면 이런 애인, 계속 만나시겠어요?

오래되면 시큰둥해집니다. 매력이 떨어집니다. 자극도 약해집니다. 사람도 상품도 서비스도 마찬가지입니다. 우리들 브랜드도 그렇고요. 매장이라고 크게 다르지 않습니다. 인테리어도 메뉴도 매일매일 노화합니다. 그러면… 자꾸 딴눈 팝니다. 뭔가 새로운 걸 찾게 됩니다. 그러다 잊힙니다. 떠나간 애인은 쉬 돌아오지 않는 법. 돌아올 이유가 딱히 없기 때문입니다. 예전 걸 그리워하기에는 대체재와 보완재가 많아도 너무 많습니다.

‘그럼 나도 정신 바짝 차리고 새로 한번 나서볼까? 일단… 그래! 인

테리어가 제일 눈에 거슬려.'

사실 인테리어는 소모품입니다. 이미 본전 다 뽑았습니다. 미련을 못 버리니 촌스럽다는 소리를 듣는 겁니다.

'일단 벽에 걸린 녀석들을 떼자. 엉성하게 놓인 장식물도 싹 치우고.'

이렇게 생각하면 쉽습니다. 없어도 되는 건 치우자. 버리자. 눈에 거슬려 좋을 게 하나도 없습니다. 비운 공간을 채울 건 많습니다.

가장 먼저 생각해 볼 수 있는 건 포토월입니다. 우리 브랜드가 걸어온 길을 한 장 한 장 덧붙여 가는 겁니다. 처음에는 몇 장 없으니 휑~~~ 해 보이겠죠. 괜찮습니다. 좋은 책을 읽었으면 그 표지도 걸고, 식재료 탐험 여행을 다녀오셨으면 인증샷도 걸고, 직원들과 워크샵 다녀온 사진이 있다면 그것도 걸고, 유명인사랑

찍은 사진도 걸고, 충격적인 한 해를 기억하고 싶다면 신문 스크랩도 걸고… 네? 너무 복잡해 보이지 않겠냐고요? 색바랜 인테리어 소품들 먼지 쓰고 있는 것보다는 열 배 스무 배 더 도움이 됩니다. 이벤트용으로 가져온 주류 회사의 포스터들보다 훨씬 도움이 됩니다. 왜? 이건 내 거니까요. 내 브랜드의 역사이고 내가 걸어온 길이고 나의 이야기니까요. 다른 매장에서도 쉽게 발견할 수 있는 흔한 이미지가 아니니까요. 내 브랜드만이 보유하고 있는 '브랜드 자산'이거든요.

여러분이 자주 다니는 매장이 하나 있습니다. 오랜만에 방문을 했더니 못 보던 사진이 몇 개 늘었습니다. 자연스럽게 다가갑니다. 그리고

들여다봅니다.

이게 포인트입니다. 들여다보기. 소중한 건 들여다봅니다. 궁금한 건 들여다봅니다. 그런데 쓱 들여다본 사진 속 내용이 나와 관련이 있다? 내가 먹을 음식과 관련이 있다? 주인장이 애를 쓴 흔적이 보인다? 내가 안 온 사이 유명 가수가 다녀갔다? 이 집 대표가 신문에 났다? 상을 받았다? 조리학과랑 산학연을 맺었다? 그럼 자동으로 이런 판단을 하게 됩니다.

'참 열심히 사는 사장이구나. 점점 더 진화하는 브랜드구나. 이런

사장님들은 돈 벌어야 해.'

하남에 가면 소름 돋는 매장을 하나 만날 수 있습니다. 서울에서 맛보는 진짜 제주. 제주를 통째로 들고 왔다고 주장하는 제주 덕후가 만든 곳입니다. 매장 앞에는 돌하르방 두 개가 떡하니 버티고 있습니다. 이런 '제주스러운' 집들은 가끔 만날 수 있습니다만… 이 브랜드 소속 돌하르방은 계절에 따라 옷을 갈아입습니다. 한여름에는 알로하 셔츠를 입고 있고, 겨울에는 털모자와 목도리를 두릅니다. 문을 열고 들어서기도 전에 제주 분위기로 샤워를 합니다. 카운터 앞에는 제주와 관련된 굿즈가 가득합니다. 이 집의 더욱 놀라운 점은 디스플레이를 사나흘에 한 번씩 바꾼다는 겁니다.

자리에 앉아 주문을 합니다. 그리고는 주위를 둘러보는데…

헉!

벽 전체가 제주입니다. 게다가 움직이기도 합니다. 프로젝터를 통해서 비춰진 영상에는 한라산, 성산 일출봉, 서

귀포, 해안도로, 시장, 유채밭, 파도, 낚싯배 등 제주의 모습이 담겨 있습니다. 직접 촬영한 영상도 있고, 유튜브 스트리밍 영상도 있습니다.

"날씨가 제일 중요해요. 온도도 중요하고요. 그날그날 출근하면서 체크를 합니다. '오늘 날씨랑 제일 잘 어울리는 영상이 뭘까?'"

심사숙고 끝에 드린 선물을 이렇게 훌륭하게 소화해 내는 사장님들을 만나면 고개가 숙여집니다. 아무나 할 수 없는 노력이거든요. 누구나 매장을 운영할 수는 있지만 이렇게 디테일하게 운영하기는 쉽지 않습니다.

자리에 앉아 제주 동영상을 보고 있으면 마치 순간이동을 한 기분이 듭니다. 바닷가로, 산으로, 도심으로, 시장으로……. 인간의 뇌에는 거울이 있습니다. 그래서 보이는 건 그대로 느낄 수 있습니다. 보이지 않는 건 상상을 해야 하지만 눈앞에 보이는 건 그대로 여과 없이 투영됩니다. 그래서 현실이 아닌데도 드라마 속 여주인공이 죽으면 가슴이 찢어지고, 아이가 유괴를 당하면 부모와 같이 슬퍼하고, 이역만리 타국에서 한일전을 벌이고 있는 태극전사들을 보면 심장이 뛰는 겁니다. 인간의 뇌가 가지고 있는 공감 능력 덕분입니다. 한라산에 눈이 내리는 영상을 보면서 오겹살을 먹으면 훨씬 따뜻하고 고소하게 느껴집니다. 성산 일출봉을 드론으로 촬영한 영상을 보면서 '도마호크'를 먹으면 더 흥분됩니다. 롤러코스터를 타는 기분입니다. 파도가 밀려드는 제주의 해변을 보면서 가브리살을 먹으면 더 쫄깃하게 느껴집니다. 여러분도 이 매장을 방문하게 되신다면 뇌 속 거울에서 반응이 일어나는 걸 경험할 수 있으실 겁니다.

일석이조는 이럴 때 쓰는 표현이지 싶습니다. 뻔한 인테리어를 매일매일 바꿀 수 있고, 이 영상들을 통해 맛도 배가시킬 수 있고.

"장사는 연애 같아요. 고객들과 하는 연애."

아침에 일어나 오늘은 어떤 재미있는 일을 할까 고민하고, 향이 좋은 바디워시로 샤워를 하고, 유난히 신경써 머리를 하고, 오늘 분위기와 제일 잘 맞을 옷으로 코디를 하고, 그에 걸맞는 액세서리를 고르고, 설레는 마음으로 그를, 그녀를 만나는 연애처럼 가슴 설레고 흥분되는 브랜드를 만들어 주세요. 그럼 떠났던 애인들도 다시 돌아올 겁니다.

KICK!

포토월을 만들 때 주의하실 점이 하나 있습니다. 컬러보다는 흑백이 좋습니다. 컬러 사진들을 모아놓으면 화려하긴 한데 좀 산만해 보일 수 있습니다. 그래서 흑백 사진을 추천드립니다. 흑백 사진이 모여 있으면 묘한 분위기를 자아냅니다. 호기심이 더해집니다. 한 장 한 장 헤아려 가며 보는 재미가 있습니다. 고객들에게 갯벌 속 진주 찾는 기분을 만들어 줄 수 있습니다. 그리고 생각보다 큰돈이 들지 않습니다. 액자는 이케아에 가면 아주 많으니 꼭 들러보시길 권합니다.

단점을 없애기보다 장점을 키워라

매 강연 때마다 거르지 않고 트는 동영상이 있습니다. 비누로 유명한 도브의 캠페인 광고입니다. 미국 최고의 몽타주 전문가가 가림막 뒤에 있는 여인의 이야기를 들으며 그림을 그립니다. 여성은 차분히 자신의 모습을 이야기합니다. 머리 스타일은 어떻고, 이마는 튀어나왔고, 눈의 색깔과 모양, 코의 생김새, 입, 턱, 볼, 광대, 귀……. 전문가는 담담하게 그녀의 이야기를 따라갑니다. 그림이 완성되면 주인공인 여성은 자리를 뜹니다. 빈자리를 다른 여성이 채웁니다. 이 여성은 목격자입니다. 주인공을 오늘 처음 만난 사람입니다. 주어진 임무에 따라 그림을 그리기 전 티타임을 가졌을 뿐입니다. 이제 목격자가 진술할 차례입니다. 주인공이 어떻게 생겼었는지 가림막 저편의 화가에게 조목조목 설명합니다. 앞서 주인공이 했던 그대로…. 같은 여인을 그린 또 한 장의 몽타주가 완성되었습니다. 주인공의 설명을 따라 그린 그림과 목격자의 관찰을 통해 완성된 두 장의 그림. 잠시 후 목격자는 떠나고 주인공이 그림 앞에 섭니다. 그녀의 눈앞에는 두

장의 그림이 있습니다. 침묵이 흐릅니다. 주인공은 입술을 깨뭅니다. 분명 자신의 모습이건만 두 그림은 닮아 있지 않습니다. 아니, 전혀 다른 사람입니다. 한쪽엔 신경질적인 못난이가 있는 반면 바로 옆에는 지적인 중년 여성이 그려져 있습니다. 주인공은 자신의 단점을 많이 부각시켰지만 목격자는 객관적인 그녀를 묘사했습니다. 목격자의 그림이 훨씬 더 그녀를 닮아 있습니다. 사람들은 대개 자기 외모의 단점을 아주 잘 알고 있습니다. 그림 속에도 은연중에 묻어납니다. 그런데 오늘 처음 주인공을 만난 목격자는 그저 그녀의 생긴 그대로를 설명했을 뿐입니다. 감상을 마친 우리의 주인공이 눈치를 챈 모양입니다. 눈가가 촉촉해집니다. 마지막에 이런 문장이 하나 뜹니다.

"당신은 당신이 생각한 것보다 아름답습니다."

도브의 캠페인 광고 전체 영상.
"당신은 당신이 생각한 것보다 아름답습니다."

캠페인 광고가 주는 의미는 여기까지입니다. 여러 가지로 해석할 수 있을 겁니다. 저는 이 동영상을 틀어주며 장점과 단점에 대해 설명합니다. 도브 측이 의도한 해석과 다를지도 모릅니다. 그러나 제가 강조하고 싶은 건 장점에 관한 내용입니다.

인간은 보통 이렇게 생각합니다. 본인이 가지고 있는 단점을 없애거나 보완하면 된다고. 틀렸습니다. 많이 틀렸습니다. 목숨 걸고 단점을 보완한다고 가치나 평가가 올라가지는 않습니다. 학창 시절의 평균 점수와는 다릅니다. 그럼에도 불구하고 학창시절의 성적 계산법을 자꾸 떠올리게 됩니다.

국어, 영어, 수학 중 앞의 두 과목은 잘하는데 수학이 약한 학생이 있습니다. 국어와 영어는 90점을 맞고 수학은 60점을 맞았습니다. 총점은 240점. 세 과목이니 평균은 80점. 평균을 올리기 위해서는 취약 과목인 수학 점수를 올려야 한다고 생각합니다. 시험에서는 그렇습니다. 하지만 시험과 사업은 다릅니다. 저라면 단점을 없애기보다는 장점을 극대화시키는 데 힘을 쏟겠습니다.

내가 가진 장점을 극대화하면 일단 고객 만족도가 높아집니다. 위에서도 언급했지만 단점을 보완하면 평균은 올라갑니다. 하지만 국어와 영어 성적이 오르는 것은 아닙니다. 기껏해야 최고점이 90점이라면 고객은 당신을 아무리 좋게 보아도 90점짜리로 평가합니다. 여기서 차이가 생기는 겁니다. 어느 고객이 만점에서 10점이나 부족한 업소를 선택할까요? 만약 있다면 그건 가격 때문에 용서할 수 있는 경우이거나 대체재가 없을 때 정도일 겁니다.

그러니 이제부터라도 장점을 강화하는 데 집중합시다. 그래서 최고점이 90점짜리인 그냥 식당이 아니라 누구라도 인정을 하고 고개를 끄덕일 수밖에 없는 만점자가 되어보는 건 어떨까요?

이쑤시개도 친환경 제품으로 바꾸고, 테이블은 스팀 청소기로 닦아줍시다. 그 모습을 본 고객의 머리에는 '위생적'이라는 단어가 단박에 떠오를 겁니다. 눈을 감고 상상해 보세요. 홈쇼핑에서 팔고 있는 칙칙이 스팀 청소기로 테이블에 김을 쏘이고 마른걸레로 닦아줍니다. 당신이 최초가 되는 겁니다. 간판과 매장 조명은 눈곱만큼만 어두워져도 당장 교체합시다. 박물관이나 공연장 조명이 시원찮아 작품 감상에 방해가 되었다면 여러분은 가만히 계시겠어요? 어림 반 푼어치도 없는 소리입니다. 환불해 달라고 심야 농성을 할지도 모릅니다. 그런데 왜 여러분과 스텝들이 공들여 만든 작품을 감상하는 여건에는 그토록 인색한지 모르겠습니다. 좋아 보이는 것을 더욱 좋아 보이게 만들기 위해 여러분의 이름을 걸어보세요.

그렇다고 눈에 보이는 단점을 그냥 내버려 두라는 소리는 아닙니다. 장점을 찾다 보면 자연스레 단점들이 거추장스럽고 창피하게 느껴지기 마련입니다. 두 작업은 동시에 진행되어야 그 효과가 커집니다.

이제 눈치채셨을 테니 망설이지 말고 장점을 찾으세요. 그리고 그 장점이 도드라질 수 있게 대놓고 자랑하세요. 만약 장점을 살리는 데 방해되는 요소가 있다면 그것이 사람이든 공간이든 제도든 환경이든 가차 없이 제거해 버리세요.

기억하세요. 고객은 아주 까칠한 심판관입니다. 최고점을 받지 못하면 우승은커녕 다시 무대에 설 수 있는 기회마저 박탈당하고 맙니다. 이들의 눈을 사로잡을 개인기를 발굴해 백 번이고 천 번이고 단련합시다. 매일 만나는 이 심판들에게 어디에서도 볼 수 없는 특별한 연기를 선보이고 후한 점수를 받을 수 없다면 스스로 무대에서 내려오는

Before – 정갈하지만 장점이 드러나지 않는 평범한 요리

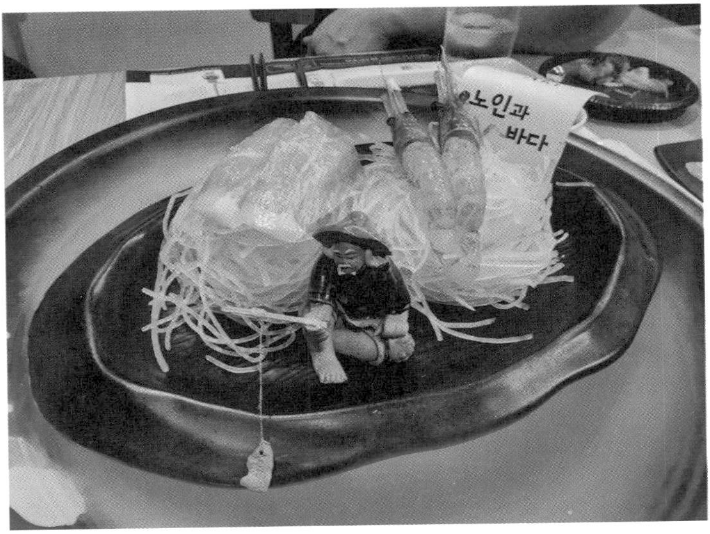

After – 스토리텔링과 특별한 플레이팅을 더한 고급 코스 요리 (청주 아키아키)

게 낫다고 생각합니다.

정갈한 음식과 근사한 플레이팅,
거기에 더해 화려한 불 쇼까지!

KICK!

이렇게 목에 핏대를 세워가며 강조했는데도 계속 단점만 신경이 쓰인다? 아마도 창피함과 자존심 때문일 겁니다. 재미있는 이야기 하나 들려드릴까요? 판매자는 그렇다 칩시다. 구매자는 어떨까요?

단점이 적은 상품 vs 장점이 많은 상품

당신과 당신의 제품 이야깁니다. 우리는 단점 때문에 안 팔린다고 생각을 합니다. 뭔가 부족한 건 덜 팔릴 거라고 판단합니다. 한 가지 여쭙고 싶은데요… 지금 우리에게 절실히 필요한 건 안 팔릴 이유를 없애는 걸까요, 팔릴 이유를 더 많이 만드는 걸까요? 답은 간단합니다. 그런데 왜 안 팔릴 이유에 집착하세요? 팔려야 할 이유에 포커스를 맞추셔야죠. 세상에 어떤 소비자가 할인마트에서, 온라인 쇼핑몰에서 물건을 안 살 이유를 찾나요?

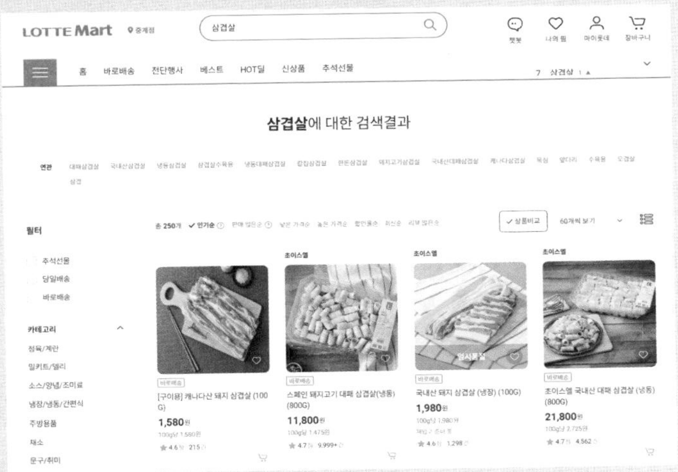

인간은 필요할 때 삽니다.

삼겹살이 필요한 사람이 고기를 앞에 두고 그 고기를 사지 말아야 할 이유를 찾나요? 아니면 이 중 가장 좋은 고기를 찾나요?

잘 팔리는 상품의 비밀은 장점이 많다는 겁니다. 장점이 많다는 건 고객이 거래를 통해 누리게 될 혜택이 많다는 소리고요. 결국 살 만한 가치를 만들어 내는 건 상품과 브랜드의 장점이지 단점이 아닙니다. 시선을 시각으로 바꾸면 아주 잘 팔립니다. 그냥 보지 말고 생각을 담아서 바라보세요. 지금 이 순간부터 경쟁자들보다 뛰어난 장점에 초집중하세요. 이 사실을 알리는 데 집중하시고요.

네? 단점은 어떻게 하냐고요? 아이~ 정말. 일단 장점 쭉 나열하고 장점을 강화하는 데 초점을 두시라니까요. 단점만 급히 없애느라 그저 그런 평범한 상품 만들지 마시고요. 단점을 보완한 평균적인 상품은 세상에 널렸습니다.

벤치마킹 200% 성공시키는 법

벤치마킹이 대유행입니다. 국내는 물론이고 무리를 지어 해외 투어에 나서기도 합니다. 상당한 비용을 지불하고 공부 여행에 나섭니다. 일단 제대로 된 뜻을 한번 확인해 봅시다.

벤치마킹(bench-marking) [명사]

경쟁업체의 경영 방식을 면밀히 분석하여 경쟁업체를 따라잡음. 또는 그런 전략.

말 그대로 경쟁업체를 분석하는 겁니다. 매출을 올리고 수익을 극대화하기 위해 하는 행위입니다. 분석은 어떻게 해야 좋을까요? '분分' 자가 나누고 쪼갠다는 의미이니 경쟁업체의 일거수일투족을 나누어 볼 수 있어야 합니다. 디테일하게 보기 위해서는 리스트가 필요합니다. 친목 도모 차원에서 적당히 둘러보고 인증샷이나 찍고 오는 건 의미가 없습니다. 사진만 잔뜩 찍고 스마트폰 속에 고이 모셔두는 것도 마찬가지입니다. 벤치마킹은 남을 카피하러 가는 게 아닙니다. 현재 나와 내 브랜드의 상태를 점검하러 가는 겁니다. 도대체 이 업종 내에서 상위 몇 퍼센트인지 스스로를 냉정하게 채찍질하는 자리입니다. 그러니 기왕에 나선 길이라면 지독할 정도로 치밀하게 체크해야 합니다.

진전복삼계탕의 '원산지 깃발'과 그 아이디어를 벤치마킹한 모습. 유심히 관찰하고 장점들을 내 것으로 소화해야 합니다.

☐ 매장 위치가 갖는 특별한 의미가 있는가?

☐ 가게 전면에서 들어가고 싶은 느낌이 드는가?

☐ 무엇을 팔고 있는 식당인지 친절하고 자세하게 설명하고 있는가?

☐ 고객을 유인할 새로운 아웃테리어 포인트가 있는가?

☐ 매장으로 들어설 때 직원들의 표정과 응대는 어떠한가?

☐ 기분 좋게 만드는 인사를 건네는가? 특별한 인사말이 있는가?

☐ 안내를 세련되게 하는가?

☐ 테이블의 정리정돈 상태는 어떠한가?

☐ 메뉴판은 친절한가? 나를 설득할 정보의 양이 충분한가?

☐ 주문을 받는 직원의 숙련도는 어떠한가?

☐ 주력 메뉴를 적극적으로 설명하고 있는가?

☐ 주문 후 주방으로의 전달 방식이 차별화되어 있는가?

(“순두부찌개 두 개요~!” vs “순두부찌개 2인분 맛있게 해주세요~!”)

☐ 음식이 나오기 전에 즐길 수 있는 전채나 주전부리를 제공하는가?

☐ 상차림새(밥, 탕, 국, 조림, 구이, 무침 등)가 제구실을 하고 있는가?

☐ 흥미를 불러일으키는 음식의 모양새인가?

☐ 가족을 위해 포장을 하고 싶은 음식인가?

☐ 화장실의 청결 상태는 어떠한가?

☐ 계산을 하고 가게 문을 나서기 전까지 친절함이 이어지는가?

☐ 후식은 인상적인가?

☐ 다시 방문하도록 유도하는 마지막 임팩트가 있는가?

체크할 수 있는 내용은 위 내용 외에도 많습니다.

무리를 지어 다니면 관찰력이 떨어집니다. 테스트를 해보세요. 여럿이 다니면 다른 사람의 의견을 들을 수 있어 도움이 될 것 같지만 깊이 들어갈 수가 없습니다. 사고나 판단은 누가 해주는 것이 아닙니다. 선택과 책임은 100% 내 몫입니다. 그래서 저는 홀로 다니는 걸 추천합니다. 해보면 알 수 있습니다.

방문한 곳의 장점을 10가지 이상 찾아보세요. 쉬운 일이 아닐 겁니다. 두어 개 꼽다 보면 금세 지치고 맙니다. 우리는 타인을 칭찬하거나 그의 장점을 찾는 데 많이 인색합니다. 그래서 어색한 겁니다. 하지만 벤치마킹 투어에서만큼은 장점을 최대한 많이 찾아야 합니다. 그 고통스러운 시간이 여러분을 발전시킵니다.

다시 한 번 강조하지만, 아무도 가르쳐 주지 않는 대박의 공식은 남이 아니라 내가 찾는 겁니다. 대여섯 개를 넘어서면 머리에서 쥐가 납니다. 지치면 끝장입니다. 찾다 찾다 없으면 화분에 핀 꽃의 상태라도 칭찬하세요. 장점을 찾는 일은 내 안목을 탄탄하게 만들어 줍니다. 그래야 세세하지만 훌륭한 아이디어를 도입할 자세가 만들어집니다. 눈을 흘기고, 비아냥거리고, 무시할 작정이라면 아예 벤치마킹에 나설 생각을 마세요. 국가적 낭비가 될 테니 말입니다.

KICK!

위에 언급한 리스트를 표로 만들어 보세요. 그리고 방문한 업소들 하나하나 점수를 매겨보세요. 따로따로 체크하는 것보다 이전 방문한 매장의 상태를 고려해 가며 채점을 하다 보면 좀 더 객관적인 결과물을 만들 수 있습니다. 항목을 좀 더 명료하게 맛, 재미, 위생, 친절, 가격, 종류, 인테리어, 차별화로 정리해 입력했습니다.

	나	경쟁 1	경쟁 2	경쟁 3	경쟁 4	경쟁 5
맛	8	8	8	7	9	9
재미	5	7	7	8	7	8
위생	9	8	8	8	7	7
친절	7	9	9	9	7	5
가격	8	8	8	9	10	4
종류	5	7	7	8	7	5
인테리어	9	7	7	7	9	10
차별화	4	9	8	7	7	6

참 재미난 경험을 하게 되실 겁니다. 우린 가보지 않은 집인데도 채점한 값만 보고 각 매장이 어떤 스타일인지 확연히 느낄 수 있습니다. 벤치마킹을 다녀와서 "음, 오늘 다들 고생했어." 하고 끝나면 뇌 속에서 정보가 전부 짬뽕이 됩니다. 어디가 어딘지 분간이 안 됩니다. 그런데 이렇게 표를 가지고 바로 적어놓으면 다시 꺼내 봐도 기억이 또렷해집니다. 그리고 정말 큰 수확 한 가지. 경쟁자들에 비해 내가 무엇이 부족한지 볼이 발개질 정도로 확실히 파악할 수 있습니다.

자, 감 잡으셨죠? 뭉쳐 다니지 마시고, 냉정해지시고, 체크 똑바로 하시고, 다녀온 걸로 만족하지 마시고 새롭게 생긴 숙제는 반드시 72시간 안에 끝내세요. 그래야 여러분이 들인 시간과 노력이 보상을 받을 수 있습니다.

일하고 싶은 식당 1위가 됩시다

자영업 오너 열에 아홉은 이런 비명을 지르고 있습니다. 일할 사람이 없다고요. 돈을 아무리 많이 준다고 해도 오지 않는다고요. 대도시만의 문제가 아닙니다. 지방 중소도시에서도 비명은 이어지고 있습니다. 인류 역사상 가장 처절한 코로나를 3년 가까이 겪고 있습니다. 생각하기도 끔찍할 정도입니다. 사그라들 만하면 다시 튀어나와서 일상을 옥죄고 있습니다. 곧 좋아지겠지 인내심을 가지고 버텨보지만 오죽했으면 "장사는 안 하는 것이 전략이다."라는 웃지 못할 표현까지 나왔겠습니까? 코로나가 한창이던 시절 어쩔 수 없이 주방으로 들어간 사장님들이 나오질 못하고 있습니다. 빈자리를 채우느라 아침부터 저녁까지 현장을 지키고 있습니다. 그 어떤 조언도 위로가 되기 어렵습니다.

작금의 상황은 이렇습니다.

일할 사람의 수가 절대 부족하다.
외국인 노동자 수가 줄어들었다.
힘든 업종일수록 심하다.
코로나로 인해 노동 인력의 대이동이 생겼다.

그런데 말입니다. 이런 아비규환 속에서도 순항 중인 브랜드들이 있습니다. 그 오너들의 생각은 아주 많이 다릅니다.

혁명적인 생각은 늘 위기에서 나옵니다. 상식적인 판단으로는 난국을 타개해 갈 수 없습니다. 이럴 때는 생각을 뒤집어야 합니다.

일할 사람이 없다….
일할 사람, 일하고 싶은 사람이
많아지게 만드는 방법은 무엇일까?

정반대의 속성을 파고들다 보면 생각지도 못했던 해결책을 만나기도 합니다. 또라이 같은 생각이라 치부하지 마시고 어느 것 하나라도 내 업장에 도입해 생존할 수 있는 아이디어로 삼는 건 어떨까요? 어렵다고, 안된다고, 죽겠다고만 하지 마시고 살아남기 위한 진지한 고민을 시작하시죠. 제일 중요한 건 생각의 변화입니다. 사장의 생각이 바뀌지 않으면 업장은 변하지 않습니다. 브랜드의 진화는 꿈도 꿀 수 없습니다. 그런 의미에서 제안합니다.

1. 구하는 사람이 아닌 일할 사람의 입장에서 생각해 보자.

2. 사람을 대신할 그 무엇인가를 찾자.

3. 초당 노동생산성을 계산하자.

직원의 입장에서 생각하기

우리가 소위 '일할 사람'이라고 정의하는 범위 안에는 사실 우리 자신도 포함됩니다. 거의 모든 인간이라 보시면 됩니다. '일할 만한 곳'이라는 의미는 단순히 돈만 버는 것을 의미하지는 않습니다. 일만 하고 그에 응당한 돈만 받는 곳이라면 굳이 여러분 매장을 선택할 이유가 없습니다. 인건비 이외의 아주 중요한 요소가 이곳에서 일을 할지 말지를 결정합니다. 그건 바로 **배움**입니다. 이 브랜드가 그리고 이 업장이 내 인생에 도움이 될 만한 가르침을 주는 곳인지 아닌지에 따라 일할 의지가 생기기도 하고 사라지기도 합니다. 여러분이나 저나 마찬가지입니다. 아르바이트 자리를 구할 때, 회사를 선택할 때 돈도 중요했습니다만 내 인생이 업그레이드될 수 있는지를 많이 검토했을 겁니다. 즉 일할 사람에게는 조건보다 중요한 것이 발전입니다. 내 귀한 시간을 들여 단 1%라도 더 발전할 수 있는 곳을 선택하려 합니다.

영업시간에 카톡이나 쳐다보고 있는 직원들을 보며 사장은 이런 생각을 합니다.

'재는 생각이 있는 애인지 없는 애인지 모르겠어. 시간이 아깝지도

않나? 저러니 발전이 없는 거야.'

그런데 지탄을 받고 있는 그 친구도 속으로 똑같은 생각을 합니다.

'우리 사장 진짜 생각이 있는지 없는지 모르겠어. 경쟁업체들은 다 들 새로운 시스템 도입하느라 바쁜데… 맨날 돈, 돈, 돈. 배울 게 하나도 없어.'

가슴에 손을 얹고 진지하게 자문해 보세요.

"여러분 직원들은 여러분에게 무엇을 배울 수 있을까요?"
"사장님은 지금 직원들의 미래를 위해 어떤 계획을 가지고 있나요?"

직원이 강해져야 회사가 강해집니다. 그러니 모범을 보여주세요. 책도 읽고, 공부도 하고, 무엇인가 회사를 위해 미래를 준비하는 사장님이라는 이미지를 갖추세요. 전략도 세우고, 토론도 하고, 직원들과 조직을 위해 투자도 하고. 세상을 바꾼 그 유명한 브랜드들의 직원들은 퇴사보다 진급을 원한답니다. 이유요? 회사에 몸담고 있는 동안 금전적인 것은 물론이고 배울 것도 있으니까요. 이런 사장님들에게는 청춘과 중년을 투자하고 싶으니까요.

사람을 대신할 기술 도입하기

만약 여러분이 일할 사람이라면 아침 10시부터 출근해서 청소하고, 재료 손질하고, 조리하고, 속옷이 젖을 정도로 땀 흘리고, 서빙하고, 설거지하고, 쓰레기 치우고 다 해야 하는 업장에 지원하시겠어요? 아니면 한 시간 늦게 출근해 청소는 체크만 하고, 손질된 재료를 납품받아 점검하고, 푸드테크 시스템으로 중무장한 주방에서 조리하고, 에어컨 빵빵하게 나오는 인덕션 앞에서 요리하고, 카트를 끄는 대신 서빙 로봇이 음식을 가져다 주는 업장에 지원하시겠어요? 답은 간단합니다.

자, 직원이 할 일을 대신 해줄 수 있는 시스템을 다 찾아보세요. 이게 포인트입니다. 시대가 바뀐 만큼 업장을 싹 다 뒤집어엎는다고 생각해야 합니다.

일단 웨이팅 시스템을 마련하세요. 두 가지 효과를 얻을 수 있습니다. 우선 준비된 상태에서 자리를 내드릴 수 있으니 항상 깨끗하게 정돈된 이미지를 선물할 수 있습니다. 안 된다고 하지 마세요. "점심시간에 사람들 몰려들면 얼마나 골치 아픈데…." 이런 소리는 금물입니다. 바뀌지 않으면 살아남을 수 없습니다. 고객의 입장에서 빨리 먼저 먹는 것도 중요하지만 치우지도 않은 자리에 안내를 받아 기다리는 그 기분… 얼마나 지저분하지 잘 아시죠? 웨이팅 시스템을 도입하면 직원은 쫓기지 않아 좋고 고객은 위생적인 곳에서 식사를 하니 좋습니다. 그리고 하나 더, 웨이팅 시스템을 도입하면 전화번호를 획득할 수 있습니다. 자꾸만 잊어버리는 고객들에게 내 브랜드의 존재감을 알릴 수 있는 특급 채널이죠. 그런 의미에서 웨이팅 시스템을 권하는 겁니다.

두 번째, 아주 좁은 매장에서는 별 의미가 없을 수 있겠지만 서빙 로봇 한 번만 도입해 보세요. 특히 뜨겁고 무거운 음식을 서빙할 때는 아주 큰 도움이 됩니다. 로봇을 따라가 친절한 웃음과 함께 나눠 드리기만 하면 되거든요. 특히 이 시스템이 매력적인 건 바로 퇴식 때입니다. 상에 있던 접시들을 이 친구에게 올려놓으면 입력된 궤적을 따라 주방까지 알아서 찾아갑니다.

최근 초벌 식기세척기까지 등장해 각광을 받고 있습니다. 사람의 손을 거쳐 한 번 씻어낸 그릇들을 세척기에 넣는 것이 아니라 커다란 통에 음식물을 버려낸 접시들을 집어넣으면 버블이 초벌을 해주는 시스템입니다. 손을 많이 줄일 수 있어 아주 인기가 많습니다.

치킨도 튀기고, 돈가스도 튀기는 로봇까지 투입시킨다면 금상첨화. 현재 업장들에서 가장 각광받고 있는 녀석 중 하나가 튀김 로봇입니다. 덜 뜨겁고, 덜 데고… 일할 사람의 고통과 불편을 줄여주니까요.

초당 노동생산성 계산하기

《장사는 전략이다》 출간 이후 많은 업장들이 달라졌습니다. 특히 노동력에 대해서는 치밀할 정도로 고민하는 브랜드가 많아졌지요. 물통에 물을 담아 주는 대신 생수를 드리자고 제안했던 내용 기억하실 겁니다. 초당 노동생산성 때문이었습니다. 시간당 최저 임금 나누기 60분, 이걸 다시 60으로 나누면 1초당 임금을 얼마나 지불하고 있는지 계산이 가능합니다. 지금 이 순간에도 속절없이 시간이 흐르고 있는데 우린 무시했었습니다. "원래 그런 거 아니야?", "다들 이렇게 하고 있는데 뭐가 문제야?" 이런 반응들이었습니다. 그런데 책이 출간되고 하나 둘 바뀌기 시작했습니다. "그렇네. 정수기에서 물 받는 12~15초만 줄여도 그게 얼마야? 생수로 제공하면 시간도 줄이고 노동의 낭비도 줄일 수 있는데…." 이런 업장들이 늘기 시작했습니다. 얼마나 기쁜지 모릅니다. 더욱 위생적인 서비스를 원하는 고객들에게 돌아가는 심리적 혜택은 덤덤입니다. (다만 최근 일회용품 규제 때문에 많은 자영업 오너들이 머리가 아픕니다. 대통령님, 장관님, 여야 국회의원 여러분. 생수 제공은 좀 봐주시면 좋겠습니다. 분리수거 열심히 할테니까요!)

주문도 비대면 시스템으로 교체해 주세요. 방법은 많습니다. 테이블 주문 시스템도 있고, 큐알 코드 주문 시스템도 있습니다. 감성적인 부분이 빠지면 브랜드에 안 좋은 영향을 끼칠 수 있다는 것 잘 압니다. 하지만 일할 사람이 부족해 짜증이 난 직원 때문에 생길 컴플레인을 생각하면 감정노동의 양도 줄일 수 있고, 괜한 불친절의 빌미도 없앨 수 있어 일거양득입니다. 띵동 소리 한 번 들을 때마다 달려가야 하는 5초도 줄일 수 있고요. 에고고, 하루에 100번 불려간다 치면 무려 500초. 적은 시간이 아닙니다. 띵동~ 휴지 좀 채워주세요. 띵동~ 소주 한 병이요. 띵동~ 얼음 좀 주시면 안 되나요? 띵동~ 띵동~ 띵동~ 노이로제에 걸린 사장님과 직원들에게 아주 든든한 파트너가 될 겁니다. 이런 데 드는 노동력과 감정 노동까지 줄이면 좋겠습니다.

어떠세요? 여러분의 공간은 이런 곳인가요? 만약 그렇지 않다면 제발이지 일할 사람이 없다고만 하지 마시고 '사람들이 일하고 싶은' 업장을 만들어 주세요. 그리고 당당히 외치세요. 구인 구직 사이트에 가서 보수나 시간 같이 뻔한 정보 말고

우리 매장에 오면 무엇을 배울 수 있는지

얼마나 더 편해질 수 있는지

그간의 불편과 고통을 얼마나 많이 해소해 놓았는지

일할 사람들의 눈에 확 꽂힐 만한 대안들을 적어주세요.

그래야 그들이 옵니다.

제발 카톡 좀 끄세요

그래, 오늘은 주꾸미볶음이 좋겠어.

결심이 서자 감각이 예민해집니다. 메뉴가 결정되는 순간 배고픔은 절정으로 치닫습니다. 까만 웍(중국 냄비)에 주꾸미 한 주먹을 던져 넣습니다. 치지지직~ 달궈진 팬에 속살이 들러붙습니다. 덴 자국이 선명합니다. 마늘, 양파, 대파…… 채 썬 녀석들을 주꾸미 사이사이로 침투시킵니다. 약간의 기름을 두르니 반질거립니다. 양 볼에 침이 고입니다. 양념장을 한 국자 넣으며 휘젓기를 가속합니다. 대단한 메뉴입니다. 상상하는 것만으로도 행복해지니 말입니다.

단골집의 문을 열고 들어갑니다. 홀 담당 조선족 이모는 오늘도 건성으로 인사를 합니다. 절대 눈을 마주치는 일이 없습니다. 그녀에게는 국룰인 모양입니다. 친절하면 고객들이 얕본다고 생각하는 걸까요? 손에 들고 있던 리모컨을 앞치마에 찔러 넣습니다. 자리에 앉은 지 10초가 넘었습니다. 아직도 그녀의 시선은 TV 화면에 꽂혀 있습니다. 헛기침 소리가 겨우 그녀를 움직였습니다. 뭐 드시겠냐고 물으러 오지 않습니다. 손님이 외칠 때까지 테이블로 다가오는 일도 없습니다. 이것 역시 그녀의 자존심과 연관이 있는 모양입니다.

"주꾸미 하나 주세요~!"

주문을 듣고는 주방에다 뭐라고 소리를 지릅니다. 그녀에게 향하던 눈길을 돌려 저도 TV를 쳐다보았습니다. 왜 아줌마들은 그리도 드라마를 좋아하는 걸까요? 배우의 악다구니가 이만저만이 아니었습니다. 누군가 바람을 피웠거나 시어머니에게 대든 모양입니다.

갑자기 이런 생각이 들었습니다. 도대체 TV는 왜 달아 놓은 걸까? 손님의 무료함을 달래주기 위해? 아니면 할 일 없는 직원들을 위해? 손님을 위해서라면 틀렸습니다. 그런 의도라면 메뉴판과 함께 리모컨을 같이 건네야 합당합니다. 오프너와 함께 늘 앞치마 주머니 속에 감춰 놓는 걸 보면 고객을 위한 서비스는 아니라는 걸 알 수 있습니다.

잡생각이 지루해질 즈음 그녀가 다가옵니다. 기계적인 손놀림으로 접시들을 내려놓습니다. 오늘따라 접시와 테이블의 마찰음이 큽니다. 신랑과 싸운 게지. 아니면 계모임 '오야지'가 튀었거나. 별 걸 다 신경쓴다. 밥이나 후딱 먹고 일어서면 그만이지. 순간 정적을 깨는 소리가 울립니다.

'카톡!'

접시를 내리다 말고 주머니에서 휴대폰을 꺼내 확인합니다. 하도 익숙한 장면이라 이젠 뭐라 하기를 포기했습니다. 주인도, 직원도, 알바생도, 여기서 카톡! 저기서 카톡!

엄밀히 따지면 이건 계약 위반입니다.

의사 선생님이 수술 중 카톡 확인하는 거 보셨어요?

패션모델이 런웨이 워킹 중 스마트폰을 보는 모습은요?

유명 셰프가 홈쇼핑 생방송 도중 문자를 할 수 있나요?

목사님이 예배 중에 카톡을 보내시던가요?

돈을 받고 일하기로 약속한 시간만큼은 업무에 집중해야 합니다. 아무리 뒷골목 구멍가게라 하더라도 말입니다. 그런데 누구 하나 이 심각성을 지적하지 않습니다.

"사장님도 스마트폰 하시잖아요! 손님도 없는데 그럼 멍때리고 있어요?"

그렇습니다. 직원들 탓만 할 일이 아닙니다. 정확히 몇 시에 무엇을 해야 하는지 운영 매뉴얼을 가진 곳을 찾기란 사막에서 바늘 찾기만큼 어렵습니다. 업장을 관리하기 위해서는 사장의 엄청난 노력과 연구가 필요합니다. 일본 외식업계의 전설로 불리는 사이제리야Saizeriya의 창업주는 업무 시간의 효율을 극대화하기 위해 아침에 청소를 하지 못하게 합니다. 매장에 손님이 없을 때 해야 할 일은 차고 넘칩니다. 식자재 재고 파악, 유니폼 관리, 메일링 서비스, 비품 확인, 리뷰 찾아내기……

손님이 순식간에 몰리는 점심과 저녁시간대를 제외하고 시간을 쪼개세요. 그리고 체크해야 할 업무를 표로 만들어 공유하세요. 업무 리스트는 고객을 위한 서비스입니다. 고객이 만족할 수 있어야 방문이 반복되고 업주도 이익을 극대화할 수 있습니다.

잊지 마세요. 당신은 공짜가 아니고 비싼 비용을 들여가면서 직원들을 고용하고 있습니다. 이 모든 게 시스템으로 안착하려면 사장님부터 휴대폰을 집어넣으셔야 합니다. 업무 시간만큼은 모두가 품질과 서비스에 집중할 수 있도록 모범을 보여주세요.

장사는 브랜드가 아닌 사람이 하는 겁니다

프랜차이즈 박람회만 열리면 사람이 몰립니다. 아직까지도 지속적으로 열리는 걸 봐서는 꽤 돈이 되는 모양입니다. 자본주의 사회에선 수익이 되지 않으면 도태되니까 말입니다. 아무튼 은퇴자들과 예비 창업자들은 프랜차이즈에 관심이 많습니다. 쉽게 돈을 벌 수 있다고 믿는 모양입니다.

그러나 세상에 쉬운 돈벌이는 없습니다. 특히 외식업은 더욱 그러합니다. 물론 브랜드를 직접 만드는 것보다 프랜차이즈가 편하긴 합니다. 상호를 정하고, 인테리어를 결정하고, 식재료를 수급하고, 레시피를 찾아내는 일련의 과정을 대신 해주는 건 맞습니다. 그 결과 개인 브랜드에 비해 프랜차이즈를 선택하는 쪽이 상대적으로 느슨해지기 마련입니다.

세상 어디에도 쉽게 돈 버는 방법이 없다고 하는 데에는 다 이유가 있습니다. 프랜차이즈를 선택한 부류의 사람들은 대부분 문제점이 드러나면 본사 탓을 하는 경우가 많습니다. 그들의 이야기대로 되지 않는다는 게 이유입니다. 가맹점이 100개가 넘는 수십 개 프랜차이즈에서 특강을 했습니다. 올해에도 3개의 브랜드 전략고문을 맡아 본사와 가맹점주들을 살려야 합니다. 참 아이러니한 건 같은 브랜드인데 성적이 1등과 100등으로 나뉜다는 겁니다.

말을 너무 많이 아꼈습니다.

장사는 말 그대로 브랜드가 아니라 사람이 하는 겁니다.

브랜드가 아무리 훌륭해도 내가 안 하면 그만입니다. 브랜드만 믿고 '손님이 알아서 찾아오겠지', '본사가 다 알아서 해주겠지' 하고 안이하게 버티는 이들도 많습니다. 무조건 열어만 놓으면 본사 직영점처럼 매출이 날개 돋친 듯 날아갈 것이라 믿는 모양입니다. 무인 시스템이면 모를까 접객을 해야 하는 외식업은 사람을 언급하지 않을 수가 없습니다.

첫째도 사람, 둘째도 사람, 마지막도 사람입니다.

외식업은 사람으로 시작해 사람으로 끝납니다. 브랜드 파워만 믿다가는 폐인이 되기 십상입니다. 프랜차이즈 가맹점주로 시작해 이제는 중견 기업을 이룬 오너에게 물은 적이 있습니다.

"성실이 답인가요? 아니면 자금력이 답인가요?"

고개를 좌우로 갸우뚱하던 그가 입을 열었습니다.

"사람 귀한 줄 알면 어떤 브랜드를 론칭해도 성공해요."

그의 설명은 이랬습니다. 사람에는 고객도, 직원도, 가족도 그리고 본인도 포함된다고. 그중에서도 직원에 대한 그의 생각은 남달랐습니다.

"다들 가족이라고 이야기를 하죠. 그런데 본마음은 달라요. 진정으로 가족이라 생각하는 사람은 그리 많지 않아요. 만약 그렇게 생각한다면 어떻게 쫓아낼 수 있겠어요? 불경기라고, 위기가 왔다고 아니면 내가 어려워졌다고 자식을 내쫓는 부모가 얼마나 되겠어요? 이런 사람은 그저 말뿐인 거예요."

그렇습니다. 불경기가 왔다고 학원비를 줄이는 부모는 있어도 아이를 거리로 내모는 부모는 없을 겁니다. 가족도 그렇지만 직원은 늘 안정감을 원합니다. 불안감은 원하지 않습니다. 《리더는 마지막에 먹는다》의 저자 사이먼 사이넥Simon Sinek 선생의 이야기는 시사하는 바가 큽니다. 그는 뉴욕 시에 있는 넥스트 점프 사의 CEO 찰리 김Charlie Kim의 말을 인용해 이렇게 말했습니다.

"조직 안의 관계가 틀어지면 조직원들은 우리로부터 나를 보호하는 데 쓸데없이 많은 에너지를 투입합니다. 그 결과 조직은 약화됩니다. 그 반대로 조직 안에서 안정감을 느끼면 본능적으로 각자의 재능과 힘을 모아 외부로부터의 위험에 맞부딪칩니다."

덧붙였습니다. 위대한 부모는 가족 구성원에게 기회를 주고, 교육을 하고, 때로는 엄하게 야단을 친다고. 잊고 있었습니다. 구인난에 허덕여 직원들의 눈치만 봤습니다. 더 책임질 수 있다면 그리고 그 누구보다 내 직원을 아끼고 보호할 수 있다면 혼도 낼 수 있어야 합니다. 오히려 그편이 직원을 더 소속감 있게 만듭니다. 싫어하면서 혼을 내는 것과 아끼면서 혼을 내는 건 차원이 다릅니다. 후자의 경우는 진심으로 후회하고 반성합니다. 조직을 약화시키지 않기 위해 책임감이 커집니다. 이들을 이끄는 리더는 희생하기 때문에 리더로 인정받습니다. 전장에서 내 것만 챙기는 장수는 존경받지 못합니다. 다 같이 피땀 흘려 전투를 치렀건만 본인만 전리품을 챙긴다면 어느 부하가 그를 따를까요? 구성원 누구보다 위험을 무릅쓰고 책임을 지니 리더로 추앙받는 겁니다. 리더가 먼저 희생을 감내하니까 부하들도 리더를 위해 희생하는 겁니다.

지금이라도 당장 직원들에게 물어보세요. 본인이 리더로서 자격이 있는지. 창피해할 필요 없습니다. 부족하다면 구성원들의 양해를 구하고 지금이라도 어깨의 힘을 빼면 됩니다. 그들은 당신에게 용기를 기대하는 게 아닙니다. 후회할지언정 자신들에게 어깨를 내어줄 동지를 찾는 겁니다.

"도대체 장사를 하는 이유가 뭔가요?"

제가 가장 많이 던지는 질문입니다. 무엇을 위해 그 고생을 하느냐는 말입니다. 지금보다 더 행복한 내일을 위해? 그렇다면 돈만 벌면 과정이야 어떻든 간에 행복해질까요? 몸과 마음은 이미 만신창이가 되어 있는데도요?

장사는 브랜드가 아니라 사람이 하는 겁니다. 이제 고객에게 초점을 옮겨봅시다. 고객을 읽고read 리드lead하지 못하면 그대로 끝입니다. 아무리 대통령상을 받은 브랜드라도 소용없습니다. 고객은 당신이 소속되어 있는 브랜드와 매출에는 아무런 관심이 없습니다. 단지 내가 지불하는 돈의 값어치만큼 혜택을 돌려받을 수 있는지만 지속적으로 따집니다.

모 프랜차이즈 오너의 부탁으로 가맹점주들에게 강의를 한 적이 있습니다. 저는 시작도 하기 전에 웃음이 터졌습니다. 50여 명의 가맹점주를 보며 점쟁이처럼 성격과 성적을 알아맞힐 수 있었습니다. 28년만에 처음 해본 경험이라 신선했습니다. 100인 100색 이렇게도 다른 부류의 사람들이 하나의 브랜드에 미쳐 있다니, 놀랍고 신기했습니다.

몇몇은 2시간 동안 단 한 번도 시선을 놓치지 않았습니다. 또 몇몇은 메모하느라 정신이 없었습니다. 아마도 나중에 주방이나 카운터 벽에 붙여 놓을 요량인가 보다 싶어 더욱 애정어린 눈빛을 보냈습니다. 그런데 이해되지 않는 부류가 몇 있었습니다. 처음부터 이맛살을 찌푸린 채 얼굴이 구겨져 있더군요. 궁금했습니다. 아까운 시간에 왜 저러고 있을까? 의무 참석도 아닌데.

나중에 안 사실이지만 프랜차이즈 가맹 본부에 대항하는 반대 세력이라고 했습니다. 잘 압니다. 이런 스타일의 사람들은 콩으로 메주를 쑨다고 해도 믿질 않습니다. 자기 탓은 절대 안합니다. 장사가 안되면 본사 탓이고, 손님이 불만을 제기해도 본사 탓입니다. 청소를 안 해서 먼지가 쌓이고 테이블에 찌든 때가 덕지덕지 붙어 있는 것도 다 본사 탓입니다. 지켜야 할 매뉴얼은 무시하면서 챙겨야 할 권리만 요구합니다. 그러니 장사가 안되지…. '맛있어져라~ 맛있어져라~' 주문을 외워도 맛있어질까 말까 한데… 일단 머릿속에서 누군가를 원망하기 시작하면 집중이 잘 안됩니다.

'이런 젠장, 내가 왜 이 브랜드를 선택해서 이 고생을 하고 있지? 다 마누라 때문이야. 고교 동창이 돈 번다는 소리만 안 했어도 원래 내가 하고 싶은 피자를 하는 거였는데…. 애들 성적은 왜 이리 떨어지는 거야? 머리는 엄마 닮는다는데 아이고… 왜 내 인생은 요 모양 요 꼴이지?'

이렇게 푸념만 하는데 치킨이 맛있어지고 떡볶이가 쫀득쫀득해질 리가요.

갑자기 이들이 불쌍해지기 시작했습니다. 그래서 제안을 하나 했습니다. 단무지라도 바꿔보라고요. 아이디어 하나가 인생을 바꿀 수도 있다는 사실을 가르쳐 주고 싶었습니다.

광주에서 한식뷔페로 큰 부자가 된 이기진 대표는 원래 김밥집 사장이었습니다. 본사에서 보내주는 단무지가 하도 맛이 없어서 원칙은 지키되 자신만의 아이디어를 더했습니다. 납품받은 본사의 단무지를 들통에 넣고 물로 빨았습니다. 그런 다음 식초와 설탕을 넣고 다시 양념을 해서 김밥을 말았습니다.

결과는 대박. 하루에 3,000줄 넘게 판매가 되자 본사도 이 대표에게 두 손을 들었습니다. 그의 아이디어를 받아들이기로 결정한 겁니다. 대한민국 어떤 프랜차이즈라도 이렇게 할 겁니다. 본사의 연구개발팀보다 훨씬 훌륭한 아이디어가 있다면 마다할 이유가 없습니다.

꼭 김밥만이 아닙니다. 당신이 만든 치킨 무가 더 섹시하고 맛있고 메인 메뉴와 잘 어울린다면 본사에서는 과감히 당신의 아이디어를 채택할 겁니다. 물론 어정쩡한 아이디어는 무시당할 수도 있습니다. 당신의 아이디어를 적용하기 위해 공장 시스템까지 재편해야 할지도 모르니까요. 신중할 수밖에요. 하지만 어차피 내가 결정한 브랜드가 홍보에 돈도 많이 안 쓰고 본사 주머니 챙길 궁리만 한다면 본사 사장이 아니라 당신과 당신의 가족 그리고 고객들을 위해 나서보면 어떨까요?

아이템에 따라 다르겠지만 철에 맞춰 세발나물도 무쳐 주고, 메추리알 장조림도 더 내주고, 보쌈에 찍어 먹을 쌈장이라도 개발해 보세요. 어차피 매상은 고객이 올려주는 거 아닌가요? 고객은 다른 어떤 브랜드보다 당신의 업장에 애정을 갖게 될 겁니다. 누누이 강조하지만 장사는 근사하게 생긴 브랜드가 하는 게 아닙니다.

브랜드는 창업주를 닮지만 여러분 매장은 여러분을 쏙 빼닮습니다. 건강하게, 예쁘게, 친절하게, 안전하게, 치밀하게, 당당하게…. 지금 당장 나가서 같은 브랜드의 매장 세 곳만 방문해 보세요. 장사는 브랜드가 아니라 사람이 하는 거라는 사실을 눈으로 확인할 수 있으실 겁니다.

KICK!

'장사는 돈이 아니라 사람을 남기는 것이다.' 많이 들어보셨을 겁니다. 고개를 끄덕이게 만드는 참 좋은 명문입니다. 그런데 도대체 어떻게 해야 사람을 남길 수 있을까요? 어떻게 해야 일반 사장님들과 다른 평가를 받을 수 있을까요? 자, 심오한 이야기를 시작하겠습니다.

사람을 남기려면 친해져야 합니다.
친해지기 위해서는 가까워져야 합니다.
가까워지기 위해서는 그를 이해해야 합니다.
그를 이해하기 위해서는
내가 아닌 그가 좋아하고 싫어하는 걸 파악해야 합니다.
이걸 가능하게 하려면 관찰을 해야 합니다.
관찰을 하면서 그가 힘들어하고 고통스러워하는 원인을 찾아내세요.
고민하지 말고 지금 당장 그의 불편을 없애주고
전화든 카톡이든 문자든 댓글이든 자주 연락을 하세요.
이 세상 모든 고객이 제일 좋아하는 건
'나'를 챙겨주는 사람입니다.
그런 사람은 마음에 담아둡니다.
또 언제 힘들어질지 모르니까요.
결국 사람을 남기라는 건
언제든 어디서든 나와 내 브랜드에 기댈 사람을 남기라는 말입니다.

직원에게 왜 주인의식을 강요하세요?

자영업 오너 중 99.9%는 직원들에게 직간접적으로 주인의식을 강요합니다. 그런데 안타깝게도 여러분이 필요에 의해 고용한 직원들이 주인의식이 없는 건 당연한 겁니다.

이렇게 일방적으로 드러내 놓고 주인의식을 요구하는 사장들은 주려는 생각은 거의 없고 직원의 마음을 받으려고만 합니다. 또 이런 소리도 자주 합니다. 도대체 쓸 만한 사람이 없다고…. 참 답답한 이야기입니다. 당신보다 뛰어나고 출중한 사람이 왜 당신 밑에서 월급쟁이를 하겠어요? 매일 잔소리를 들어가면서 붙어 있을 이유가 없지 않나요? 당신보다 못하니 당신 밑에서 일하는 겁니다. 지금 당장은 뭔가 부족하고 아쉬우니 당신 이야기에 토를 달지 않는 겁니다.

각별히 주인의식을 강조하는 사장님들이 또 많이 하는 이야기가 있습니다. 기껏 키워놓으면 나가버린다고. 그건 이렇습니다. 그 사이 그렇게 성장을 했는데도 그에 합당한 대접을 해주지 않으니 나가는 겁니다.

대한민국 대표 태국 요리점 사장과 소주잔을 기울인 적이 있습니다. 그가 물었습니다.

"선생님, 장사는 엄청 잘되는데 왜 저는 남들처럼 많이 안 남는지 아세요?"

"글쎄? 원재료 값이 올라서? 금리 인상? 인건비 문제니?"

발그레 술이 오른 젊은 사장이 당돌하게 내뱉습니다.

"저요. 앞으로 몇 배는 더 벌 거예요. 가맹 사업도 시작할거고요. 우리 애들 나이 먹잖아요. 그만큼 대접해 줘야죠."

이런 정신이 아니라면 직원들에게 의리나 충성심을 강요하는 건 무리입니다. 사장님들 대부분이 '기브 앤 테이크'라는 소리를 자주 합니다. 그런데 실제로는 그리고 행동으로는 꼭 주기 전에 받을 걸 먼저 계산합니다. 잊지 마세요. 먼저 줘야 돌아옵니다. 만약 당신이 존경받는 CEO가 되고 싶다면 당신 걸 먼저 나누어 주세요. 다른 어느 곳으로도 도망갈 수 없을 정도로 대우해 주세요. 그러면 나가라고 고사를 지내도 붙어 있을 겁니다.

개그맨에서 사업가 그리고 홈쇼핑 쇼호스트로 완벽하게 자리를 잡은 염경환 씨를 통해 장사의 천재를 만난 일이 있습니다. 인천에서 냉면집을 하는 중년 여성입니다. 경환 씨는 이 아주머니를 고교 시절부터 알았다고 합니다. 그리고 주변의 알 만한 유명인들도 다 이 냉면집 단골이라 했습니다.

손숙, 한대수 선생님과 함께 진행하던 CBS 라디오 프로그램 <행복의 나라로>에 이분을 초대한 일이 있습니다. 말이 너무 없으셔서 걱정부터 몰려왔습니다. 'ON AIR' 빨간 불이 들어왔습니다. 어째 불안합니다. 첫 질문부터 답이 영 아니었습니다. 질문을 던지면 단답이 날아왔습니다. 이를 어쩐다. 생방송 스튜디오 안은 얼어붙었습니다. 손숙 선생님께서 눈치를 채시고 제게 멘트를 넘기셨습니다.

아는 만큼 설명했습니다. 대한민국 세숫대야 냉면의 원조다. 코딱지만 한 구멍가게에서 시작해 이제는 일대 부동산을 다 소유하고 있는 주인공이다….

"잠깐만요. 다 내 건 아니고. 임대료 내는 곳도 있어요."

주인공의 말문이 터졌습니다. 투박했지만 진솔했습니다. 아무튼 제 멘트는 중간에 끊겼고 드디어 냉면 아주머니의 이야기가 시작되었습니다. 그 시대 외식인들이 다 그렇듯 먹고살 길이 난감해서 시작하셨다고 합니다. 처음부터 냉면사리와 육수를 리필해 줬습니다. 먹성 좋은 학생들이 단골이다 보니 그냥 생각 없이 퍼주셨답니다. 하루가 멀다 하고 찾아오는 어린 단골들을 위해 냉면 대접도 세숫대야만큼 큰 사이즈로 바꿨습니다. 언제나 주문량의 두 배 가까운 면을 삶고 다 먹기를 기다렸습니다. 추가 면을 부어주기 위해서요.

그런데 이야기 도중 귀를 쫑긋하게 만드는 단어가 튀어나왔습니다.

"우린 다 일당이에요."

직원 급여가 일당이라면 어떻게 이 긴 시간을 지켜올 수 있었을까요? 이번에는 아주머니 옆에서 말없이 앉아 있던 경환 씨가 조심스레 나섰습니다.

"그래서 더 존경스러워요. 영업이 끝나면 하루 매상을 펼쳐 놓고 직원들과 돈을 가르세요. 임대료와 세금 그리고 사장 몫으로 3분의 1, 재료비로 3분의 1, 마지막 남은 3분의 1을 공평하게 직원들에게 나눠주세요."

가방끈이 많이 짧다고 수줍어하시던 냉면집 여사장님에게 천금 같은 경영 노하우를 배우게 되었습니다. 다들 입이 쩍 벌어졌습니다. 삼복더위에는 하루에 3,000그릇 가까이 냉면이 팔린다고 했습니다. 여느 집 같았으면 직원들 입이 석 자는 나오고 사람 더 뽑아달라는 아우성으로 주방과 홀이 뒤덮였을 겁니다. 이런 상황에서는 서비스가 고울 리 없습니다. 찬그릇을 테이블에 던지듯 내려놓거나 손님이 아무리 불러도 대답이 없을 게 불 보듯 뻔합니다.

이런 류의 불쾌감은 악성 바이러스처럼 빠르게 번집니다. 직원이 손님에게, 손님이 다시 직원에게 그리고 마지막에는 사장에게까지.

하지만 인천의 세숫대야 냉면집은 달랐습니다. 직원 모두가 공평하게 매출을 나누니 얼굴 붉힐 일이 없습니다. 손님이 많다고 직원 더 뽑아달라고 하면 바보입니다. 내 몫이 줄거든요! 그러다 보니 웃지 못할 에피소드가 많습니다.

직원들 평균 연령이 높아 서비스가 빠르지는 않습니다. 손목과 무릎 그리고 발목이 아픈 직원도 많습니다. 하지만 아무리 독감에 걸려도 결근하지 않습니다. 절대 업무 시간에 딴짓하지 않습니다. 다들 주인처럼 행세합니다. 안 그러면 동료 직원들에게 따돌림당합니다. 안 좋은 재료가 들어오면 직원들이 알아서 '빠꾸'칩니다. 멸치 대가리 하나도 허투루 샐까 봐 주방 직원들이 재료를 신줏단지처럼 모십니다.

과연 장사의 신이라 할 만하지 않은가요? 누이 좋고 매부 좋고, 꿩 먹고 알 먹고. 아주 쉬운 경영 방식입니다. 하지만 대한민국 어디에서도 도입하지 못한 경영 철학입니다. 누구나 할 수 있었다면 돋보이지 않았을 겁니다.

기브 앤 테이크는 부메랑과 많이 닮았습니다. 먼저 주면 반드시 돌아옵니다. 배움이 짧다며 얼굴을 붉히는 할머니도 하는 걸 왜 그 많은 똑똑한 이들이 흉내를 못 내는지 정말 궁금합니다.

주인의식은 직원을 주인처럼 대해줄 때 바라는 겁니다.

KICK!

염치는 체면을 차릴 줄 알며 부끄러움을 아는 마음을 뜻합니다. 흔히 "사람이 염치가 있어야지", "염치도 없는 놈"과 같이 사람을 비난할 때 쓰곤 합니다. 혹은 "염치 없지만", "염치 불구하고"와 같이 상대에게 정중하게 부탁을 할 때 이 말을 사용하기도 합니다. 이 염치가 없는 상태를 '몰염치' 혹은 '파렴치'라고 하죠. 여기서 '염'은 원음이 '렴'이지만 두음법칙으로 인해 '염'이 된 것입니다. 한편 염치를 사투리로 얌치라고 하는데, "염치 있는 체하다" 또는 "얌치 있는 체하다"라는 말이 축약된 것이 '얌체'입니다.

사장이 직원에게 주인의식을 가지라고 강조하는 건 염치와 관련이 많습니다. 직원이 주인의식을 가져줘야 본인이 편안해진다는 몰염치를 기반으로 하기 때문입니다.
대한민국에 한 획을 그은 대부분의 존경받을 만한 대표님들은 직원에게 주인의식 같은 거 강조하지 않습니다. 머릿속에 그런 단어와 표현을 지운지 오래입니다. 대신 이런 말을 합니다.

"내 직원으로 있어줘서 고마워."

그리고 본인은 리더로서의 역할에 충실합니다. 1년 뒤 삼겹살집은 어떤 모습으로 변해 있을까? 어떤 고객들이 주를 이룰까? 인테리어 트렌드는? 고기 가격은? 현재를 바탕으로 미래를 예측하려고 최선을 다합니다. 이게 진정한 주인의식이라는 걸 아주 잘 알기 때문입니다. 누군가에게 나의 일을 떠맡기는 것이 아니라 주어진 역할에 따라 최선을 다할 수 있는 시스템을 만들려고 오늘도 발에 땀이 날 정도로 뛰어다닙니다. 이게 사장의 일입니다. 오늘 하루 살기 급급하면 아무리 발악을 해도 24시간 뒤에는 과거형 경영이 됩니다.

사장의 임무가 뭔지 아세요? 내일을 그리고 미래를 만드는 겁니다. 길을 만드는 겁니다. 내 배에 타고 있는 선원들이 안전하게 여정을 마무리할 수 있게 길을 내다보고 개척하는 게 사장의 일입니다. 로봇, 테크, 시스템, 구조, IT, 스타트업, 벤처 등 내 브랜드가 맞게 될 미래를 예견하고 견고한 방파제를 세우는 게 사장의 역할입니다. 이건 오롯이 여러분과 저의 숙제입니다.

그러니 직원들에게 주인의식을 가지라고 강제할 것이 아니라 그냥 보여주세요. 이 길을 따라가면 안전하겠구나. 내가 좀 더 발전할 수 있겠구나. 누구에게 이야기해도 이 직장에서 일하는 것이 떳떳하겠구나. 믿을 수 있는 길로 안내해 주세요. 이 긴 여정에서 정말로 오래가고 싶고, 끝까지 함께하고 싶은 파트너가 생기면 주인의식 가지라는 소리 하지 마시고 진짜 주인 대접을 해주세요. 지분도 쉐어해 주고, 배당금도 나눠주고, 목소리도 내게 해주세요. 주인의식은 직원을 조금이라도 주인으로 만들어 주고 요구하는 것이 맞습니다.

장기불황, 다 망해도 이런 오너는 살아남는다

라모스 버거 매니지먼트 프로세스 내역 전격 공개!

인간을 설득하는 여섯 가지 필살기에 대해서는 이미 설명을 드렸습니다. 그리고 설득용 글쓰기에 대해서도 말씀드렸고요. 그 기준을 가지고 아래의 메일들을 점검해 보세요. 어떤 글이 먹히는 글이고 어떤 글이 버려지는 글일지를요.

여러분이라면 어느 분께 연락을 하시겠어요?

[OOO 호텔] 레스토랑 컨설팅 의뢰

보낸사람 : OOO

안녕하세요. 김유진 대표님

저는 OOO 호텔 OOO입니다.

다름이 아니오라

저희 호텔 레스토랑의 컨설팅을 의뢰하고자 연락을 드리게 되었습니다.

평소, 저희 회장님께서 대표님 프로그램을 애청하셔서

대표님을 꼭 한번 만나 뵙고 조언을 들어보고 싶다는 말씀을 주셨습니다.
불쑥 이렇게 메일로 연락 드리게 된 점 송구스럽습니다만
가능하신 시간에 호텔로 한번 내방해주시면
저희의 상황을 자세히 설명 드리고 대표님의 컨설팅 및 의견을 여쭙고 싶습니다.
회신 부탁 드립니다.
감사합니다.
OOO 드림

선생님 책보구 컨설팅받고싶습니다.

보낸사람: OOO

안녕하세요.
선생님 책을 감명깊게읽고, 연락드립니다.
저희가게에 컨설팅을 선생님께 꼭, 간절히 받고싶어 메일을 보냅니다.
연락처를 알고싶은데요.. 출판사에 연락해보니 선생님 메일주소를 알려주시더라구요.. 정말로 꼭 받아야만하는상황이라 간곡히 부탁드립니다.
메일보시구 연락부탁드리겠습니다.
010-****-**** OOO이구요.
연락기다리고있겠습니다.
고맙습니다. 안녕히계세요.

푸드컨설팅 관련 문의...

보낸사람: OO

안녕하십니까?

저는 대전에서 35년 동안 음식점을 운영하고 있는 사람입니다.

푸드컨설팅 관련 문의 드리려하니 연락 한번 주십시요.

010-****-****

감사합니다.

컨설팅 상담문의..

보낸사람: OOO

안녕하십니까?

이렇게 멜을 드리게 되서 반갑습니다!!

OOO 라고 합니다.

선생님 책을 읽게 되었고, 출판사에서 멜 주소를 받았습니다.

식당 개업하는 것을 계속 망설이고 있었는데, 선생님을 알고 난 뒤로 부터 확신과 자신감을 가지게 되었고 결론을 내렸답니다.

먼저, 이 멜 주소가 김유진선생님맞는지?

그리고, 컨설팅을 받을려면 어떤 절차를 거쳐야 하는지 궁금합니다.

그런 다음에 다시 제 소개와 구체적인 상황 설명을 드리겠습니다 ^*^

안녕히계세요

2015.00.00

OOO드림 (010-****-****)

답은 뻔합니다. 내 시간이 소중하면 상대의 시간도 소중하다는 사실을 알고 있는, 즉 염치 있는 사람에게 마음이 갑니다. 무조건 일단 한번 만나자고 연락하시는 분들은 가급적 피하게 됩니다. 학습을 통해 깨닫게 된 아픈 현실입니다.

너무 간절해 보여 만나보면 대개 구세주를 만난듯 반가워하시지만, 막상 실행해야만 할 숙제들을 언급하고 나면 태도가 바뀝니다. 기왕 도와주시는 김에 직접 좀 해주면 안되냐, 매장에 방문해서 코칭을 해달라… 요구사항이 많아집니다. 그리고 아이러니하게도 같은 내용의 상담인데도 무료 상담은 효과가 떨어집니다. 이미 수백 명의 선배들이 현장에서 실험을 마친 기가 막힌 내용을 전달해도 듣기만 할 뿐 실천하지는 않습니다. 왜 아까운 시간을 버리는지 모르겠습니다.

반면 정식 절차를 밟아 상담을 듣는 사람들은 귀를 쫑긋 세우고 토씨 하나 놓치지 않기 위해 초집중을 합니다. 행동 유발에 있어서는 더더욱 큰 차이를 보입니다. 대가를 지불한 이들은 코치나 컨설턴트에게서 들은 내용을 현장에서 테스트하기 위해 용감해집니다. 하나하나 업장에 접목시키며 고객의 반응을 살핍니다. 효과가 나타나고 반응이 좋을수록 쾌재를 부릅니다.

2022년까지 매니지먼트 계약을 한 수백 곳 중 춘천의 수제 햄버거집이 있습니다. 밀착 코칭 이후 그곳 오너에게서 받았던 편지와 실행안을 수정 없이 공개합니다. 매출도 매출이지만 외식업에도 이런 디테일한 프로세스가 반드시 필요하다는 판단에 비밀 코드를 공개합니다.

감사한 김유진 코치님,

춘천 NO.1 수제버거 라모스 버거 대표 구희석입니다.

오늘 바쁘신 와중에 먼길 와주셔서 상담해주신 내용을 곰곰이 다시금 새겨보고 이 중 몇 가지는 늦은 저녁이지만 바로 실행 작업에 착수하였습니다.

제가 놓쳤던 부분, 특히 맛 부분이나 홍보 부분에서 아주아주 좋은 조언을 배웠습니다. 이제껏 코치님의 책을 통해서나 방송을 통해서 그리고 온라인상의 수많은 사례들에서 아이디어는 얻을 수 있었지만 제가 딱 맞는 실행 미션을 코치님을 통해 전달 받으니 저에게는 이보다 더 좋을 수는 없다. 입니다.

이제 이 모든 것은 제 손과 발에 달려 있음을 잊지 않고 순식간에 해치우겠습니다. 바쁘시겠지만 제가 오늘 정리한 상담내용과 실행 스케줄을 검토 및 지도편달 부탁드립니다. 앞으로 더 감사할 일이 남았겠지만 머리 숙여 한없이 고맙습니다!!!

춘천 NO.1 수제버거,

라모스 버거 대표 구희석 드림

라모스 버거 매니지먼트 실행안

라모스 버거 상담표: 2015. 10. 30.

항목	1순위		2순위		3순위	
구분	현황	실행안	현황	실행안	현황	실행안
맛	패티 육즙 부족	소기름 첨가(10%) 녹인 버터 바르기 테스트 후 적용	소스	새로운 레시피 – 달거나 짜거나 자극적인 맛이 관건	빵	무조건 따뜻하게 바삭하게
홍보	도로변 광고 부족 위치는 탁월	50인치 TV 매력적인 동영상 3m 에어간판 대형 버거 그림 춘천 No.1 수제버거	현관 포인트 부족	A4 사이즈 사진 나의 스토리 (나고야/경리단길) 앞뒤로 사진 부착	화장실 기타 장소	화장품 경력 부각 – 고급스런 이미지 재료의 장점 강조 (토마토 사진 – 전립선)
아이템	겨울 한정 스프	잔골 육수를 베이스로 한 수제 크림 스프	SELF 샐러드 ZONE	아무 조건 없이 전부에게 제공!!! 최소 6가지 – 예쁜 그릇	감자 튀김	소금간을 무조건 (맛소금)
메뉴판/콘셉트	현재 메뉴판 포인트 없음 고르기 힘듦	랭킹 순위 도입 – 강조 세트 메뉴 도입 – 3가지 ABC 세트 /맥주 세트	네이밍 – 월드 버거	프렌치/멕시칸/그리스 나라/도시 이름을 강조 그 외 이름은 소제목	문구 (메뉴판/A3 바탕)	춘천 No.1 수제버거 춘천 7대 맛집 국내 최초 월드 버거 전문점
이벤트	12월 한정 크리스마스 콘셉트	버거+피자+샴페인을 25,000원에!!! – 사전 홍보 필수	SNS	모든 SNS 업로드 시 1,000원 바로 증정 (주인인 내가 직접)	정기 파티	일정한 주기로 맥주 혹은 버거를 무료 시식 하는 행사! – 젊은 여성 대상
그 외	화덕 피자	1~2가지 종류로 구성 – 추가 매출 발생	케첩 특화	다른 재료와의 믹스로 수제 케첩 제공	흥미 유발	카톡 메시지 시 동영상 URL 선물 – 버거 연상이 목적

라모스 버거 실행 스케줄 1

항목	1순위		2순위		3순위	
구분	실행안	기한/진행사항	실행안	기한/진행사항	실행안	기한/진행사항
맛	패티 소기름 첨가 (10%) 녹인 버터 바르기 – 테스트 후 적용	~11/5(목) 거래업체에서 소기름 무료 제공 녹인 버터 바르기는 11/1(토)부터 실시	소스 새로운 레시피 – 달거나 짜거나 자극적인 맛이 관건	~11/10(화) 연습 김유진 대표님 레시피 전수받기 개별 서칭하기 미원/조미료 테스트 (패티당 티스푼 1/3 정도)	빵 무조건 따뜻하게 바삭하게	11/1(토)부터 실시 철판에서 구운 후 버터 바른 뒤 오븐에서 보온 매일 마지막 조립
홍보	50인치 TV – 매력적인 동영상 3m 에어간판 – 대형 버거 그릴 춘천 No.1 수제버거	~11/6(금) 설치 전기업체 연락 완료 TV 40만 원대 구매 최소 10개 이상 영상 자료 탐색 중 에어간판 17만 원 그림/문구 포토샵 작업하기	A4 사이즈 사진 나의 스토리 (나고야/경리단길) 앞뒤로 사진 부착	11/2(월) 실시 사진 선별 후 양면 인쇄하여 코팅 현관문 양 사이드 부착 문구 예시) '일본 최고의 수제버거 나고야 Coner Burger 연수 당시'	화장품 경력 부각 – 고급스런 이미지 재료의 장점 강조 (토마토 사진 – 전립선)	11/3(화) 실시 이미지 선별 후 액자 형식으로 여자 화장실 비치 토마토 사진과 문구 부착 – 남자 화장실
아이템	잔골 육수를 베이스로 한 수제 크림 스프	11/9(월)부터 실시 1주일간 테스팅 후 잔골(1kg – 3천 원) 우선 2kg을 업체에서 받기로 함	아무 조건 없이 전부에게 제공!!! 최소 6가지 – 예쁜 그릇	11/4(수)부터 실시 여친에게 예쁜 그릇/집게 선별 부탁 완료 양상추/로메인/적근대/치커리/콘–완두콩/방울토마토/계란 등 소스는 유자/사우전드/오리엔탈	소금간을 무조건 (맛소금)	11/1(토)부터 실시

라모스 버거 실행 스케줄 2

항목	1순위		2순위		3순위	
구분	실행안	기한/ 진행사항	실행안	기한/ 진행사항	실행안	기한/ 진행사항
메뉴판/ 콘셉트	랭킹 순위 도입 - 강조 세트 메뉴 도입 - 3가지 ABC 세트/맥주 세트	~11/10(화) 인쇄 사전에 김유진 대표님께 시안 전달 및 점검 후 진행	프렌치/ 멕시칸/ 그리스 나라/도시 이름을 강조 그 외 이름은 소제목	~11/10(화)	문구/콘셉트 춘천 No.1 수제버거 춘천 7대 맛집 국내 최초 월드 버거 전문점	10/31(금) 부터 ~ 블로그 SNS 에어간판 동영상 A3 깔판 모든 매체에 삽입/적용
이벤트	버거+피자 +샴페인을 25,000원 에!!! - 사전 홍보 필수	12/1(화)부터 실시 사전 홍보는 카톡, SNS를 통해 메시지 전달 피자 - 오뚜기	모든 SNS 업로드 시 1,000원 바로 증정 (주인인 내가 직접)	11/2(월) ~ 안내판 변경 SNS 알리기 1,000원 준비	파티 겸 시식회 일정한 주기로 맥주 혹은 버거를 무료 시식하는 행사! - 젊은 여성 대상	연말 파티 1회 - 2015. 12. 31. 초대 대상자 연락처 수집 SNS 홍보 외국인 포함
그 외	화덕 피자 1~2가지 종류로 구성 - 추가 매출 발생	타 매장 탐방 및 최소 2가지 이상 연구 개발 후 3월 도입	다른 재료와의 믹스로 수제 케첩 제공	~11/30(월) 최소 3가지 이상적 배합 및 제공	카톡 메시지 시 동영상 URL 선물 - 버거 연상이 목적	월 최소 1회 혜택 메시지와 함께 전달 또는 영상 주소만 공유

라모스 버거 추가 실행안

1	에스티로더/아모레퍼시픽 샘플 증정 - 슈트 차림/친절 멘트와 함께 → 샘플 확보 후 바로 실시
2	화장품 샘플 진열/판매 → 샘플 확보 후 바로 실시
3	3분짜리 영상물 제작 후 각종 매체에 전염시킨다는 느낌으로 전파
4	블로그 포스팅은 최소 2달 이상 최소 20~27장과 사진당 1줄 이상의 멘트 → 10/31부터 바로 실시했습니다. 일상 사진/광고 티 X/반복적인 강조 멘트 → 해당 사진을 페이스북/인스타그램에도 공유 → 하루 1시간을 무조건 온라인 홍보에 투자. '춘천 맛집' 키워드
5	사람들은 본전을 뽑고 싶어 하는 경향이 크므로 셀프 샐러드/수제 스프 제공 → 일단 사람들이 오게 만들고 일 평균 100만 원 이상이 되도록 만드는 게 급선무
6	1년 이내에 춘천 중심 상권에 라모스 버거 브랜드 2호점 개업을 목표로 함
7	메뉴판과 설명서에 햄버거 단면 사진/그림을 넣고 재료 설명을 추가
8	춘천 7대 맛집 코스를 정하여 '라모스 버거'를 중점적으로 부각(A4 안내문)
9	구글/VIMEO/유튜브를 활용하여 영상을 구하고 버거 제조 영상 위주로 사용 → 동영상 사이마다 로고/브랜드를 강조하는 사진/영상 삽입
10	음악은 단맛 - 피아노 소리 음악이 미각에 영향을 끼치는 것을 고려하여 매장 음악에 반영 → 바로 실시
11	벤치마킹 메장 → 홍대/비너스 식당, 한양대/버거쇼, 망원시장/맛양값 매주 1곳 방문

지금 당장 값비싼 코치를 영입할 수 없다면 라모스의 상담표와 구체적 실행안들을 면밀히 검토하고 여러분 것으로 만드세요. 내 상황을 냉정하게 분석하는 것이 진단의 시작입니다. 그리고 진단이 정확해야 시술을 할 것인지 본격적인 수술을 할 것인지 결정할 수 있습니다.

코칭을 받은 이 브랜드의 대표는 향후 어떤 메뉴와 아이템을 론칭하더라도 실패가 없을 겁니다. 간절함과 성실함 그리고 집요함. 그 부분이 이 책에서 가장 강조하고 싶은 내용이기도 합니다.

KICK!

이렇게 만난 인연은 이후 쭉 이어졌습니다. 연락도 주고받고, 제 수업도 들으러 왔습니다.

"사부님~ 그때 저가형 브랜드 하나 더 론칭하라는 말씀, 왜 실천 안 했나 모르겠어요."

10년 전 제가 준 선물은 바로 투 트랙two-track 전략이었습니다. 고가와 저가를 동시에 운영하는 라인 확장 전략. 라모스 대표님이 이렇게 이야기를 한 이유는 여러분도 다 아시는 노브랜드버거와 프랭크버거 때문이었습니다. 저가형 버거가 먹힐 줄 몰랐다는 애석함과 아쉬움이 묻어나더군요. 그래서 정반대의 아이디어를 하나 더 선물했습니다. 10년만에요.

"구 대표, 대한민국에서 제일 비싼 수제 버거 만듭시다. 존재 자체만으로도 주목을 받을 수 있게."

4만 원이 넘는 수제 버거를 만들기 위해 일반 패티 대신 최고급 한우 안심 스테이크를 넣고, 금을 두르고, 먹는 법을 바꾸고, 샐러드와 스프 그리고 수제 초콜릿까지 세팅했습니다.

최근 라모스 버거는 대한민국 최초로 버거 백년가게에 선정되었습니다. 1963년 미군 부대에서 일하시던 할아버지가 가게를 운영했고, 그 레시피를 전수받아 지금의 이 자리에서 가게를 시작했습니다. 백년가게 선정위원회에서도 이 역사를 인정해 결국 라모스 버거는 점점 더 전설이 되어가고 있습니다.

메일이 계기가 되어 이어진 인연이 10년 가까이 이어질 줄 전혀 생각하지 못했습니다. 라모스 버거를 보면서 이런 생각이 듭니다. 강해서 이기는 것이 아니라 이기는 사람이 강한 거구나.
이 책을 읽는 모든 독자 여러분께 간곡히 부탁드립니다. 얻고 싶으면 두드리세요. 거절당하면 또 두드리세요. 될 때까지 두드리면 문은 결국 열립니다. 그러니 제발 끈질겨지세요. 지치지 마시고요.

戰

부록

略

국민 어플 카카오톡, 전략적으로 활용하라

카카오톡 채널 개설 및 사용법 공개

대한민국 국민이 가장 많이 그리고 하루 종일 접속 상태인 온라인 서비스가 있습니다. 그 어떤 서비스와 비교해도, 아니 비교가 되지 않을 정도로 독점인 상태의 서비스가 있습니다. 바로 카카오톡입니다.

대한민국 사람들은 1년 365일 하루 24시간 카카오와 동거 중입니다. 기상과 동시에 카카오 예약 메시지를 받고, 문자 대신 카톡 채팅을 통해 하루를 시작합니다. 카카오 택시를 불러 출근을 하고, 지인의 생일 선물을 카카오에서 고릅니다. 헤어샵 예약도 노란 창 안에서 하고, 위치를 확인하기 위해 카카오 네비를 켭니다. 술이라도 한잔 걸친 운전자라면 카카오 대리는 기본이지요. 동네 상권을 침범하고 꼬맹이들의 용돈마저 노린다는 삐딱한 시선도 있지만, 카카오가 없는 한국은 상상하기 힘들 정도입니다. 의식주, 생노병사, 희노애락까지. 이제 우리는 카카오를 빼놓고는 일상을 이야기하기 어렵습니다. 카카오의 늪은 넓고, 깊고, 무섭습니다. 당최 빈틈이 보이지 않습니다.

카카오가 고객의 마음을 가로챌 수 있었던 건 바로 '대신 해주기' 덕분이었습니다. 카카오는 아주 많이, 자주, 친절하게 고객이 해야 할 일을 대신 해줍니다. 대신 안부 인사를 보내주고, 대신 차를 불러주고, 대신 예약을 해주고, 대신 물건을 사서 선물로 보내줍니다. 대신해주면 해줄수록 고객은 게을러질 수 있습니다. 자본주의 사회에서 성공하기 위해 갖추어야 할 필수 요소입니다.

고객의 할 일을 대신 해주자. 고객을 게으르게 만들자.

한국인들을 최대한 게을러지게 만들고 있는 카카오, 우리 자영업자들에게는 정말이지 매력적인 서비스가 아닐 수 없습니다. 누적 가입자 수 1억 명, 월간 사용자 수 4566만 명의 위력적인 온라인 공간. 전 국민이 스마트폰에 기본으로 깔아놓은 앱. 다른 서비스들은 필요할 때 찾지만 카카오는 필요하든 그렇지 않든 24시간 접속 상태를 유지하게 만듭니다. 이렇게 훌륭한 채널이 있는데 굳이 〈나는 자연인이다〉처럼 스스로를 격리하면서 멀리할 까닭이 없습니다. 생존을 위해서는 거인의 어깨에 올라탈 필요가 있으니까요.

인간은 습득한 정보의 80% 가량을 72시간, 즉 3일 이내에 지워야만 합니다. 타고난 CPU의 한계 때문에요. 그렇기에 고객의 머릿속에서 여러분에 대한 정보도 72시간이 지나면 대부분 사라지고 맙니다. 살아남고 싶다면, 이렇게 사라진 여러분의 브랜드와 상품에 대한 기억을 다시 떠올리게 해야 합니다.

그러기 위해 카카오를 여러분 브랜드의 홍보 담당으로 임명하는 겁니다. 여러분을 대신해 카카오가 고객들에게 찾아가 기억 용량 때문에 어쩔 수 없이 지워야만 했던 '브랜드에 대한 기억'들을 소환시켜 줄 겁니다. 모르면 안 옵니다. 기억나지 않으면 살 이유가 없습니다. 아니, 구매 가망 리스트에도 오르지 못합니다. 카카오 같은 훌륭한 서비스를 등지고 살면 수많은 사용자들과 멀어질 수밖에 없겠지요. 반면 서비스의 구조를 제대로 이해하고 활용한다면 든든한 사업의 동반자가 될 겁니다.

장사든 사업이든 거래가 생명입니다. 거래에는 반드시 필요한 조건들이 있습니다.

판매자, 상품, 구매자

판매자가 팔고자 하는 **상품**을 사줄 **구매자**가 있어야만 거래라는 것 자체가 성립됩니다. 이때 단순히 교환으로 끝나지 않고 구매자의 마음을 사로잡아 이 거래가 지속되도록 만들기 위해서는 관계가 필요합니다. 판매자와 구매자를 잇는 선, 라인line. 그와 내가 언제든 어디서든 연결될 수 있도록 이어주는 채널이 바로 그 선이라 할 수 있습니다. 관계는 가치와 거래를 만드는 첫 단추입니다. 사람을 남기기 위해 필요한 것이 '끈이 떨어지지 않을 관계'입니다. 결국 사람을 남기라는 말은 관계를 이어가라는 뜻입니다.

고객과의 관계를 지속적으로 이어가기 위해서 제일 피해야 할 것은 일방적인 홍보입니다. 생각해 보세요. 잘해보자고, 오래 보자고 말은 하면서 항상 본인 이야기만 하면 어떨까요? 나 잘났다. 우리 집 음식 맛있다. 내 열심히 정성을 담아 가족을 먹이는 마음으로 대접한다. 좋은 재료 쓴다. 하루 종일 고객만 생각한다. 거짓말하지 않고 늘 솔직하다…. 이런 구차한 이야기를 계속 듣고 있으면 상대방은 분명 지칠 겁니다.

그럼 어떻게 해야 지속적인 관계를 유지하면서 '사람'을 내 곁에 남겨둘 수 있을까요?

1. 그가 좋아할 이야기

2. 그가 좀 더 편해지고 행복해지고 더 이익이 될 주장

3. 그를 한없이 게을러지게 할 수 있는 매력적인 제안

이 세 가지를 주어야 끈이 떨어지지 않습니다.

그럼 어떻게 해야

이제껏 한 번도 오지 않았던 소비자,

이미 한두 번 다녀간 고객,

앞으로 올 잠재 고객들과

소통할 수 있을까요?

우리에겐 바로 카카오톡 채널이 있습니다. 메시지와 게시글 형태로 카카오톡 사용자에게 다양한 소식을 전달할 수 있는 서비스입니다. 아주 쉽게 설명하면 카카오에 초간단 홈페이지를 만드는 겁니다. 나와 내 브랜드를 소개하고, 매력을 보여주고, 판매하고 싶은 상품이 있다면 진열도 하고, 친구인 사용자들에게 마케팅 메시지를 보내는 기능도 있습니다. 여기서 친구란 여러분이 앞으로 만들 카카오톡 채널을 친구로 추가한 사람들을 말합니다.

카카오톡 채널 만들기 → 친구 추가 → 메시지 전송

사람을 남기기 위한 순서입니다.

1. 카카오톡 채널을 만들고

2. 우리 브랜드의 상품을 사용하면 어떤 혜택이 생기는지 정보를 채워 넣고

3. 친구 추가를 한 고객들에게 메시지를 보내

4. 이용, 방문, 구매, 이벤트 참여 등을 유도하는 겁니다.

여러분이 고객들을 위해 얼마나 열심히 최선을 다하고 있는지, 그 노력 덕분에 고객은 어떤 만족과 행복을 누리게 될 것인지 가르쳐 줘야 합니다. '72시간 뇌 정보 삭제 프로그램'을 이겨내고 싶다면 일주일에 두 번씩 고객들에게 제안을 보내야 합니다. 여러분의 매장을 방문하고 상품을 구매하고 싶게 만들 매력적인 제안 말이죠.

"오늘 방문하시는 고객들에게 5,000원 상당의 상품권을 선물로 드립니다."

"비 오는 날 찾아주신 고객 여러분 감사합니다. 김치전 1 + 1."

"신메뉴 출시 기념 50% 할인 판매. 100인분 한정 판매입니다. 서두르세요."

'오늘 뭐 먹지?', '뭐 좀 특별한 거 없을까?', '매일 그 나물에 그 밥, 지겹다 지겨워.', '뭔가 스페셜한 서비스를 제공하는 공간 없을까?' 매일 이런 고민을 하고 사는 소비자들에게 단비와 오아시스가 되어주세요.

이제 황금알을 낳는 거위를 당장 만들어 보시죠.

카카오톡 채널 만들기

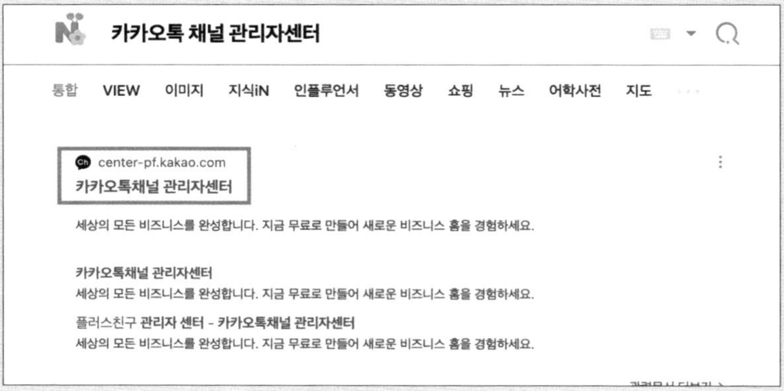

검색창에 '카카오톡 채널 관리자센터'를 검색합니다. 아래에 같은 이름의 사이트(center-pf.kakao.com)를 클릭해 들어가면 로그인 화면이 뜹니다.

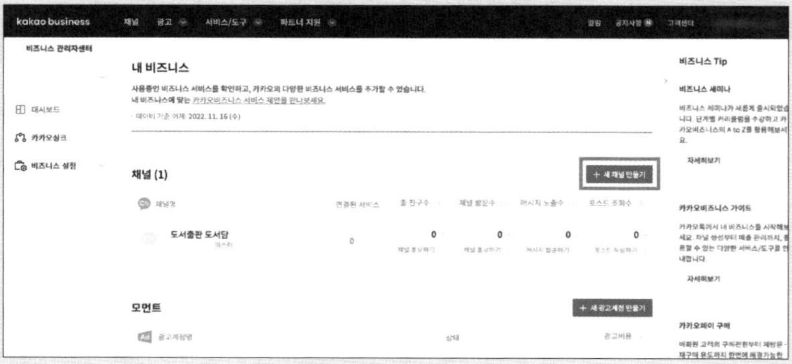

우측 상단의 '새 채널 만들기'를 클릭합니다.

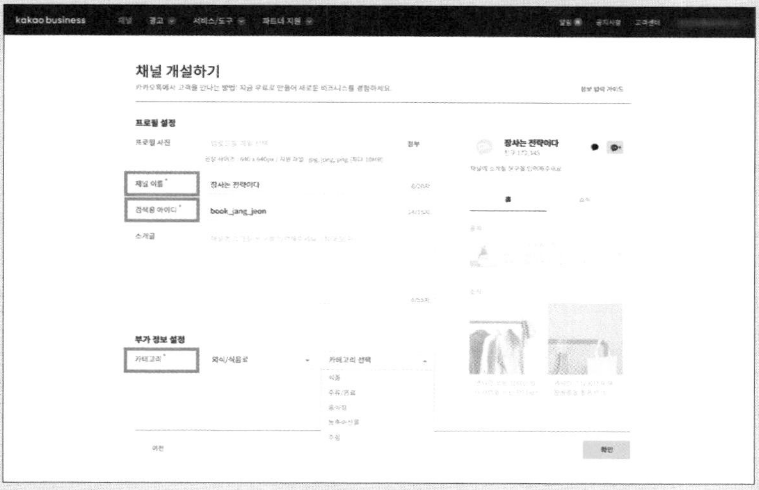

좌측에 나와 있는 빈칸을 채우기만 하면 됩니다. '채널 이름'에는 고객들에게 보일 가게 이름을 적으면 되고, '소개글'에는 여러분의 매장이 어떤 곳인지를 사람들에게 어필하면 됩니다. 그리고 '카테고리'에서는 가게의 종류를 표시할 수 있는데요, 첫 번째 칸에서 '외식/식음료'를 선택하고 나면 옆 칸에 '식품', '음식점', '주점'… 상세한 종류를 고를 수 있습니다.

우측을 보면 채널 프로필이 나와 있는데, 빈칸에 입력한 내용이 어떻게 반영되는지를 미리 볼 수 있습니다.

다 하셨다면 우측 아래 '확인'을 누르세요. 채널 생성 끝! 간단하죠?

채널 메시지 보내기

수십만 원에서 수백만 원 정도까지 지불하고 온라인 교육 과정을 많이들 듣고 계십니다. 지금의 그 노력들, 반드시 보상받으실 겁니다. 아예 아무것도 하지 않는 분들에 비해 정말 훌륭한 판단입니다. 그런데 온라인 교육 과정을 통해 채널을 만든 것만으로는 별 의미가 없습니다. 시장을 선도하고 있는 브랜드들은 채널을 만드는 정도에 그치지 않고 전투적으로 자신이 만든 콘텐츠를 카카오 상의 친구들에게 알리려 합니다. (이때 드는 광고 비용은 1명당 18원밖에 되지 않습니다.)

여러분 매장을 찾은 손님들 중 최선을 다해 친구 추가를 요청하는 당신의 모습에 반해 '추가 버튼'을 누르는 분들이 많으실 겁니다. 그 관계가 지속되기 위해서는 여러분의 노력, 즉 메시지가 필요합니다. 쉽게 따라하실 수 있도록 요점만 설명해 드리겠습니다.

메시지 전송에 앞서, 고객에게 제공할 쿠폰을 만들어 놓읍시다. 20% 할인 쿠폰부터 1+1 증정 쿠폰까지, 다양한 쿠폰을 카카오톡으로 제공할 수 있습니다.

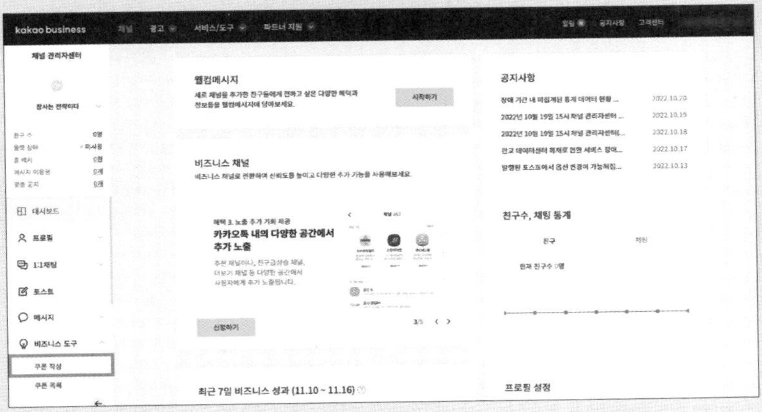

채널 관리자 홈 화면으로 왔습니다. 좌측 메뉴들 중 '비즈니스 도구'를 눌러 '쿠폰 작성'으로 들어갑니다.

쿠폰을 만들 수 있는 화면이 떴습니다. 채널을 만들 때와 비슷한 모습이죠? 쿠폰은 더 간단합니다. '이미지'에서는 쿠폰에 넣을 사진 파일을 선택해 줍니다. '제목'에 쿠폰의 이름을 넣고, 어떤 이유로 어떤 내용의 쿠폰을 증정하는지 '상세내용'에 적어줍니다. 카카오가 시키는 건 다 하면 됩니다.

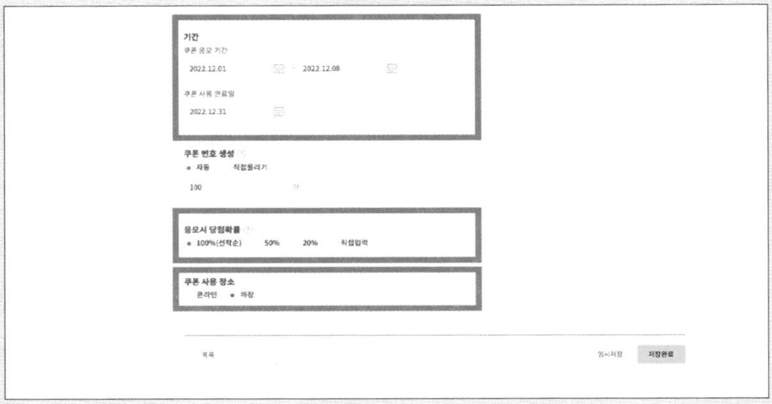

쿠폰을 평생 주고 평생 쓰게 할 수는 없겠죠? '쿠폰 응모 기간'과 '쿠폰 사용 만료일'을 선택할 수 있습니다. 연말맞이 기념 쿠폰 증정이라고 한다면… 자, 12월 1일부터 12월 8일까지 쿠폰을 줍시다. 그리고 받은 쿠폰은 12월 31일까지 사용할 수 있는 걸로. 12월 초에 쿠폰을 받은 고객은 12월 안에 쿠폰을 쓰러 여러분 매장을 방문하고 싶을 겁니다.

모든 분들이 쿠폰을 사용할 수 있도록 '응모시 당첨확률'은 100%로 설정해 두었습니다. 쿠폰 사용 장소는 '매장'으로 표시해 주세요.

카톡 친구들에게 선물할 쿠폰까지 준비되었으니 이제 메시지를 보내러 가볼까요?

좌측 메뉴에서 '메시지'를 누른 다음 '메시지 작성'으로 들어갑시다.

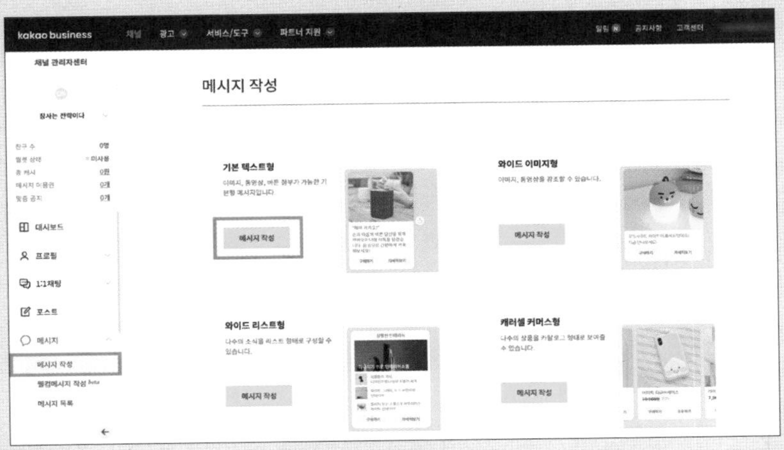

보낼 수 있는 메시지 종류가 다양합니다. 기본형, 와이드 이미지형, 리스트형, 커머스형, 캐러셀 피드형…처음부터 복잡한 디자인을 사용할 필요는 없습니다. '기본 텍스트형'으로 들어갑니다.

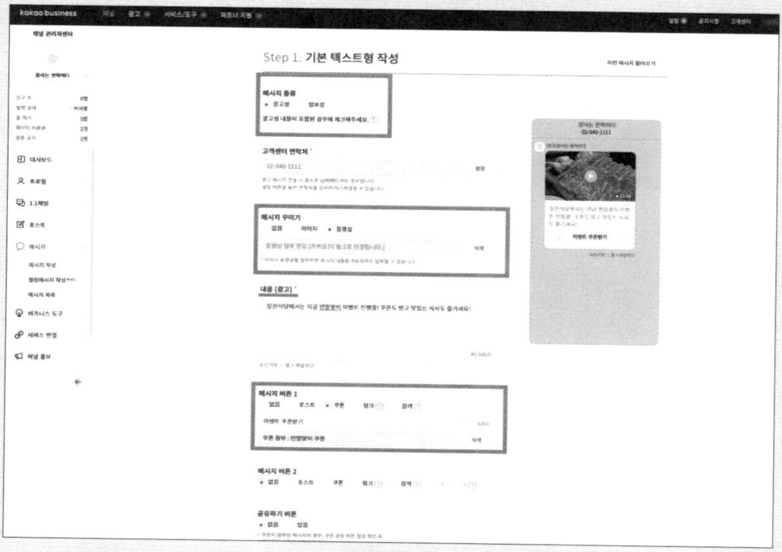

여기까지 오셨다면 여러분은 이제 카카오 채널 관리자 페이지와 친구가 되셨을 겁니다. "좌측에 있는 내용을 채우면 오른쪽에 바로 뜨는구만!" 빠르게 진행해 봅시다.

'광고성'에 체크한 후 여러분에게 컨택할 수 있는 연락처를 '고객센터 연락처'에 입력합니다. 메시지에 사진이나 동영상을 넣을 수도 있는데, 여기서 잠깐! 여러분이라면 사진에 끌리시겠어요, 동영상에 끌리시겠어요? 잘하셨습니다. 빛을 받으며 역동적으로 움직이는, 칼로리가 철철 넘치는 음식의 모습을 동영상으로 보여줍시다. '내용'에는 친구들에게 전하고자 하는 메시지를 작성해 주세요.

아래 '메시지 버튼'에서 '쿠폰'을 누르면 앞에서 만들어 둔 쿠폰을 공유할 수 있습니다. 버튼에는 '할인쿠폰 받기' 정도로 적어볼까요? '불러오기'를 눌러 쿠폰을 가져오면 준비는 끝입니다. 노란색 '다음'을 눌러 넘어갑시다.

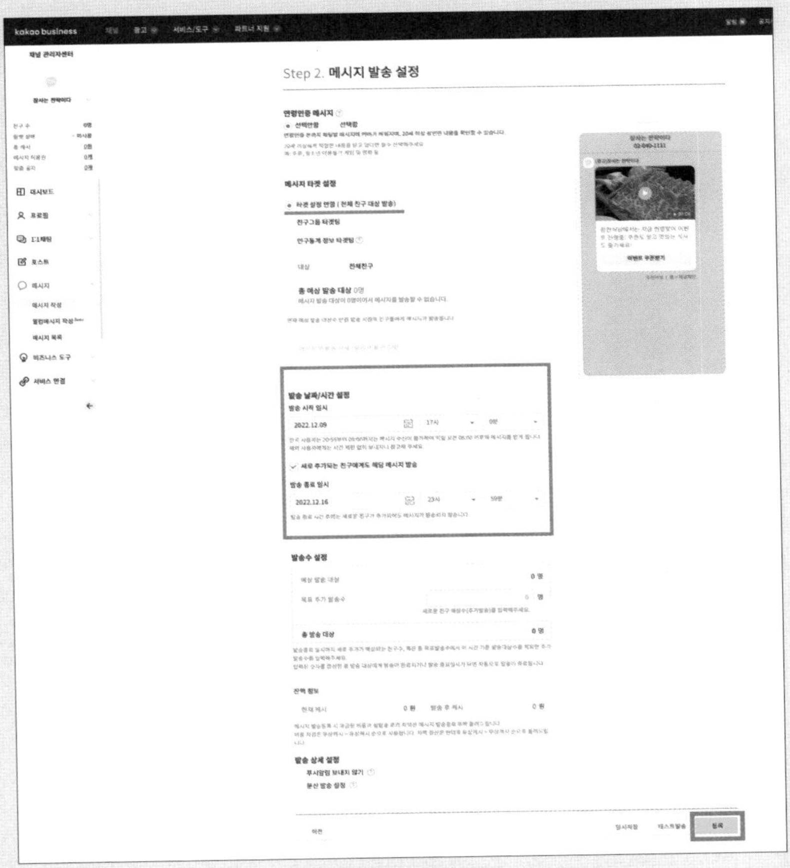

만약 여러분이 '생맥주 한 잔 무료 이벤트 진행합니다!'와 같은 내

용을 보내신다면 '연령인증 메시지'에서 '선택함'을 표시해 주세요. 메시지 타겟팅은 사용하지 않겠습니다. 특정 사람에게만 보내려는 게 아니잖아요. 우리 가게 채널을 추가해 준 고마운 분들에게 선물을 드리는 겁니다. '타겟 설정 안함'을 표시합니다.

이제 마지막입니다. 메시지를 보낼 날짜와 시간을 표시할 수 있습니다. 오늘 바로 보낼 수도 있습니다만 계획한 날짜와 시간이 있다면 원하는 일시에 맞춰 예약을 걸어놓을 수 있습니다.

충전해 둔 캐시로 결제를 진행할 수 있는지 확인한 다음 '등록'을 누르면 끝. (캐시는 좌측 메뉴 '관리'에서 '월렛 정보'로 들어가면 충전할 수 있습니다. 간단한 과정이니 여기서는 생략!)

예순을 바라보는 칼국숫집 사장님이 계십니다. 정말 열심히 콘텐츠를 실어나르고 계세요. 시도 쓰시고, 날씨 이야기도 해주시고, 할인 이벤트, 프로모션까지 지치지 않고 계속 보내고 또 보내십니다.

고객은 모르면 살 수 없습니다. 봐야 알고 알아야 가지고 싶고 사고 싶어집니다. 고객이 행복해할 정보를 보내주세요. 그들이 더 행복해질 수 있게 여러분의 채널로 도와주세요.

네이버를 잡아야 고객을 잡는다

고객의 전면에 나서는 플레이스 광고 방법 공개

여러분은 무언가 사고 싶을 때 제일 먼저 어떤 행동을 하시나요?

옷, 음식, 호텔, 스마트폰, 전자제품, 가구, 선물, 생필품, 건강 보조 식품…. 인간은 필요해야 삽니다. 물론 충동구매를 통해 의도치 않았던 상품도 구매합니다만 이런 경우에도 그 상품이 필요해야 삽니다. 정확히 표현하자면 몰랐던 '필요'가 생겨서 구입하게 됩니다. 이제껏 써보지 않았던 기능, 처음 알게 된 성능, 보기 전까지는 간절하지 않았던 필요. 이렇듯 구매에는 분명한 필요와 이유가 있습니다. 절대로 그냥 사지 않습니다.

필요 – 자극 – 주의/주목 – 관심 – 검색 – 비교/분석 – 구매

집에 커피가 떨어졌습니다. 있을 때는 몰랐는데 없으니까 불편합니다. 부재의 고통이 사람을 못살게 굽니다. 필요가 생깁니다. 아침 출근길부터 커피만 눈에 띕니다. 라디오에서 흘러나오는 단어 중 커피만 크게 들립니다. 여러 가지 정보들 중 자극이 강했던 녀석들만 뇌에 남습니다. 필요한 상태이니 유난히 구체적으로 받아들이게 됩니다. 그중 제일 섹시한 녀석에게 눈길이 갑니다. 편의점, 마트, 백화점, 온라인 쇼핑몰…… 다 같습니다. 수많은 회사들이 디자인과 패키지에 목숨을 거는 이유도 여기 있습니다. 좀 더 주의를 끌고 주목을 받고 싶기 때문입니다. 그중 제일 친숙하게 느껴지는 녀석에게 관심이 갑니다. 마음이 끌린다는 소리죠.

자, 여기서 아주 중요한 포인트 하나 짚고 넘어갈게요. 면접 장소에서 면접관들이 누구에게는 질문을 하고 누구에게는 관심도 보이지 않는 이유를 혹시 아시나요? 인간은 친근감을 느끼는 존재에게 더 끌립니다. 나와 비슷한, 혹은 나와 비슷할 것 같은 대상에게 관심을 보이고, 질문을 하고, 상대적으로 더 높은 점수를 줍니다. 앞으로 나와 오래 볼 사이니까요. 만약 나와 생각이 다른 사람을 뽑는다면 아주 피곤해질 테니까요. 사람도 상품도 **친근해야 팔립니다.** 그러니 지금 이 시간부터는

'어떻게 하면 더 좋은 품질의 상품을 만들까?' 대신
'어떻게 하면 고객이 더 친근하게 느낄까?' 이 고민만 하세요.

텔레비전 광고에 유명인을 동원하는 이유입니다. 정우성, 이정재

씨 같은 중년 미남들을 거액을 주면서 모델로 쓰는 건 이 사람들에게 친근감을 느낄 고객들을 잡기 위함입니다. 10~20대들이 사용하는 상품 모델로는 적합하지 않지만 아파트, 은행, 주얼리, 화장품 등의 모델로는 아주 훌륭합니다. 상품을 대변해주는 모델에게 친근감을 느끼니까요. 미남, 미녀, 귀여운 애완동물을 동원하는 것도 다 이런 이유에서입니다. 그러니 제발 친근해지세요.

필요 + 친근

고객이 친근하게 느끼는 대상들을 정리해 보았습니다.

필요 + 친근 (본질, 안전, 도움, 스마트, 아름다움, 전문, 프로……)

음식이라면 속을 채워줘야 하고, 커피라면 잠을 깨워줘야 하고, 딱딱한 기계보다는 따뜻한 캐릭터를 보여줘야 하고, 당장이라도 고객의 불편과 고통을 없애줄 수 있다는 약속이 있어야 하고, 좀 더 아름다우면 좋고, 아마추어보다는 프로가 만든 작품이라는 냄새도 풍겨야 하고…. 이 중에서도 고객이 가장 친근하다고 느끼는 건 바로 '1등'입니다. 제일 많이 팔린다. 누적판매량 1등이다. 베스트셀러다. 압도적 리뷰 수를 자랑한다. 고객은 2등과의 거래를 아주 억울해합니다.

그래서 자신에게 당장 '필요한 커피'를 사려고 검색이라도 할라치면 저 밑에 있는 브랜드들보다 제일 위에 떡하니 자리 잡고 있는 브랜드를 높게 평가합니다.

"분명 제일 윗자리를 차지하고 있는 데는 이유가 있을 거야."
"품질이 떨어지는데 설마 1등 자리에 있겠어?"
"1등은 아무나 하나!"

대한민국 모든 판매자가 미친 듯이 1등 자리를 차지하기 위해 네이버 플레이스, 구글, 인스타그램, 페이스북, 틱톡, 카카오톡에서 오늘도 전쟁 중이라는 사실, 여러분도 잘 알고 계실 겁니다. 음악도 책도 미술품도 마찬가지입니다. 1등에 가까울수록 더 잘 팔립니다. 여러분이 팔고 싶은 상품과 서비스도 랭크의 상위에 올라갈수록 더 많이 팔립니다. 이 중 검색 사용자가 가장 많은 네이버를 파보겠습니다.

2016년 《장사는 전략이다》를 쓰고 초집중하기 시작했습니다. '어떻게 하면 독자들이 팔고자 하는 상품과 서비스가 가장 잘 노출될 수 있을까?' 그렇게 오프라인에서 네이버 상위에 올라가는 법을 강의했고, 지금은 수업을 들은 제자들이 네이버학개론, 대한온라인광고학교, 밀키트 실습론 등의 클래스를 통해 맹활약하고 있습니다.

핵심은 이겁니다.

그 어느 채널이든 첫 이미지가 강렬해야 합니다.

간판 하나 달랑 있는 사진보다 보글보글, 지글지글, 치이이익 소리가 나는 동영상이 있으면 고객은 좀 더 호감을 가집니다. 유명하다고 해서 들어가 봤는데 이미지가 시원치 않으면 고객은 절대로 구매하지 않습니다. 유입은 많이 되는데 구매로 전환되지 않으면 말짱 도루묵입니다. 바이럴을 통해 알리는 것만큼이나 중요한 것이 바로 혹 갈 만한 콘텐츠입니다. 단순하게 정보만 채워서는 매력적이지 않습니다. 생동감 넘치는 동영상은 물론이고

이미 1,000,000명이 방문한 유명한 브랜드다.

SNS 리뷰 수가 2000개를 넘는다.

지금 당장 예약하고 방문한다면 1 + 1 시식권도 선물해주겠다.

1000번째 방문 고객에게는 금반지를 선물할 거다.

내 브랜드의 서포터즈가 되어준다면 평생 20% 할인된 금액으로 모신다.

이런 호감이 갈 만한 콘텐츠가 있어야 행인이 손님이 되고, 손님이 단골이 될 수 있습니다.

그런데 이런 훌륭한 서비스를 나만 알아선 곤란하겠죠. 단 한 사람이라도 더 이 정보를 볼 수 있고, 누릴 수 있어야 합니다. 그래서 필요한 게 뭐? 바로 광고입니다. 가장 대표적인 네이버 광고에 대해서 설명해 드리겠습니다.

아래 그림을 보시면 금방 느끼실 수 있을 겁니다. 소위 국가대표급 선수라고 불리는 브랜드들은 다른 브랜드에게 밀리는 것을 창피해합니다. 그래서 최대한 효율적으로 광고 예산을 집행해 네이버 윗자리를 차지합니다.

에펠탑 효과라는 것이 있습니다. 노출이 되면 될수록 호감이 쌓인다는 이론입니다. 단순노출 효과라고도 합니다. 단순하게라도 자주 더 많이 노출되면 그만큼 친근해진다는 내용입니다.

그래서 선택했습니다. **네이버 플레이스 광고.** 이 땅의 570만 자영업 오너들 중 이 사실을 아는 분은 채 3%가 되지 않습니다. 네이버요? 아예 플레이스조차 없는 분들도 많고, 또 네이버에서 알아서 깔아주었다 해도 아이디조차 모르는 사장님들이 부지기수입니다. 서울, 대전, 대구, 부산, 광주, 목포, 정읍, 청주…… 전국에 10개가 넘는 아카데미를 운영하면서 만난 자영업 오너들에게 플레이스와 광고 이야기를 해드리면 다 어안이 벙벙해지세요. 이분들 잘못 하나도 없습니다. 영업 신고를 할 때 최소한 이 정도는 교육을 해주면 90%까지 폐업하는 일은 벌어지지 않을 겁니다. 많이 안타깝습니다. 그래서 《장사는 전략이다》 RED를 통해 가장 기본적이면서도 강력한 광고 집행법을 공개하고자 합니다.

플레이스 광고법

일단 네이버에서 '검색광고'를 검색해 보세요.

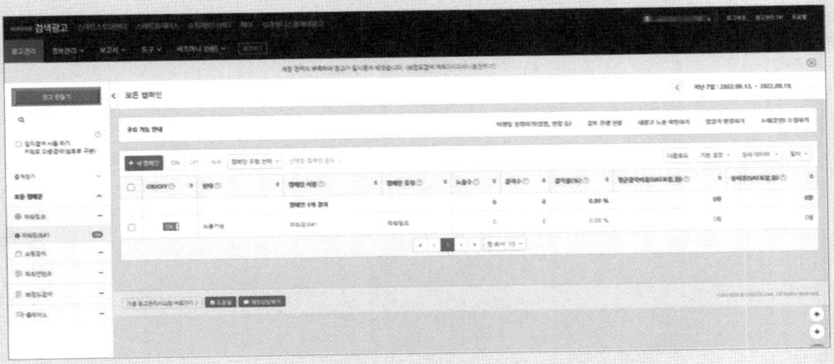

빨간색으로 표시한 '광고시스템'을 클릭하고, 들어가 왼쪽 상단의 '광고 만들기'를 누르세요.

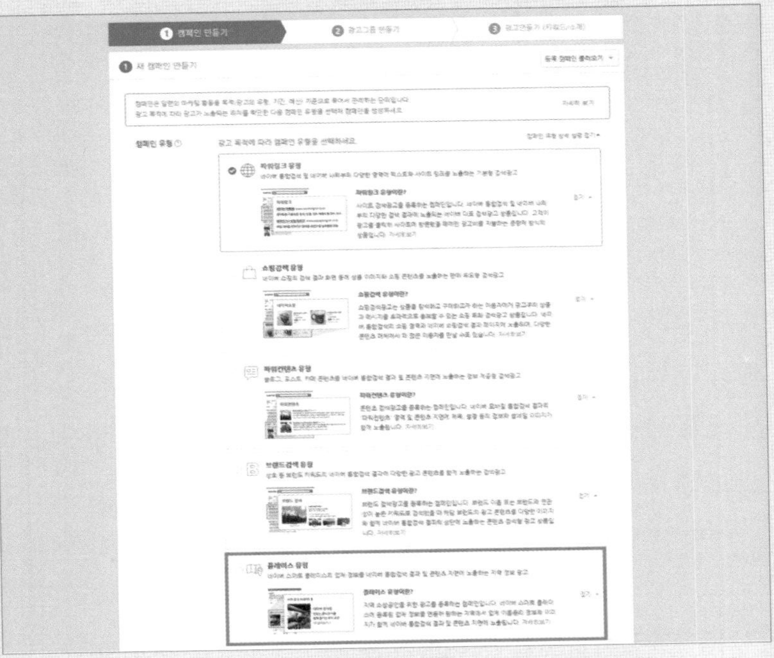

우린 플레이스에서 좀 더 높은 자리를 차지하기 위한 광고를 집행할 것이니 다섯 번째 플레이스 유형을 클릭합니다.

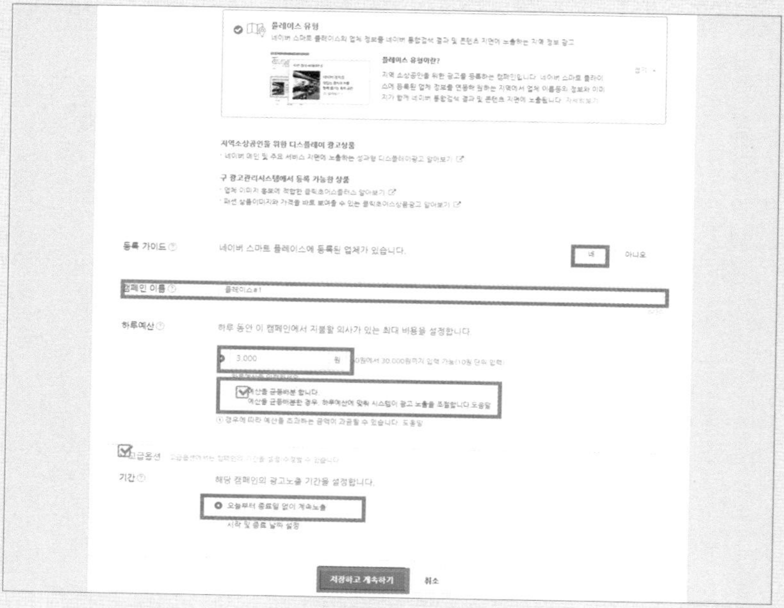

스크롤을 내리면서 한 칸 한 칸 채워나갑니다. 등록 가이드도 누르고, 캠페인 이름도 나중에 확인하기 좋게 날짜와 내용으로 적고, 하루 예산과 기간도 입력합니다. 처음이니 무리하실 필요 없습니다. 반응을 봐가면서 금액을 늘리시는 것을 추천드립니다.

다 작성한 다음에는 '저장 후 닫기'를 누르고 스텝 2로 넘어갑니다.

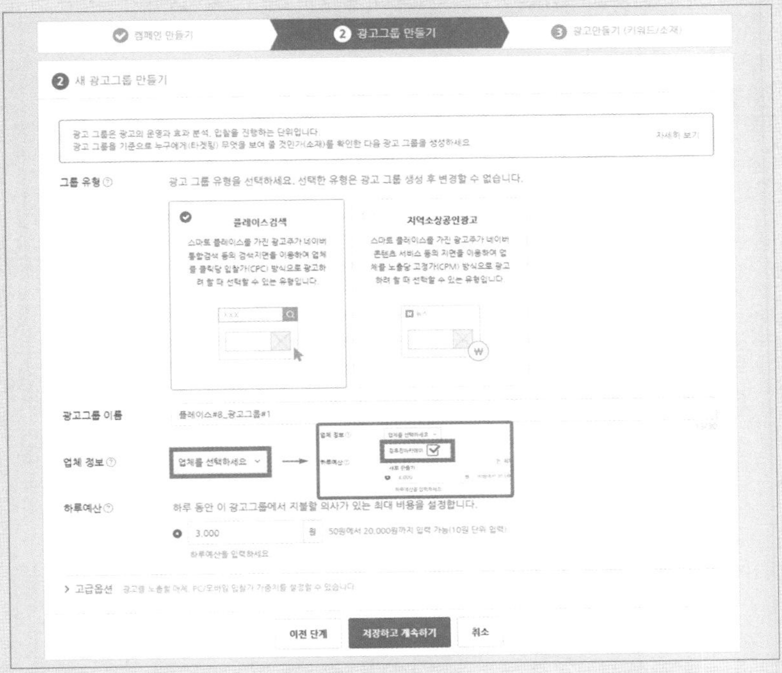

그룹 유형에서 플레이스 검색을 누르시고, 광고그룹 이름, 업체 정보를 차례로 입력합니다. 다들 아시죠? 시험에서 높은 점수를 받고 싶으면 빈칸은 최선을 다해 채워야 한다는 사실.

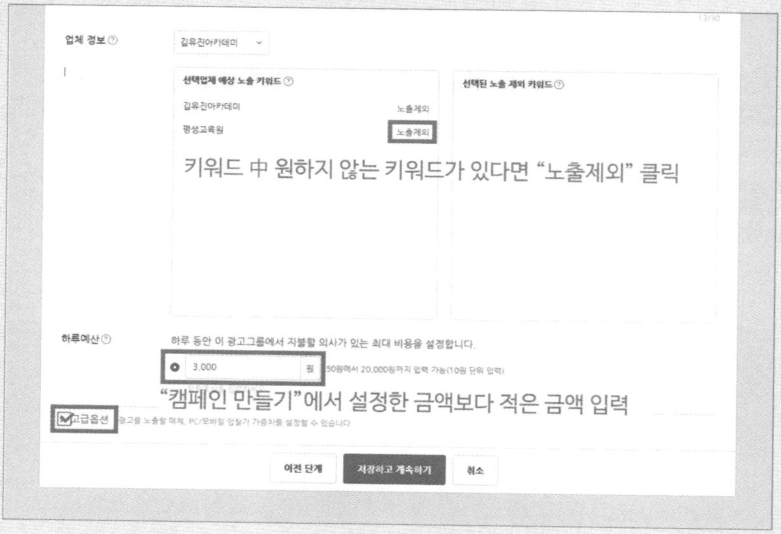
업체 정보
길유진아카데미
선택업체 예상 노출 키워드
선택된 노출 제외 키워드
길유진아카데미
노출제외
평생교육원
노출제외
키워드 中 원하지 않는 키워드가 있다면 "노출제외" 클릭
하루예산
하루 동안 이 광고그룹에서 지불할 의사가 있는 최대 비용을 설정합니다.
3,000
원
50원에서 20,000원까지 입력 가능(10원 단위 입력)
"캠페인 만들기"에서 설정한 금액보다 적은 금액 입력
고급옵션
이전 단계
저장하고 계속하기
취소

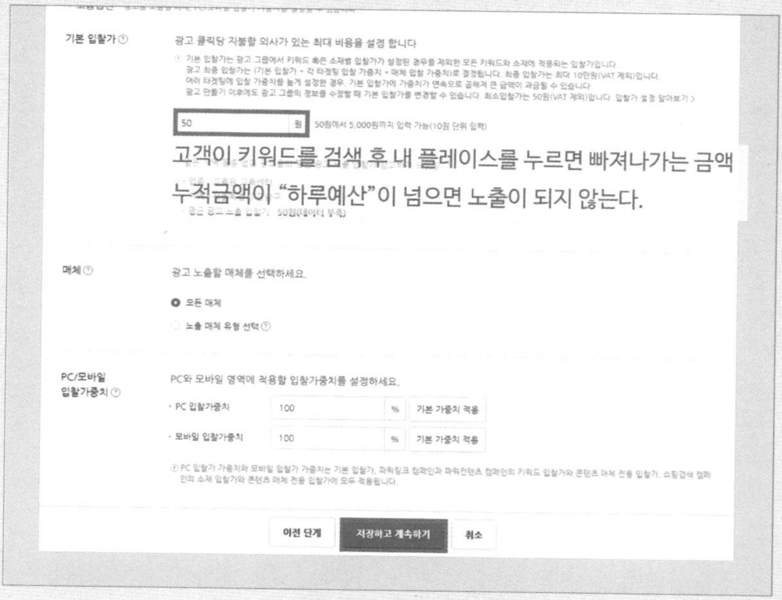
기본 입찰가
광고 클릭당 지불할 의사가 있는 최대 비용을 설정 합니다
50
원
50원에서 5,000원까지 입력 가능(10원 단위 입력)
고객이 키워드를 검색 후 내 플레이스를 누르면 빠져나가는 금액
누적금액이 "하루예산"이 넘으면 노출이 되지 않는다.
매체
광고 노출할 매체를 선택하세요.
모든 매체
노출 매체 유형 선택
PC/모바일 입찰가중치
PC와 모바일 영역에 적용할 입찰가중치를 설정하세요.
PC 입찰가중치
100
%
기본 가중치 적용
모바일 입찰가중치
100
%
기본 가중치 적용
이전 단계
저장하고 계속하기
취소

하루 예산은 정해놓은 비용을 넘지 않겠다는 굳은 각오이고, 기본 입찰가는 고객이 한 번 클릭할 때마다 얼마까지 지불하겠다는 최대 비용을 설정하는 겁니다. 저는 하루 3,000원과 클릭당 50원으로 정했습니다. 매체와 입찰가중치는 가장 일반적인 쪽으로 정했습니다.

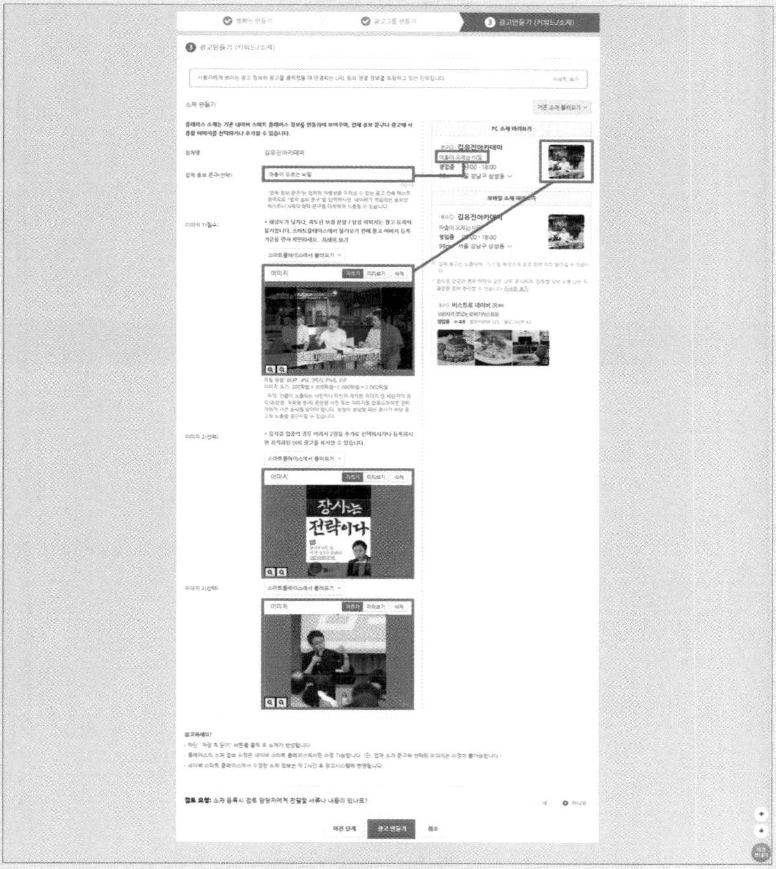

자, 3단계로 넘어가 업체 홍보 문구와 대표로 노출될 이미지를 선택합니다. 오른쪽에는 네이버 광고에 등장할 때 어떤 모습일지 미리보기가 제공됩니다.

네이버 플레이스 광고를 한마디로 규정하자면 "제일 잘 보이는 곳에 내 플레이스 가져다 놓기"라고 말씀드릴 수 있겠습니다. 그냥 놔두면 2페이지, 3페이지, 아니 10페이지에 가 있을지도 모르는 나의 플레이스를 가장 잘 보이는 곳에 두게 만드는 광고입니다.

하단의 '광고 만들기' 버튼을 누르면 아래 보이는 것처럼 안내 창이 뜹니다.

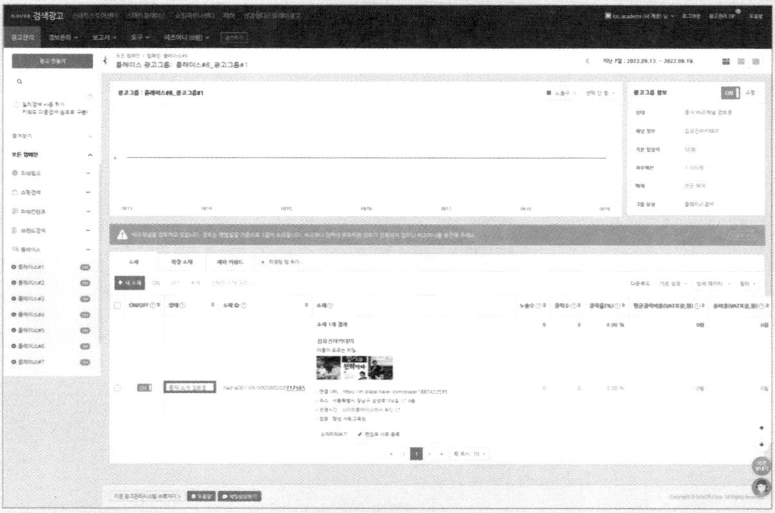

광고를 하는 이유, 다시 한 번 강조합니다. 고객은 여러분이 싫어서 안 오는 게 아닙니다. 몰라서 못 오는 겁니다.

매일매일 줄 서는 식당을 만들고 싶다면 고객에게 호감을 주세요. 맛보다 중요한 게 맛있어 보이는 겁니다. 노출이 되어야 호기심이 생기고 도전해 보고 싶은 욕구가 커집니다. 게다가 제일 상단에 노출이 된다는 건 그 어떤 브랜드보다 우위에 있다는 암시이기도 하니 여러모로 유리합니다.

팔리고 싶으세요? 그럼 무장을 하고 고객들 전면에 나서세요. 여기 있다고 큰소리 낼 수 있게요.

사랑하는 후배 K에게

요새 많이 힘들지?

죽고 싶다고 보낸 문자에 가슴이 철렁 내려앉았어.

매년 30% 가까이 매출이 떨어지고 있다는 게 말이 되느냐고, 요새 마구 뻗어나가는 주스나 커피 브랜드만 보면 울화가 치민다고….

다 이해한다. 근데 브라더! 핵심은 원천 기술이야. 간단히 쉽게 베낄 수 있는 아이템은 금세 잡히기 마련이지….

이 책, 서너 시간이면 읽을 수 있는 분량이니, 카운터 옆에 두고 답답할 때마다 꺼내 보길. 정 못 견디겠으면 하늘 한번 쳐다보고 침 한번 퉤 뱉고 씨익 웃어. 어쩌겠니? 살아남아야지. 제수씨와 아이들을 위해서라도 말이야. 물려받은 것도 없고 빽도 없으면 이 책이라도 곱씹으며 열심히 읽어. 형이 꽤 오랜 시간 준비한 무기야.

어떻게 하면 고객의 시선을 사로잡을까, 또 어찌하면 고객을 내 편으로 만들 수 있을까? 너와 같은 처지에 있는 지인들에게도 많이 가르쳐주고 현장에서 코칭할 때도 내놓았던 노하우들을 꼼꼼히 적어 놓았으니 지칠 때마다 읽어.

덕분에 매출 오르면 꼭 소주 한잔 사라….

자, 빨리 손가락 걸어.
당장 하나라도 시작하는 거다.
몰라서 안 하면 바보로 끝나지만 알면서도 안 하면 죄악이야.

빨리 볼펜 가져다가 제일 마음에 와닿은 부분 딱 3개만 뽑아 볼펜으로 꾹꾹 눌러 써봐. 머릿속에서만 맴도는 아이디어는 아무짝에도 쓸모가 없어. 뭐부터 시작할까?

머리가 깨질 것 같고 쥐가 나겠지만 너만의 디테일 100가지를 찾아보는 건 어때? 그럼 아무도 널 못 건드릴 거야.

처음 시작할 때 다짐했던 마음 잊지 말고!
도중에 지치지 말고!

자, 이제 시작하자!

여러분을 믿으세요

며칠 전 페이스북에 올린 글입니다.

김유진
8월 25일 ·

문제 1) 다음 브랜드들의 공통점은?
몽중식, 상무초밥, 태백산, 사위식당, 역전회관, 청와옥, 팔각도, 노랑통닭, 뱅뱅막국수, 영동교집, 도산뚝배기, 나드리쫄면, 이학갈비, 엘림들깨칼국수, 민속촌, 쌍교숯불갈비, 향옥정, 국일생갈비, 아지오, 어썸로즈, 라비떼, 신재우 명인 설렁탕, 달쭈꾸미, 꿀꿀진순대국, 제주덕구, 탐라도야지, 육통령, 이대성의 진면목, 종로1973, 제비뽑기, 풍천관, 두부마을, 불꽃튀김, 마시불, 아키아키, 바다황제, 장충당, 숨쉬는 순두부, 신가네칼국수, 낙지마실, 참족, 대반동 201, 황금족발, 장수옥설렁탕, 돈불리제담, 차이몬스터, 부안애서, 참치왕 양승호 ...

답) 장전 (장사는 전략이다)

수많은 매장의 오너들이 《장사는 전략이다》를 읽고, 듣고, 실행해서 이제는 기라성 같은 전설의 브랜드들을 만들어 냈습니다. 브랜드 하나하나를 적으면서 얼마나 설렜는지 모릅니다. 이분들의 공통점이 있습니다.

일단 한번 하고 보자

되든 안 되든 결과는 아무도 모르는 일이니 일단 한번 하고 봅니다. 시쳇말로 죽이 되든 밥이 되든 일단 시도하고 그 과정과 결과를 아주 자세히 관찰합니다. '시행'과 '착오' 속에서 나만의 비기秘器가 만들어집니다. 부정적인 뇌를 가진 사람들과는 차원이 다릅니다. 세상에는 두 종류의 사람이 있다고들 하는데, 그 표현에 부합하듯 부정적인 사람과 긍정적인 사람은 결과가 극명히 다릅니다. 부정적인 뇌 구조를 가진 사장님들은 아무리 도움이 되는 이야기들을 해줘도 일단 안 할 궁리부터 합니다. 이런 분들의 공통점이 있죠. 생각이 바뀌면 큰일 나는 줄 압니다. 병이라도 생기는 줄 압니다. 안 할 궁리를 먼저 하다 보니 모든 핑곗거리를 찾아옵니다.

지난 번에 한번 해봤는데 별 반응이 없어요.
요새 누가 그런 걸 해요?
괜히 욕이라도 먹으면 책임지실 거예요?
아 글쎄, 이 상권에서는, 이 고객들 데리고는 안된다니까요.

반면 긍정적인 분들은 머릿속에 먼저 그림을 그립니다. 성공했을 때의 반응을 먼저 스케치하고, 퍼즐 맞추듯 실행 항목들을 하나하나 이어 붙입니다. 그래서 감히 따라하기 어려운 겁니다. 이건 완벽한 나만의 개인기이니까요. 청사진을 내 스타일로 구축해 내는 과정에서 아주 특별한 변별력이 생깁니다. 이 차이를 고객들은 흥분하면서 즐깁니다. '에이, 별거 아니네' 하고 부정적인 사장들이 버리는 그 '별것'이 나만의 특별한 포인트고 그 '별것'이 1등과 꼴찌를 가르는 비법입니다.

이 두꺼운 책을 읽으며 줄도 치고, 포스트잇도 붙이셨을 겁니다. 무엇부터 해야 하나 고민하지 마세요. 첫 줄부터, 첫 메모부터 일단 한번 하고 보는 겁니다. 내 브랜드와 맞지 않으면 과감하게 도려내시고, 딱 들어맞는다 싶으면 이 책에서 언급한 것보다 두어 배 더 힘을 주세요. 바로 그 포인트가 대박의 씨앗이 됩니다.

많은 분들이 《장사는 전략이다》를 '대한민국 자영업계의 교과서다', 이리 칭찬해주셨습니다. 6년이 지난 지금도 꽤 두둑한 인세를 받고 있으니 거짓은 아닌가 봅니다. 다 여러분 덕분입니다. 초판의 내용을 40%가량 덜어내고 새로운 무기들로 나머지를 가득 채웠습니다. 《장사는 전략이다》 RED는 BLUE, BLACK, GOLD로 이어질 시리즈의 두 번째 책입니다. 새롭게 블렌딩한 이 초강력 무기로 고객의 뇌속에 한번 들어가면 절대로 잊히지 않고 오래도록 떠오르는 브랜드가 되었으면 좋겠습니다. 이제 마지막 인사를 드려야 할 시간입니다.

믿음 대박 불신 쪽박

여러분 스스로를 믿으세요.
스스로를 믿지 않으면 어느 누구도 여러분을 믿어주지 않습니다.
여러분은 여러분이 생각한 것보다 훨씬 더 아름다운 존재입니다.

이 책을 읽는 순간 머릿속에 스케치한 모든 성공 그림들이 현실로 다가올 겁니다. 이미 수만 명이 그랬던 것처럼요. 믿어보세요.

참고문헌

게리 웬크, 《감정의 식탁》, 김윤경 옮김, 알에이치코리아, 2015.

김성오, 《육일약국 갑시다》, 21세기북스, 2013.

니케이레스토랑 편집부, 《음식점 이렇게 하면 성공한다》, 박진희 옮김, 심상훈 감수, 토트, 2012.

댄 주래프스키, 《음식의 언어》, 김병화 옮김, 어크로스, 2015.

레이 달리오, 《원칙》, 고영태 옮김, 한빛비즈, 2018.

로버트 치알디니, 《설득의 심리학》, 황혜숙 옮김, 21세기북스, 2013.

로버트 치알디니 · 노아 골드스타인 · 스티브 마틴, 《설득의 심리학 2》, 윤미나 옮김, 21세기북스, 2015.

롤프 도벨리, 《스마트한 생각들》, 두행숙 옮김, 걷는나무, 2012.

마이클 미칼코, 《아무도 생각하지 못하는 것 생각하기》, 이구연 · 박종안 옮김, 푸른솔, 2001.

마크 펜, 킨니 잘레스니, 《마이크로트렌드》, 안진환 · 왕수민 옮김, 해냄, 2007.

마크 쿨란스키, 《맛의 유혹》, 이은영 옮김, 산해, 2009.

말콤 글래드웰, 《블링크》, 이무열 옮김, 황상민 감수, 21세기북스, 2016.

말콤 글래드웰, 《티핑 포인트》, 임옥희 옮김, 21세기북스, 2016.

손혜원, 《브랜드와 디자인의 힘》, 디자인하우스, 2012.

쇼가키 야스히코, 《맛있어서 잘 팔리는 것이 아니다 잘 팔리는 것이 맛있는 요리다》, 김대환 옮김, 잇북, 2012.

스튜어트 다이아몬드, 《어떻게 원하는 것을 얻는가》, 김태훈 옮김, 에이트 포인트, 2011.

아라후네 요시타카 · 카와이 사치코 · 코야마 켄지 외, 《맛있는 요리에는 과학이 있다》, 김나나 · 주미경 · 이여주 옮김, 홍익출판사, 2013.

아마노 유키치, 《광고의 키워드》, 손혜민 옮김, 디자인하우스, 1997.

아툴 가완디, 《체크! 체크리스트》, 박산호 옮김, 김재진 감수, 21세기북스, 2010.

알 리스, 잭 트라우트, 《마케팅 불변의 법칙》, 이수정 옮김, 비즈니스맵, 2008.

알베르토 사보이아, 《아이디어 불패의 법칙》, 이지연 옮김, 인플루엔셜, 2020.

야마카와 고지, 《워딩 100》, 디자인하우스, 1997.

얀 칩체이스, 사이먼 슈타인하트, 《관찰의 힘》, 야나 마키에이라 옮김, 이주형 감수, 위너스북, 2013.

오카다 고, 《카피 100》, 손혜민 옮김, 디자인하우스, 1997.

정재훈, 《생각하는 식탁》, 다른세상, 2014.

제프 포터, 《괴짜 과학자, 주방에 가다》, 김정희 옮김, 이마고, 2011.

조나 삭스, 《스토리 전쟁》, 김효정 옮김, 을유문화사, 2013.

최낙언, 《맛의 원리》, 예문당, 2015.

칩 히스, 댄 히스, 《스위치》, 안진환 옮김, 웅진지식하우스, 2010.

칩 히스, 댄 히스, 《스틱》, 안진환 · 박슬라 옮김, 엘도라도, 2009.

타미야 마사히로, 《성공프랜차이즈 전략》, 구니이 유타카 · 윤태식 옮김, 백산출판사, 2006.

톰 켈리, 조너선 리트먼, 《유쾌한 이노베이션》, 이종인 옮김, 세종서적, 2012.

프란스 요한슨, 《메디치 효과》, 김종식 옮김, 세종서적, 2015.

피터 바햄, 《요리의 과학》, 이충호 옮김, 한승, 2002.

필립 델브스 브러턴, 《장사의 시대》, 문희경 옮김, 어크로스, 2013.

해리 벡위드, 《보이지 않는 것을 팔아라》, 양유석 옮김, 더난출판사, 2006.

헬렌 피빗, 《필요의 탄생》, 서종기 옮김, 푸른숲, 2021.

장사는 전략이다 RED

이 책은 2016년 발행된 ≪장사는 전략이다≫의 완전개정판입니다.

1판 1쇄 발행 2023년 02월 19일
1판 9쇄 발행 2024년 06월 10일

지은이 김유진

펴낸이 김도형
디자인 유어텍스트
펴낸곳 (주)도서담 **등록** 제2021-000053호(2021년 2월 10일)
주소 서울특별시 마포구 백범로31길 21
전화 070-8098-8535 **팩스** 050-7712-6712
이메일 dsd@doseodam.com

ISBN 979-11-981849-0-0 (04320)
ISBN 979-11-974263-9-1 (04320) (세트)

- 책값은 뒤표지에 있습니다.
- 잘못된 책은 구입하신 서점에서 바꾸어 드립니다.

도서담(DOSEODAM)은 독자 여러분의 소중한 아이디어와 원고 투고를 두근거리는 마음으로 기다리고 있습니다. 세상에 소개하고 싶은 아이디어가 있으신 분은 dsd@doseodam.com으로 간단한 개요와 취지, 연락처 등을 보내주세요.

글을 담다, 내일을 담다.
도서출판 도서담